Adolf Fischhof

Österreich und die Bürgschaften seines Bestandes

Politische Studie

Adolf Fischhof

Österreich und die Bürgschaften seines Bestandes
Politische Studie

ISBN/EAN: 9783337198046

Printed in Europe, USA, Canada, Australia, Japan

Cover: Foto ©Suzi / pixelio.de

More available books at **www.hansebooks.com**

Oesterreich

und die

Bürgschaften seines Bestandes.

———•———

Politische Studie

von

Dr. Adolph Fischhof.

Zweite Auflage.

———•———

Wien, 1870.

Wallishausser'sche Buchhandlung.
(Josef Klemm.)
Stadt, Hoher Markt Nr. 1.

Einleitung.

„Les politiques, qui prétendent faire abstraction
de la diversité des races, errent dans les
ténèbres."
„De la race" par Léon van de Kendere.

„Keine der großen Nationalitäten Oesterreichs kann für
„sich allein den Bestand der Monarchie sichern, aber jede der=
„selben vermag durch ihren Widerstand das Reich zu gefährden;
„destruktiv eingreifen kann jede einzeln, konstruktiv vorgehen
„können nur alle vereint. Wenn Regierung, Volksvertretung
„und Publizistik sowohl dies= als jenseits der Leitha in ihrem
„Wirken und Schaffen sich diese Wahrheit stets vor Augen
„halten, wird Oesterreich sich konsolidiren, wo nicht — nicht."
Mit diesen Worten schloß ich einen am 18. Juli 1867
in der „Neuen Freien Presse" veröffentlichten Artikel, wel=
cher an einer anderen Stelle folgenden Passus enthielt:

„Es ist mißlich, wenn in konstituirenden Versammlungen die
„Wünsche der Minorität von der Majorität nicht beachtet werden.
„Die Unfruchtbarkeit der meisten dieser Versammlungen hat zu=
„nächst in dieser Mißachtung ihren Grund. Ist die parlamenta=
„rische Minorität eine nationale Partei, und steht hinter dieser
„die Majorität der Bevölkerung, dann kann diese Mißachtung
„geradezu verhängnißvoll werden. Nun, hinter der Minorität
„des Reichsrathes steht unzweifelhaft die Majorität der cislei=
„thanischen Bevölkerung; denn die Zahl der Slaven in den
„deutschslavischen Kronländern verhält sich zu jener der Deutschen
„daselbst ungefähr wie 10 zu 6."

1 *

Diese Sätze fanden ihre Veröffentlichung zu einer Zeit, als der Reichsrath noch nicht die Berathung der neuen Staatsgrundgesetze begonnen hatte und waren nicht das Resultat leidenschaftlicher Voreingenommenheit, sondern das Ergebniß ruhiger Erwägung. Kaum zwei Jahre sind seitdem verstrichen und wie sehr entsprechen die Thatsachen meiner Vorhersage!

Mit Ausnahme einiger kleiner Provinzen ungemischter Nationalität sehen wir überall den alten Haber mit erneuerter Heftigkeit emporlodern. In Böhmen, wie in Mähren hielten sich die Czechen, welche die Majorität beider Länder bilden, während der letzten Session vom Landtage fern; in Galizien sträuben sich die Polen gegen die Verfassung, und die Ruthenen gegen die von den Polen ihrer Sprache angethane Gewalt; in Tirol sind die Italiener mit den Deutschen und dem Reiche noch unausgesöhnt; in Triest und Dalmatien befehden sich die italienischen Stadt= und die slavischen Landbewohner, und in den Provinzen, wo die Slovenen neben den Deutschen wohnen, kommt es zwar nicht zu großen Konflikten, wohl aber zu jenen zahlreichen kleinen Reibungen, welche die Gemüther immer mehr verbittern und die Parteien an einem gedeihlichen Zusammenwirken hindern.

Sind solche Thatsachen nicht geeignet, den theilnehmenden Beobachter auf das Tiefste zu betrüben und den Politiker, der seine Ansicht nicht höher stellt, als das Gemeinwohl, zu ernstem Nachdenken aufzufordern?

Oesterreich ist im Besitze einer Verfassung, welche der Freiheit ein Asyl bietet, Männer von hoher Begabung, sittlichem Ernste und ausdauernder Kraft haben sich am Baue derselben betheiligt. Wie kommt es, daß dieses Gebäude trotz seiner gerühmten Architektur der Mehrzahl derer, die sich darin häuslich niederlassen sollen, nicht wohnlich erscheint? Ist der Grund hiefür wirklich nur im Trotze der zu Beherbergenden, oder vielleicht doch in den Fehlern des Bauplanes, in den Mängeln der Struktur zu suchen? Liegt diese Frage nicht nahe, und ist das Suchen nach einer unbefangenen, ernst erwogenen Antwort nicht eine Gewissenspflicht für Jeden, der die Wahrheit anderswo sucht, als in der flüchtigen Meinung des Tages?

Den Geboten dieser Pflicht gehorchend, wage ich es, an die Analyse dieser Frage zu gehen, und treu den Gewohnheiten meines Berufes, werde ich mir hiebei die Ruhe und Objektivität eines Naturforschers wahren, der, ein organisches Wesen untersuchend, vorerst dessen Bestandtheile, deren Bau, Zusammenhang und Bedeutung prüft, dann das Medium ins Auge faßt, in dem es lebt, sowie die Mittel, durch die es sich erhält, und die feindlichen Kräfte, von denen es bedroht ist, um schließlich aus der Summe des Beobachteten die Bedingungen zu abstrahiren, unter denen dieser Organismus sich gedeihlich entwickeln kann.

Ganz nach dieser Methode will ich den österreichischen Staat untersuchen, der, wie alles Lebende, nur dann sich erhält, wächst und erstarkt, wenn er den Bedingungen seines Daseins entsprechend konstruirt ist, und mit denselben im Einklange lebt. Ich werde, um dessen Existenzbedingungen kennen zu lernen, vor Allem die Elemente, aus denen er besteht, und ihren Zusammenhang einer Prüfung unterziehen, ich werde dann das Medium, nämlich die geistige Atmosphäre unserer Zeit, und schließlich die feindlichen Kräfte ins Auge fassen, mit denen er in den Kampf treten muß, um dabei zu siegen, oder unterzugehen.

Die Elemente, aus denen der Leib Oesterreichs sich zusammensetzt, sind: ethnisch, seine Nationalitäten, territorial, seine Kronländer.

Die ethnischen Elemente Oesterreichs sind so heterogener und anscheinend einander so widerstrebender Natur, daß viele Politiker daraus den Schluß zogen: diese Bestandtheile können nicht organisch ineinander gefügt, sondern nur mechanisch aneinander gereiht werden. In unserer Zeit, bei dem lebhaften Drange der Völker, ihre getrennten nationalen Elemente zu sammeln, und durch staatliche Einigung derselben ihre Kräfte zu erhöhen, sei — behaupten sie — ein Aggregat von Volksindividualitäten, wie Oesterreich, dem Untergange geweiht, und werde ein Theil nach dem anderen aus dem losen Gefüge desselben sich herausbröckeln, oder während eines Sturmes der ganze morsche Bau plötzlich aus den Fugen gehen.

Im Gegensatze zu diesen schwarzsehenden Politikern haben die bedeutendsten Staatsmänner Europa's und viele politische Denker nicht nur diesen Staat für lebensfähig erklärt, sondern auch dessen Bestand als die sicherste Bürgschaft des europäischen Gleichgewichts bezeichnet, und hat ein bedeutender Historiker sogar den Satz ausgesprochen, daß, wenn es in Europa kein Oesterreich gäbe, die Diplomatie eines schaffen müßte.

Welche dieser Stimmen haben Recht? Die pessimistischen, oder die optimistischen? Ich glaube die Einen, wie die Anderen, je nachdem die Politik, die Oesterreich befolgt, mit den Bedingungen seines Daseins im Einklange steht, oder nicht.

Oesterreich erinnert an jene großen, aber widerspruchsvollen Naturen, die uns zuweilen begegnen, und in denen die grellen Gegensätze im engen Rahmen einer Menschen = Seele faszinirend wirken. Solche Charaktere ziehen uns an, indem sie uns gleichzeitig abstoßen, und üben auf den aufmerksamen Beobachter eine fast dämonische Gewalt, während sie den flüchtigen Beschauer, je nach der ihm zugewandten dunklen, oder hellen Seite, mit Abscheu, oder mit Bewunderung erfüllen. Eine staatliche Doppelnatur dieser Art ist Oesterreich; es ist bald von hoher sittlicher und Kultur = Bedeutung, bald entsittlichend und den Geistesfortschritt hemmend; es ist bald kraftvoll und ausdauernd, bald hinfällig und schlaff, und all dieß zuweilen in schroffstem, durch keine Uebergänge gemilderten Gegensatze. Es schnellte sich nie so rasch zu ungeahnter Höhe empor, als wenn es am tiefsten gesunken schien, und war nie dem Sturze so nahe, als wenn es sich scheinbar im Zenith seiner Macht befand. Den Forscher reizen diese Kontraste zu sorgfältigem Studium; der große Haufe ist schnell bereit, ein Hosianna, oder ein de profundis anzustimmen.

So heftige und jähe Sprünge im Charakter und Leben eines Staates und in dem Urtheile der öffentlichen Meinung über die sittliche Bedeutung und die Existenzfähigkeit desselben sind aber höchst bedenklich; denn außer der zweifellosen Lebens- unfähigkeit gibt es für einen Staat kaum etwas Gefährlicheres, als den häufig wiederkehrenden Zweifel an seiner Lebenskraft; er entmuthigt die Freunde, ermuthigt die Gegner, und unter- gräbt das Vertrauen in die eigene Kraft.

Solche Widersprüche dürfen daher in unseren Tagen nicht wieder hervortreten; Oesterreich — will es seinen Bestand sichern — muß fortan der Träger eines hohen ethischen Gedankens sein; und unzweifelhaft hat es auch den Beruf hiezu, da Gerechtig- keit die höchste sittliche Idee ist, und es keinen Großstaat in Europa gibt, der seiner innersten Natur nach sich mit derselben so zu identificiren vermag, wie Oesterreich.

In einem einheitlichen Nationalstaate ist der nationale Gedanke der leitende. Der Einheit und der Macht der Nation wird daselbst alles Andere schonungslos untergeordnet, und da in Europa kein einziger Großstaat ohne Beimischung fremder Nationalitäten ist, so findet diese Staatsidee ihre Befriedigung nur auf Kosten der Gerechtigkeit gegen die in der Minorität befindlichen Völkerschaften. So verfährt Frankreich rücksichts- los gegen seine Einwohner nichtfranzösischer Zunge, so Ruß- land gegen die Polen ꝛc. Oesterreich hingegen, wo kein Volksstamm mächtig genug ist, um die anderen zu unterwerfen und dem Staate sein nationales Gepräge aufzudrücken, wo viel- mehr die Völker einander das Gleichgewicht halten, und jedes derselben ein wichtiger Faktor des öffentlichen Lebens ist, Oester- reich, sage ich, wird durch sein eigenstes Interesse darauf hinge- wiesen, allen Nationalitäten gleich gerecht zu sein. Somit ist dessen leitende Idee die der Gerechtigkeit, und steht es, wenn die Regierungsweise seiner Individualität entspricht, unter den

Großstaaten Europa's in Bezug auf die ethische Bedeutung
seines staatlichen Daseins unbedingt obenan.

Gelingt es, nachzuweisen, daß, sobald dieser Gedanke
in der Verfassung Oesterreich's zum klaren und bestimmten
Ausdrucke gelangt, alle seine Stämme ihren Kulturgang ungestört gehen und ihre geistigen, moralischen und physischen
Besitzthümer besser wahren können, als in irgend einem anderen
Gemeinwesen, so ist dadurch auch die hohe thatsächliche
Bedeutung und mit ihr die Stabilität Oesterreich's außer
Zweifel gestellt. Denn haben einmal dessen Völker das Bewußtsein
erlangt, daß sie nur in ihrem harmonischen Zusammenleben sich
die kostbarsten Lebensgüter zu sichern vermögen, dann stehen sie
im Hinblick auf die Solidarität ihrer Interessen auch solidarisch
für den Staat ein, welcher dieselben schützt, dann entwickelt sich
in ihnen aus der Erkenntniß der Einzelwohlfahrt allgemach die
Erkenntniß des Gesammtwohles und das Gefühl der Zusammengehörigkeit, welches diese heterogenen Bestandtheile zu einem
organischen Ganzen verbindet und langsam, aber sicher jenes
österreichische Bewußtsein wachruft, das gewaltsam einzuimpfen
man bisher vergebens sich abgemüht.

Von der höchsten ethischen Idee getragen, im Gesammt-
bewußtsein seiner Völker die Wurzeln seiner Kraft suchend, ist
Oesterreich dann kein zufälliges Conglomerat, sondern ein noth-
wendiges politisches Gebilde, ein höchst bedeutsames, reichgeglie-
dertes, vielverschlungenes und vollkräftiges Staatswesen.

Ist schließlich noch der Beweis hergestellt, daß bei Zer-
trümmerung dieses Reiches die deutschen Bewohner der hohen
Kulturaufgabe, die ihnen zugewiesen ist, entrückt, und die anderen
Volksstämme großentheils arg verstümmelt, oder unbarmherzig
niedergetreten werden, daß ferner im Südosten Europa's sich
Zustände entwickeln, welche das europäische Gleichgewicht
stören und die abendländische Kultur bedrohen, dann ist auch
nachgewiesen, daß der Bestand Oesterreich's nicht nur eine lokale,
sondern auch eine große europäische Bedeutung hat.

Diese Bedeutung hat Oesterreich aber nur so lange, als es auf seinem ethischen Schwerpunkte fest und unerschütterlich ruht; verrückt es diesen, wenn auch noch so wenig, nach der einen oder anderen Richtung, sei es zu Gunsten dieser oder jener Nationalität, so verliert es sein Gleichgewicht und wird schwankend; sein staatliches Gefüge lockert sich, und die Vorahnung nahen Zerfalles bemächtigt sich der Gemüther.

Wie lehrreich in dieser Beziehung ist die Geschichte der letzten 20 Jahre! Die unaufhörliche Fortdauer der inneren politischen Wirren und die häufige Wiederkehr der Krisen während dieses Zeitraumes haben ihren Grund nur darin, daß man vom 13. März 1848 bis zum Tage von Sadowa den Völkern Oesterreich's nicht gerecht werden konnte, und seit Sadowa denselben nicht gerecht sein wollte, oder wenigstens nicht gerecht zu sein verstand.

Als im Jahre 1848 der mächtige Strom der Zeit Oesterreich mehr als irgend einen Staat durchfluthete und die Nationalitätsidee in dessen entlegenste Länderstriche und zu dessen tiefsten Volksschichten hintrug, ward es klar, daß diesem Reiche eine Last aufgebürdet sei, die seine Schultern nicht zu tragen vermochten. Als ob die Lenker seiner Geschicke nicht genug der Schwierigkeiten im Inneren fänden, sollten sie auch noch seine Stellung als italienische, und seine Rechte als deutsche Macht aufrecht erhalten. Welch ein Chaos von Verhältnissen, welch ein Widerstreit der Forderungen und Wünsche, welche Kollision der Interessen! Wie sollte Oesterreich all dem gerecht, wie sollte es ein Rechtsstaat werden?

Es verwirrte die Zustände überall, in Italien, wie in Deutschland, und am schlimmsten daheim, im eigenen Hause. Es hinderte die Einigung Italiens, indem es ihr entgegen, und die Einigung Deutschlands, indem es ihr beitrat. Es sendete Deputirte nach Frankfurt, Truppen nach Mailand; es siegte da und dort, aber nur um zu siechen. Sein ganzes Staatswesen war tief erkrankt; denn um unhaltbare Stellungen zu

behaupten, zersplitterte und erschöpfte es seine Kräfte, verlor es
seinen Schwerpunkt im Inneren, all seine Stützpunkte nach
Außen; und so ohne jeden Halt, schwankte es hin und her und
wäre taumelnd in den Abgrund gestürzt, hätte die Vorsehung
ihm nicht Solferino und Königgrätz beschieden. Wie es früher
an seinen Siegen erkrankte, so gesundete es jetzt an seinen
Niederlagen. Das Schicksal entriß ihm gewaltsam, was es frei=
willig hinzugeben nicht die Klugheit hatte.

Oesterreich besitzt nun Provinzen, die sich zwanglos in
dasselbe einreihen, Völker, die sich ihm willig anschließen, und
wenn es trotzdem wieder von Recidiven bedroht ist, wenn es
noch immer den Frieden zwischen seinen Völkern nicht herzu=
stellen vermag, so liegt der Grund hiefür nicht in den Ver=
hältnissen, sondern in jener kurzsichtigen inneren Politik, welche,
die Natur Oesterreich's verkennend, eine Verfassung schuf, die,
anstatt das Panier des Reiches zu sein, nichts ist, als das Schi=
boleth der Parteien.

A. Die Volks-Elemente Oesterreichs.

„Suum cuique."

Ich habe in der Einleitung den Beweis zu führen gesucht, daß die Mannigfaltigkeit der Volks-Elemente an und für sich Oesterreich nicht unfähig mache, sich als kräftiger Staatsorganismus zu entwickeln. Es ist nun die Aufgabe der ferneren Untersuchung, jedes Volkselement einzeln ins Auge zu fassen, um aus der Erforschung seiner Natur die Erkenntniß zu gewinnen, ob und unter welchen Bedingungen es sich organisch in Oesterreich einfügen lasse.

Vor Allem wende ich hiebei meine Aufmerksamkeit dem wichtigsten Elemente, dem deutschen zu.

1. Die Deutschen.

(Circa 8½ Millionen in der Gesammtmonarchie und 6., Millionen in der westlichen Reichshälfte.)

Die Deutschen sind der Kern, an welchen die anderen Völker Oesterreichs kristallinisch anschossen; sie gaben dem Reiche den Namen, den Völkern die Dynastie, dem Staatskörper den geistigen und sittlichen Gehalt, der Politik die Richtung, der Bildung, dem Gewerbsfleiße und dem Handel den Aufschwung, und so lange sie sich im Zusammenhange mit ihren Stammesbrüdern im Reiche fühlten, so lange die Herrscher Oesterreichs die deutsche Kaiserkrone trugen, oder an der Spitze des deutschen Bundes standen, konnte darüber kein Zweifel entstehen, daß die Deutschen der Monarchie sich als gute Oesterreicher fühlten.

Aber seit dem Prager Friedensschlusse ist in der Stimmung derselben eine mächtige Wandlung eingetreten. Aus einem tausendjährigen Verbande gewaltsam herausgerissen, abgeschnitten von dem politischen Verkehre mit jener großen und edlen Familie, zu deren ältesten Mitgliedern sie zählen, isolirt inmitten zahlreicher, ihnen feindlich sich entgegenstellender Völkerschaften, werden die Deutschen von einem bangen und unheimlichen Gefühle beschlichen. Die unerquicklichen staatsrechtlichen Wirren und der heftige Sprachenhader, in welchem der kostbarste Nationalbesitz, die deutsche Sprache, auf das schnödeste verunglimpft und der deutsche Volkscharakter mit Ingrimm geschmäht wird, wecken die Besorgniß der Kleinmüthigen, die Erbitterung der Leidenschaftlichen und den Widerstand der Männer von Thatkraft. —

Die Frage, wie diesem Zustande abgeholfen werden könne, wird viel=
fach diskutirt und je nach der Intensität des deutschen National=, oder
des österreichischen Heimatsgefühles werden verschiedene Modalitäten der
Abhilfe vorgeschlagen.

Die Einen, in deren Herzen das österreichische Gefühl noch warm
und lebendig ist, und deren Geist sich der Erkenntniß des hohen Werths
nicht verschließt, welchen der Bestand der Monarchie für ihre deutschen
Bewohner hat, wünschen ein großes, mächtiges Oesterreich, aber auch
die Wiederherstellung des engeren Verbandes mit Deutschland, in
welchem allein sie die Sicherheit der Interessen des Reiches und speziell
seiner deutschen Bevölkerung zu finden glauben. Sie sind als Groß=
deutsche erbitterte Gegner Preußens.

Eine zweite Gruppe mißgönnt dem preußischen Staate seine
Stellung in Deutschland nicht, wünscht aber, daß Oesterreich zu den
süddeutschen Staaten in ein Verhältniß trete, welches dem norddeutschen
Bunde analog ist. Sie hofft durch den Zuwachs von 8½ Millionen
Deutschen den Kampf mit den Nationalen erfolgreich durchführen und
die Stellung der Stammesgenossen in Oesterreich aufrecht erhalten
zu können.

Eine dritte Fraktion, die aus den Heißspornen der Deutschen
sich zusammensetzt, in denen das ungestüme Drängen der anderen Böl=
kerschaften gleichfalls ein leidenschaftliches Nationalgefühl wachgerufen
hat, plaidirt dafür, daß die Deutschösterreicher um jeden Preis in den
Schooß der großen deutschen Volks=Familie zurückkehren. Oesterreich
ist ihnen gleichgiltig, ja den Fanatikern unter denselben sogar verhaßt.
Sie überlassen gerne die anderen Nationalitäten ihrem Schicksale und
haben keinen glühenderen Wunsch, als mit den alten deutschen Bundes=
provinzen Oesterreichs in Deutschland wieder einzutreten. Ihre Parole
ist: „Ein großes einiges Deutschland, gleichviel in welcher Form und
unter wessen Führung."

Eine vierte Gruppe endlich, welche von der Idee geleitet wird,
daß Deutschland und Oesterreich vorerst von einander getrennt ihre
Wege ziehen müssen, wenn Ersterem das Werk der Einigung und
Letzterem das der Konsolidirung gelingen soll, ist der Ansicht, daß für
den Kaiserstaat zunächst nicht eine Stellung in Deutschland, sondern
eine freundschaftliche Stellung zu Deutschland wünschenswerth sei, eine
Stellung, welche Beide geistig, sozial, volkswirthschaftlich und völker=
rechtlich mit einander in innigsten Zusammenhang bringe. Sie hofft,
daß diese freundschaftliche Berührung für beide Theile segensreicher und
der Anbahnung einer künftigen ökonomischen und politischen Einigung
viel förderlicher sein werde, als jener sterile Bund, bei dessen Auflösung
Oesterreich nur einige Besatzungen aus Deutschland zurückzuziehen,
etwelche Ausgabsposten im Budget zu streichen, aber nicht ein irgend=
wie dadurch bedrohtes volkswirthschaftliches Interesse zu wahren, oder
auch nur ein Pünktchen auf dem i irgend eines seiner Gesetze zu
ändern hatte.

Ich will der Reihe nach diese verschiedenen Bestrebungen inner=

halb der deutschen Partei in's Auge faſſen und prüfen, in wie weit ſie
ausführbar erſcheinen. Zur Beurtheilung Derjenigen, welche ein großes,
mit Deutſchland verbundenes Oeſterreich wünſchen, habe ich ſchon in
meiner (September 1866) erſchienenen Schrift: „Ein Blick auf
Oeſterreichs Lage," Folgendes ausgeſprochen:

„Die Deutſchen in Oeſterreich wollen und können keine andere
ſtaatsrechtliche Verbindung mit Deutſchland anſtreben, als die, welche
den Bedürfniſſen eines ſo hoch gebildeten Volkes entſpricht; ſie können
ſomit den Bau nur auf konſtitutionellen und parlamentariſchen Grundlagen aufführen. Dieß iſt aber nicht anders möglich, als indem unſere
zum deutſchen Bunde gehörigen Provinzen mit den übrigen Kronlän=
dern in Perſonalunion treten. Ich ſpreche hier nicht meine
Anſicht aus, ſondern zitire nur den Ausſpruch der hiezu kompetenteſten
Verſammlung: des deutſchen Parlaments in Frankfurt, in deſſen
Schooß die berühmteſten Legiſten, die hervorragendſten Staatsrechtslehrer,
Hiſtoriker und Denker Deutſchlands ſich befanden *), und Jeder, der
über dieſe Frage ernſtlich nachgedacht, wird dieſem Ausſpruche unbedingt
beiſtimmen. Wer einen andern Modus vorſchlägt, täuſcht ſich, oder ſucht
Andere zu täuſchen und wird bei praktiſcher Anwendung desſelben nichts
herbeiführen, als ſtaatsrechtliche Irrungen und Verwirrungen, die jeder
geſunden freiheitlichen Entwicklung ſtörend entgegentreten, hüben und
drüben."

„Die Perſonalunion der deutſch=öſterreichiſchen Provinzen müßte
nothwendiger Weiſe auch die Perſonalunion Ungarns und des
gleichfalls nicht zum deutſchen Bunde gehörigen Galiziens nach ſich
ziehen. Und vorausgeſetzt, daß die Krone je ein ſo loſes Gefüge ihrer
Hausmacht zugeben möchte, kenne ich keine Fraktion der deutſchen Partei,
deren politiſchen Anſchauungen es entſpräche, vor die Krone mit einem
ſolchen Vorſchlage hinzutreten **)."

„Dem ſtaatsrechtlichen Ideale der zentraliſtiſch geſinnten Deutſchen
liegt doch wahrhaftig nichts ferner, als die loſe Berührung der Reichs=
theile durch die Perſonalunion pure et simple."

---

*) Die §§. 2 und 3 der deutſchen Reichsverfaſſung, welche die hierauf bezüglichen
Beſtimmungen enthalten, wurden in der Sitzung vom 27. Oktober 1848 in
Frankfurt mit impoſanter Majorität, und zwar §. 2 mit 380 gegen 76, und §. 3
mit einer Majorität von 316 gegen 90 Stimmen angenommen.

**) Hätte Oeſterreich im Jahre 1848, zur Zeit, als die Sympathien für
dasſelbe in Deutſchland ihren Höhepunkt erreicht hatten und ein öſterreichiſcher
Prinz als Reichsverweſer nach Frankfurt berufen wurde, während in Preußen ein
ſchwankender, unentſchloſſener Monarch regierte, hätte, ſage ich, damals Oeſterreich,
auf die Idee der Perſonalunion eingehend, die italieniſchen Provinzen gegen Ent=
ſchädigung freigegeben, Galizien föderativ den Ländern der ungariſchen Krone
beigeſellt und mit den deutſch=öſterreichiſchen Provinzen ſich dem deutſchen Bun=
desſtaate eingefügt, hätte Oeſterreich damals die Leitung Deutſchlands in ſeine
Hand genommen und ſein Herrſcher die Krone des heil. römiſchen Reiches ſich
auf's Haupt geſetzt, ſo wäre dieß wohl eine waghalſige Politik geweſen, aber
wenn geglückt, hätte ſie den Gebieter zweier ſo mächtiger Reiche zum Herrn der
Geſchicke Europa's gemacht. Doch an eine ſo kühne Benützung des Moments
dachte in jenen Tagen Niemand, weder im Volke, noch in den Kreiſen der
Regierung.

„Auch die Autonomisten, denen schon die Föderation als ein zu loderes Band erscheint, und welche trotz ihrer Annäherung an die ungarische Rechtsanschauung den Dualismus nur dann annehmbar erachten, wenn er nicht die Personal=, sondern die Realunion gewährt, auch die Auto= nomisten, sage ich, können einen solchen Bund nicht anstreben *).“

„Es erhellt hieraus, daß, abgesehen von den durch die Abneigung der Slaven hervorgerufenen Schwierigkeiten, selbst die Deutschen den einzigen Weg, der zur befriedigenden Lösung der deutschen Frage führt, nicht betreten können, ohne mit ihren so laut verkündeten Prinzipien in argen Widerspruch zu gerathen.“

„Und in der That, so oft die Politiker Oesterreichs, das nebel= hafte Gebiet der Sympathien und Hoffnungen verlassend, den realen Boden praktischer Politik betraten und ihren staatsrechtlichen Gedanken eine bestimmte Form zu geben genöthigt waren, verschwand plötzlich die deutsche Frage wie durch Eskamotage.“

„Pillersdorf, der im Jahre 1848 das deutsche Parlament durch österreichische Deputirte beschickte und einen österreichischen Erz= herzog als Reichsverweser nach Frankfurt ziehen ließ, erinnerte in seiner Verfassung vom 25. April auch nicht durch ein Wort an den deutsch= österreichischen Verband. Der Verfassungsausschuß des konstituirenden österreichischen Reichstages, der gleichzeitig mit dem Frankfurter Parla= mente tagte, in welch letzterem auch die Oesterreicher Sitz und Stimme hatten, ignorirte Deutschland ganz und gar in seinem Kremsierer Ent= wurfe, obschon die Deutschen hervorragenden Antheil an dessen Aus= arbeitung nahmen. Ebenso schweigsam in diesem Punkte sind Bach's Verfassung vom 4. März, das Oktoberdiplom und das Werk des ci-devant deutschen Reichsministers: Die Verfassung vom 26. Februar.“

„Aber man umging nicht blos die deutsche Frage in diesen Ur= kunden, sondern man fügte mit schonungsloser Hand denselben zahlreiche Bestimmungen ein, die eine freiheitliche, den konstitutionellen Bedürf= nissen des deutschen Volkes entsprechende Lösung von vornherein unmög= lich machten. Denn der Wirkungskreis, welcher in diesen Verfassungen den verschiedenen gesetzgebenden Körpern angewiesen ist, läßt einer deutschen Reichsvertretung nicht den geringsten Spielraum für irgend eine parlamentarische Thätigkeit, und so fruchtbar auch die letzten Jahre an Protesten, Erklärungen und Adressen waren, eine Kundgebung der Deutschen, in welcher sie über eine so schwere Kränkung ihrer Rechte Klage geführt, sucht man vergebens. Findet sich doch selbst in keinem der Programme der Deutsch-Oesterreicher, in keiner der Wahl= und Parlamentsreden ihrer hervorragendsten Führer eine klar formulirte,

---

*) Es erhellt dies aus der berühmten Rede Kaiserfeld's vom 4. Dez. 1864, welche folgenden Passus enthält: „Die abstrakte Personalunion ist schon perhorreszirt durch die pragmatische Sanktion selbst, der Versuch aber, sie durchzuführen, würde allein schon zum Beweise der Undurchführbarkeit derselben führen, denn es würden die innigsten und unauflöslichen Verhältnisse auf das Schmerzlichste zerrissen werden müssen.“

der Kritik zu unterziehende Lösungsformel für die ihre nationalen Interessen so tief berührende Frage, während über das Verhältniß Ungarns zur westlichen Reichshälfte, sowie über die konstitutiven Fragen der letzteren, eine lange Reihe der schärfsten und eingehendsten Enunziationen sowohl aus dem zentralistischen, als auch aus dem Lager der Autonomisten zu verzeichnen ist. Auch in den vielgelesenen Schriften des deutschen Baron Andrian*) und in dem oft zitirten Werke Eötvös'**), der in seinen parlamentarischen Reden die enge Verbindung Oesterreichs mit Deutschland so scharf akzentuirte, findet dort, wo die Lineamente der Gestaltung Oesterreichs mit staatsmännischer Hand gezeichnet werden, die deutsche Stellung Oesterreichs nicht die mindeste Beachtung."

„Nur zweimal seit den großen Bewegungen des Jahres 1848 wurde der Versuch gemacht, die österreichisch=deutschen Verfassungsfragen zu lösen, und zwar einmal von den Völkern selbst durch ihre Vertretung in der Frankfurter Reichsversammlung. Das Resultat war eine parlamentarische Niederlage, nicht viel geringer als unsere letzte militärische. Oesterreich ward aus Deutschland hinaus votirt und der König von Preußen als deutscher Kaiser ausgerufen. ***) Den zweiten Versuch machte die österreichische Regierung unter großer Pompentwicklung zur Zeit der Kaiserreise nach Frankfurt. Der Verfassungsentwurf, von Herrn von Biegeleben keineswegs mit staatsmännischer Weisheit erdacht, wohl aber mit diplomatischem Raffinement ausgeklügelt, warf dem hungernden deutschen Volke einige kümmerliche konstitutionelle Brosamen, wie ein Almosen hin. Und der Erfolg? Im letzten Akte, dessen Schauplatz Königgrätz war, fand das Stück seinen tragischen Abschluß, dessen erster Akt durch seine glänzende misc-en-scène das große europäische Publikum so sehr gefesselt; denn es unterliegt kaum einem Zweifel, daß das verunglückte Experiment Oesterreichs, Deutschland ohne vorhergehende Zustimmung Preußens zu konstituiren, einen tiefen Stachel in der Brust des Königs Wilhelm zurückließ und ihn in seinem 70. Lebensjahre zu dem Wagestück drängte, Deutschland ohne Oesterreich neu zu gestalten."

---

*) In „Oesterreich und dessen Zukunft" und in der „Denkschrift über die Verfassungs= und Verwaltungsfrage in Oesterreich."

**) „Die Bedingungen der Macht und Einheit Oesterreichs."

***) Ich zähle hierher nicht den Versuch zur Durchführung des Unions=Projectes von Radowitz, mit dem Preußen sich ein Jahr lang (von Mai 1849 bis Mai 1850) vergeblich abmühte. Nach diesem Entwurfe sollte Oesterreich nicht aus Deutschland scheiden, sondern als Gesammtreich mit dem aus Preußen und den übrigen deutschen Staaten gebildeten Bundesstaate einen Staatenbund schließen. Ich zähle ihn nicht hierher, weil Oesterreich diesem Vorschlag seine Zustimmung entschieden versagte und weil er bei dem Zusammentritte des Erfurter Parlamentes nach Durchlaufung vieler diplomatischer Stadien zu einem armseligen Sonderbundesprojecte zusammengeschrumpft war. Daß dieser Versuch für Preußen die Demüthigung in Olmütz zur Folge hatte, ist bekannt genug. Von den gleichfalls erfolglosen Dresdner Konferenzen (vom Dezember 1850 bis Mai 1851) schweige ich, da hier von konstitutionellen Bestrebungen die Rede ist, und jene nur als würdige Einleitung zur Reaktivirung des Bundestages angesehen werden können.

16

„Ich habe vor meinen Lesern ein kleines, aber lehr= und schmer=
zensreiches Stück österreichisch=deutscher Verfassungsgeschichte aufgerollt,
um zu zeigen, daß ein den modernen Anschauungen entsprechender
politischer Aufbau Deutschlands mit Einbeziehung Oesterreichs,
so oft er seit 18 Jahren versucht wurde, mißlang, daß man daher der
Lösung dieser Aufgabe, oder auch nur der klaren präzisen Erörterung
derselben, vorsorglich aus dem Wege ging*). Selbst die helldenkendsten
Männer liebten es, wenn dieses Thema berührt wurde, sich im clair-
obscur vager Redensarten träumerisch zu ergehen.“ **)

---

*) Beispielsweise citire ich die Schlußworte der Einleitung zur Schrift:
„Entwurf einer Verfassungs=Urkunde für den Kaiserstaat
Oesterreich“, welche Mühlfeld im März 1849, als Mitglied der deutschen
Nationalversammlung, gemeinschaftlich mit Dr. Egger, in Frankfurt erscheinen
ließ. Die Schlußworte lauten wie folgt: „Das Verhältniß Oesterreichs
zu Deutschland haben wir außerhalb der Grenzen unserer Auf-
gabe gestellt, die auf die innere Organisation des österreichischen Kaiserstaates
beschränkt wurde.“

**) So steril die politische Literatur Oesterreichs an Einigungs=Projecten
ist, so fruchtbar im Gegensatze ist die Deutschlands, und es bedürfte eines umfangreichen Buches, um dieselben eingehend zu besprechen. Ich beschränke mich
daher auf die Beurtheilung des Programmes, welches der wackere Redacteur des
Stuttgarter Journals: „Der Beobachter“, Herr Karl Mayer, während des
Wiener Schützenfestes im Namen der süddeutschen Volks=Partei von
der Tribüne herab verkündete, weil in diesem Programme — wie der Redner
wahrheitsgetreu angab — nur die allerbescheidenste und loseste der denk-
baren parlamentarischen Verbindungen Oesterreich's und Deutschland's angestrebt
wird, und somit durch dessen Widerlegung auch die Unausführbarkeit der übrigen
Projecte nachgewiesen ist, welche alle einen engeren parlamentarischen Verband zum
Ziele haben. Ex hoc uno disce omnes.

Der Wortführer der süddeutschen Volkspartei erklärte, daß diese sich damit zufrieden gäbe, wenn die gemeinsamen Angelegenheiten der deutschen Nation
durch Delegationen der drei Reichstage: des österreichischen, des
norddeutschen und des zu schaffenden süddeutschen geordnet würden (siehe
„Neue=Freie Presse“ vom 29. Juni 1868).

Wir fragen vor Allem: Was bezeichnet Herr Mayer mit den Worten
„österreichischer Reichstag“? Denkt er dabei an die gemeinsame Vertretung des
Kaiserstaates, an die vereinten Delegationen, oder nur an die Vertretung der
westlichen Reichshälfte, an den Reichsrath? Im ersten Falle glaubt er, daß die
vereinten Magyaren, Kroaten, Serben, Rumänen, Slovaken, Czechen, Polen,
Ruthenen und Italiener, welche sich zu den Deutschen in Oesterreich verhalten,
wie 27 zu 8, die Beschickung der groß=deutschen Delegation zugeben werden, und
daß andererseits Preußen die kaum 30 Millionen vertretende Delegation des
Nordbundes durch die Vertretung von 35 Millionen großentheils nicht deutschen
Oesterreichern werde majorisiren und in Bahnen leiten lassen, welche seinen
Interessen zuwiderlaufen?

Im zweiten Falle, wenn nämlich nur der Reichsrath die groß=deutsche
Delegation beschicken soll, was fängt Herr Mayer mit den im Reichsrathe vertretenen Polen und Dalmatinern an, die nicht zum deutschen Bunde gehören?
Wie besiegt er den Widerstand der Czechen, Slovenen und Italiener? Aber nehmen
wir auch an, daß diese Schwierigkeiten zu besiegen, oder besiegt seien, wie denkt
sich Herr Mayer das Regieren in Oesterreich? Sollen die Beschlüsse der vereinten
deutschen Delegationen in den höchsten politischen Fragen für ganz Oesterreich
bindend sein und somit die Länder der ungarischen Krone, Galizien und Dalmatien
auf den wichtigsten Gebieten des Staatslebens für rechtlos erklärt werden? Oder,
soll über dieselben Fragen zugleich in den vereinten österreichischen und in den

Den hier zitirten Bemerkungen und thatsächlichen Angaben habe ich jetzt noch Folgendes hinzuzufügen:

Seit der Publikation jener Schrift fand bei uns neuerdings eine Revision der Verfassung statt. Nichts hinderte dabei die deutschen Abgeordneten, aus derselben Alles zu beseitigen, was dem künftigen Wiedereintritte Oesterreichs in Deutschland hinderlich werden könnte. Die Ungarn verlangten für sich nichts Besseres, als die Personalunion, auch die entente cordiale zwischen Deutschen und Polen wäre durch die Lockerung des staatsrechtlichen Bandes nichts weniger als getrübt worden. Die einzigen Störefriede der deutschen Einheit, die Czechen, blieben dem Reichsrathe fern; die deutschen Abgeordneten beriethen somit fast en famille. Wie kommt es, daß der deutsche Gedanke der Verfassung vom 21. Dezember so ferne blieb, wie der Mann im Monde, und daß man gegen Deutschland, welches man nicht zärtlich genug umfangen kann im Rausche der Tafelfreuden, kalt, theilnahmslos und spröde wird, sobald man sich ernüchtert hat? Wie erklärt es sich, daß das Wort der Einigung, das im Munde Aller ist bei heiterem Gespräche und einem Glase Wein, auf jeder Lippe erstirbt im großen Rathe der Nation, im Ernste der Debatte?

vereinten deutschen Delegationen berathen und beschlossen werden? Oder endlich, wünscht Herr Mayer, daß den ungarischen, galizischen und dalmatinischen Landtagen gleiche Rechte, wie der großen deutschen Delegation eingeräumt werden und die österreichischen Staatsmänner dazu verurtheilt seien, ihre Politik gleichzeitig nach den möglicherweise kontrabiktorischen Beschlüssen all' dieser Legislativkörperschaften einzurichten?

Aber selbst abgesehen von diesem tollen Wirrwarr, hat denn Herr Mayer vergessen, daß die österreichisch-deutsche Delegation, nach Ausschluß der nicht zum deutschen Bunde gehörigen Provinzen, nur 16 Millionen verträte und von der fast 30 Millionen repräsentirenden norddeutschen Delegation majorisirt würde, daß somit Oesterreich zum Schleppträger der preußischen Politik herabsinken müßte, da dieses ungünstige Verhältniß nicht einmal wesentlich verbessert würde, wenn die Delegirten der 8½ Millionen Süddeutschen stets mit Oesterreich stimmten. Oder wünscht Herr Mayer, um dies zu verhindern, daß jede der drei deutschen Gruppen, trotz der enormen Zahlendifferenz ihrer Bevölkerungen, eine gleiche Anzahl von Delegirten entsende; oder gedenkt er, um der Majorisirung einer Gruppe durch die anderen vorzubeugen, jeder der drei Delegationen ein liberum veto zu geben und die Vertretung der großen deutschen Nation in einen polnischen Landtag zu verwandeln?

Es gäbe der Fragen noch manche, doch mag ich die Leser nicht weiter ermüden; wollte ich doch nur durch die Kritik des einen Programmes die Werthlosigkeit aller ähnlichen nachweisen.

Man kann nicht scharf genug betonen, daß es in Wirklichkeit nur zwei Wege gibt, um Deutsch-Oesterreich, ohne die Monarchie zu zertrümmern, mit Deutschland zu vereinigen. Der eine ist der von der Frankfurter Reichsversammlung proponirte. Um diesen aber jetzt einzuschlagen, wo wir außerhalb Deutschlands stehen, müßten wir unsere Grundgesetze in ihren Fundamenten zerstören und mit dem Einsatze des ganzen Vermögens in die Lotterie spielen. Der zweite Weg führt zum alten deutschen Bundestage, d. i. zur absolutistischen Spitze, zur Tödtung aller Freiheit, sowohl bei uns, als in Deutschland. Wollen die Deutsch-Oesterreicher die Einigung um diesen Preis? Und wenn sie ihn zu bezahlen bereit wären, könnten sie solche Opferfreudigkeit auch den anderen Völkern des Reiches und den Deutschen außerhalb desselben zumuthen?

2

Die Erklärung hiefür liegt im Widerstreit der nationalen Gefühle und des staatlichen Bewußtseins. Da, wo die Phantasie poetisch waltet, in festlichen Räumen, steigt der nationale Bau gar rasch in luftiger Höhe empor; dort aber, wo der Verstand bedächtig schafft, im ernsten Berathungssaale, dort, wo man einen politischen Bau nach wohlbedachtem Plane führt, sucht man festen Grund auf dem Boden Oesterreichs. Der nationalen Liebe genügen Betheuerungen, aber die politische Ehe erheischt Pacten, denn sie gewährt Rechte, bedingt Pflichten und jene vertrags= mäßige Ordnung derselben, welche in unserem Falle von den Staats= kundigen seit zwanzig Jahren wiederholt angestrebt, aber niemals erzielt wurde.

Wer somit zugleich die Aufrechthaltung der jetzigen Staatsgrund= gesetze und die parlamentarische Einigung mit Deutschland anstrebt, sucht die Quadratur des Cirkels. Die österreichische Monarchie ist trotz des Dualismus in Bezug auf die wesentlichsten politischen Angelegenheiten eine einheitliche; Eine Exekutivgewalt leitet die äußeren Angelegen= heiten, lenkt die Heeresmacht, verwaltet den Reichssäckel und ist dafür in letzter Linie einer einheitlich abstimmenden Volksvertretung verantwortlich. Diesen Reichskörper, den einfachsten Naturgesetzen zuwider, gleichzeitig außerhalb und innerhalb Deutschland's zu stellen, ist ein Kunststück, an dessen Ausführung sich nur politische Schwachköpfe oder Charlatane wagen.

Der Hauptirrthum der zugleich groß=deutschen und groß=öster= reichischen Partei besteht darin, daß sie für einen unglücklichen Zufall hält, was das nothwendige Resultat der Verirrungen unserer Politik und der konstitutionellen Zustände in Oesterreich und Deutschland ist. Preußen exekutirte im Jahre 1866 nur militärisch, was die Mehrheit der deutschen Nationalvertretung im Jahre 1848 parlamentarisch dekretirte.

„Wohlan denn", sagt die zweite Fraktion der deutschen Partei, „wenn die Vereinigung mit der ganzen deutschen Nation unmöglich ist, so suchen wir mindestens mit den isolirt stehenden und in dieser Isolirtheit gleich uns gefährdeten süddeutschen Staaten in eine dem Nordbunde ähnliche Verbindung zu treten. Die Deutschen im Süden sind durch Stammesverwandtschaft, Mundart, Sitte und Kon= fession uns näher gerückt, als die im Norden, und mit ihnen im Bunde würden wir die stattliche Zahl von 16½ Millionen ausmachen und den nationalen Gegnern in Oesterreich die Stirne zu bieten im Stande sein."

Betrachten wir dieses Projekt etwas näher und fragen wir vor Allem: Ist es zu erwarten, daß die süddeutschen Völker und Regierun= gen sich freiwillig zum Eintritt in einen solchen Bund entschließen werden?

Die sanguinischen Vertheidiger dieses Bündnisses rechnen mit großer Zuversicht auf einen solchen Entschluß, da die süddeutsche Be= völkerung sich stets sympathisch zu Oesterreich hingezogen fühlte. Sie vergessen hiebei nur, daß diese Sympathie großentheils den Deutsch=

Oesterreichern und nur im geringen Maße dem gesammten Oesterreich gilt. Die Baiern, Würtemberger und Badenser sind wohl wie zu Hause in Salzburg, Linz, Graz und Wien, aber kaum heimischer, als in Debreczin, Agram und Lemberg würden sie sich in einem Reichstage fühlen, wo sie mit Polen, Czechen und Ruthenen Schulter an Schulter säßen. Das süddeutsche Volk wünscht die Deutsch-Oesterreicher neben sich in einem deutschen Parlamente zu sehen, um durch sie verstärkt ein größeres Gewicht in die Wagschale der Entscheidung zu legen. Nicht minder erwünscht wäre es ihm, wenn ein großes Oesterreich dem Votum dieser vereinten Stimmen einen kräftigen Rückhalt böte. Auch für die süddeutschen Regierungen wäre der Wiedereintritt Oesterreichs von hohem Werthe, da sie hiedurch vor der Absorbirung, oder Mediatisirung durch Preußen geschützt, zwischen den zwei rivalisirenden Großmächten eine überaus vortheilhafte Stellung und eine politische Bedeutung gewännen, die sie in ihrer jetzigen Isolirtheit schmerzlich entbehren. Aber es ist irrig, hieraus den Schluß zu ziehen, daß sie ebenso geneigt seien, zu uns herüber zu kommen. Wenn heute die Süddeutschen vor der Alternative stünden, entweder dem norddeutschen Bunde beizutreten, oder einen Bundesvertrag mit Oesterreich abzuschließen, so würden die Regierungen nicht minder, als die Männer jener Volkspartei, die jetzt für uns so große Sympathien an den Tag legt, wenn auch schweren Herzens, sich für die Trennung von uns und für den Anschluß an Norddeutschland erklären, denn die handelspolitischen und volkswirth- schaftlichen Interessen der Zollvereinsländer sind so in einander ver- wachsen, daß selbst nach dem letzten Kriege, trotz der Erbitterung der südwestlichen Völker und Regierungen, der Zollverband nicht nur nicht gelockert, sondern durch das Zollparlament noch fester geknüpft wurde.

Ueberdies sind es auch noch gewichtige staatsrechtliche Motive, welche Süddeutschland nach Preußen hin, und von Oesterreich ablenken.

Preußen mit circa 23 Millionen Einwohnern bewilligte den 21 verbündeten Staaten mit einer Gesammtbevölkerung von wenig mehr als 6 Millionen, in der obersten Exekutivbehörde des norddeutschen Bundes 26 Stimmen, während es sich nur 17 vorbehielt. Es bot somit seinen Bundesgenossen eine sehr hohe Begünstigung. Wenn Oesterreich mit 35 Millionen Einwohnern, seine süddeutschen Alliirten mit einer Bevölkerung von 8½ Millionen Seelen im selben Maße begünstigen will, muß es ihnen in der obersten Exekutive 37 Stimmen einräumen und sich nur 17 vorbehalten. Kann Oesterreich ohne große Gefahr bei der Vertheilung der Stimmen in der vollziehenden Bundesgewalt mit solcher Liberalität wie Preußen vorgehen? Die preußischen Verbündeten sind, mit Ausnahme Sachsens, Duodezstaaten. Die meisten dieser Ländchen sind Enklaven Preußens, im höchsten Grade unselbstständig und wider- standsunfähig, und bei der Identität der politischen Interessen, hat dieses eine ernste Opposition in wichtigen internationalen Fragen von ihnen nicht zu gewärtigen. Sie können ihre Majorität höchstens bei ökonomischen und administrativen Fragen geltend machen, was ihnen

Preußen, in Anbetracht der großen Vortheile, die ihm aus dem Bunde erwachsen, gerne zugesteht.

Ganz anders im Bunde Oesterreichs mit Süddeutschland. Die Länder des Letzteren sind keine Miniaturstaaten, und vereint bildeten sie eine ziemlich respektable Macht, deren Bedeutung dadurch erhöht würde, daß sie, vom österreichischen Gebiete nicht umschlossen, im Westen an das jederzeit auf Deutschlands Hader lauernde Frankreich, im Norden an das ländergierige Preußen gränzen, und so, falls sie einen Majoritätsbeschluß gegen Oesterreich fassen würden, auch in die Lage kämen, diesem ihrem Beschlusse Nachdruck zu geben. Da nun Oesterreich als Nachbarstaat Italiens, Rußlands und der Türkei gar manche Interessen zu wahren hat, für welche seine Alliirten sich nicht zu erwärmen vermöchten, so könnte es gerade in den entscheidendsten Momenten von seinen Alliirten zum Nachtheile für seine europäische Stellung majorisirt werden.

Solchen Gefahren darf sich Oesterreich nicht Preis geben. Selbst eine den Verbündeten eingeräumte Parität der Stimmen wäre zu gefährlich, da man in kritischen Momenten bei Stimmengleichheit rath- und thatlos dastünde. Ebensowenig können andererseits die süddeutschen Verbündeten sich im Bundesrathe von vornherein in die Minorität versetzen lassen; denn eine Vereinigung unter solchen Bedingungen wäre für sie kein Bündniß, sondern eine Unterwerfung.

Soweit die Schwierigkeiten in der Exekutive. Nicht minder groß wären die Mißstände in der Legislative.

Im norddeutschen Parlamente ist jeder Staat nach Maßgabe seiner Bevölkerung vertreten. Auch in der süddeutsch-österreichischen Föderation müßten die Delegirten der Bundesländer proportional der Bevölkerungszahl repräsentirt sein. Es würden somit an der Bundesgesetzgebung die Delegirten von 8 1/2 Millionen Süddeutschen und die von 35 Mill. Oesterreichern sich betheiligen. Die Süddeutschen wären also im Verhältnisse von 1 : 5 vertreten, welches Verhältniß jedoch durch die der ungarischen Delegation eingeräumte Parität so wesentlich zu Ungunsten unserer Verbündeten alterirt würde, daß ihre Stimmen zur Gesammtstimmenzahl sich in Wirklichkeit nur wie 1 zu 7 verhielten*), während sie im Parlamente des norddeutschen Bundes in Proportion von 1 zu 4 1/2 vertreten wären**), somit viel größeren Einfluß übten, als im Verbande mit Oesterreich, und dabei kaum je Gefahr liefen, mit der Politik Preußens in Kollision zu gerathen.

"Nun denn," rufen die deutschen Heißsporne aus, "sind nicht alle Argumente, die hier vorgebracht wurden, die schwerwiegendsten Beweise dafür, daß der Fortbestand Oesterreichs für uns Deutsche eine

---

*) Die ungarische Delegation repräsentirt circa 14 Millionen, die cisleithanische würde mit Einschluß der Süddeutschen circa 29 1/2 Millionen vertreten; da aber erstere nicht im Verhältnisse von 14 zu 29 1/2, sondern im paritätischen Verhältnisse, d. i. wie 29 1/2 zu 29 1/2 votirte, so verhielte sich die Zahl der süddeutschen Stimmen wie 8 1/2 zu 59, d. i. circa wie 1 zu 7.

**) Die Süddeutschen zählen 8 1/2 Mill., die Norddeutschen 29 Millionen, in Summa 37 1/2 Mill., 8 1/2 zu 37 1/2 verhalten sich ungefähr wie 1 zu 4 1/2.

Kalamität sei? Wir sind vom Mutterlande abgeschnitten, in unseren Rechten gekränkt, in unserer Sprache bedroht, in unserem National=gefühle verletzt, wir haben keine Gemeinschaft mit jenen, die stumpf sind gegen Alles, was unserem Herzen so nahe liegt. Wir wollen nicht länger verwaist und heimatlos herumirren in einem uns fremd gewor=denen Staate, sondern zurückkehren in den Schooß unserer Volks=familie!"

Dieser Schmerzensruf erscheint uns ungegründet.

„Der Deutsch=Oesterreicher ist kein verwaistes Kind, er ist ein Mann, der im Laufe der Zeiten einen eigenen großen Hausstand gebildet und eine so zahlreiche Völker=Familie um sich groß gezogen hat, daß für ihn im väterlichen Hause kein Platz mehr ist. So lange am Bundestage nur die Hausväter patriarchalisch zusammentraten, um Angelegenheiten ihrer Familien zu besorgen, während letztere getrennt in ihren Wohnstätten blieben, trat dieses Mißverhältniß nicht hervor; als aber die deutschen Völker=Familien am gemeinsamen Herde sich enger an einander schließen wollten, zeigte es sich, daß für den öster=reichischen Sohn, wenn er anders seinen Hausstand nicht aufgeben wollte, der Raum zu knapp sei. Aber wenn der selbstständig gewordene Sohn das Vaterhaus verläßt, sind darum alle Bande gelöst, ist darum jede Liebe gewichen, jede Gemeinschaft aufgehoben?

Sind die politischen Schranken zugleich die Marken deutschen Geistes, deutschen Empfindens und deutscher Sitte? Wird denn durch diese Trennung das deutsche Idiom von einem slavischen verdrängt, wird die Donau ein Nebenfluß der Moldau? Wahrlich, in unserer Furcht liegt viel Beschämendes. Aus unserer Geschichte sowohl, als aus der der gesammten Menschheit hätten wir es lernen müssen, daß selbst erobernde Völker Sprache und Sitten der Unterworfenen sich aneigneten, wenn diese ihnen an Kultur überlegen waren — und noch zählen wir nicht zu den Unterworfenen.

Der Flügelschlag des deutschen Genius wird uns immer mehr emportragen auf die Höhen der Kultur, und die geistigen Bande, welche uns an die alma mater knüpfen, werden sich immer inniger und fester um uns schlingen. Deutsche Hochschulen werden, nach wie vor, der wißbegierigen österreichischen Jugend offen stehen und die Lehranstalten Deutsch=Oesterreichs werden glänzenden deutschen Lehrkräften immer freudiger geöffnet werden. Wissenschaftliche, künstlerische und der sozialen Veredlung gewidmete Wanderversammlungen werden erhöhte gastliche Aufnahme finden, kurz, die Pulse deutschen Lebens werden fortan in unseren Adern kräftiger schlagen, denn je.

Unsere Isolirung wird sogar vortheilhaft auf die Entwicklung unseres Charakters wirken, denn, gestehen wir es uns, das bequeme Anlehnen an die außerösterreichischen Stammesgenossen machte den Cha=rakter des Deutsch=Oesterreichers etwas schlaff und behäbig. Wir liebten es, uns als Gourmands an die reichbesetzte Tafel deutscher Bildung zu setzen und sorg= und mühelos schwelgerische Mahle zu halten. Jetzt, im Kampfe gegen die numerisch überlegenen Völker nur auf unsere geistige Ueberlegenheit angewiesen, werden wir uns genöthigt sehen, auch mit Hand anzulegen an die geistige Arbeit der Nation. Durch die Arbeit wird unsere Faser straff, unsere Kraft gestählt werden, und das gehobene Bewußtsein wird uns jene moralische Superiorität verleihen, der sich Jedermann fügt, auch ohne Protektion der hohen Regierung. Kein das deutsche Selbstgefühl verletzenderes Schauspiel gab es, als wenn Herr v. Bach und Herr v. Schmerling die Sprache Luther's und Goethe's mit ihrer hohen Gönnerschaft beglückten und den Völkern deutsche Kultur auf dem Präsentirteller des Belagerungszustandes durch czechische Staatsdiener serviren ließen!

Ja, der Kampf mit den widerstrebenden Elementen erhöht unsere Kraft, und alle Nationen von welthistorischer Bedeutung erwarben sich diese im Ringen mit dem Widerstande. Nur Völker mit Expansivkraft sind Aufgangsvölker; wen es nicht hinausdrängt in's Weite, wer mit dickbäuchiger Behäbigkeit im engen Kreise sich glücklich fühlt, ist von Haus aus schlaff und weichlich, oder hat das Alter der Thatkraft hinter sich.

Blicken wir nach Deutschland, so bemerken wir nicht ohne ein Gefühl großer Beunruhigung, daß ihm diese Expansivkraft fehlt. Fast alle Staaten Europa's haben Kolonien, England, Frankreich, Rußland, Spanien, Portugal, selbst das kleine Holland und Dänemark; nur Deutschland, das große Deutschland besitzt kein überseeisches Gebiet, nicht ein einziges Eiland im großen weiten Ozean, auf dem es seine Flagge aufpflanzen könnte. Ja es hat nicht nur keine Kolonien erworben, sondern im Laufe der Zeiten, bei verhältnißmäßig geringer Erweiterung seines Umfanges, große Strecken seines Gebietes nach und nach eingebüßt. Wer einen Blick auf die europäische Karte des eilften Jahrhunderts wirft, wie wohlgerundet, wie üppig treten ihm die Formen des heil. römischen Reichs entgegen, und wie engbrüstig präsentirt sich daneben der dürftige Staatsleib Frankreichs! Und heute, „das römische Reich, daß Gott erbarm' sollte jetzt heißen römisch arm!" und Frankreich hat seine schlanke Taille verloren und auf Kosten Deutschlands seinen Leib behaglichst arrondirt. Ganze Länderstriche Deutschlands, die Niederlande, Lothringen, Elsaß und die Schweiz, sie gingen verloren. Die von einem kräftigen Bürgerthume an der deutschen Nordküste gemachten maritimen Anstrengungen, welche ihm eine gebieterische Stellung in Europa hätten erwerben können, wurden vom Dünkel kurzsichtiger Junker mißachtet, und Deutschland, ohne imponirende Seemacht und ohne Kolonien, im Osten an ein kolossales, raubgieriges Reich gränzend, westlich der Nachbar einer beutelustigen, mächtigen Nation, müßte, eingezwängt, wie es ist und fast ohne Möglichkeit sich auszudehnen, politisch stagniren und später Rückschritte machen, wenn — es keine Deutsch-Oesterreicher, wenn es kein Oesterreich gäbe.

Was man auch den Habsburgern nachsagen mag, das läßt sich nicht leugnen, daß sie unter den deutschen Regenten die ausgreifendsten waren. Die preußischen Fürsten, wenn sie auch außerdeutschen Länder-Raub nicht verschmähten, gleichen doch im Großen und Ganzen mehr jenen Raubfischen, die mit Vorliebe ihre eigene Spezies verzehren. Die Habsburger hingegen trugen die deutsche Sprache und die deutsche Macht weit hinaus über die Ostmarken des Reiches; sie boten der Energie des deutschen Volkes eine große Arena und der zivilisatorischen Kraft der deutschen Sprache ein riesiges Feld der Thätigkeit.

Thaten sie dies auch nicht mit deutschem Bewußtsein, sondern lediglich zur Vergrößerung ihrer Hausmacht, der sie manch deutschen Besitz zum Opfer gebracht, so hat doch die Ausbreitung ihrer Herrschaft die deutschen Interessen mächtig gefördert. Ueberall sonst in der Fremde wirkt die Ueberzahl der Bevölkerung Deutschlands und die Ueberkraft deutschen Geistes, da ihnen kein nationaler Tummelplatz in einer Kolonie sich öffnet, zum Vortheile anderer Völker, und die Bildung, der Fleiß und das Talent des Deutschen sind Waffen, die er häufig gegen sein Volk kehrt. So in Rußland, wo nicht selten deutsche Staatsmänner, deutsche Gelehrte und Feldherren der Idee des Panslavismus dienen. So in Nordamerika, wo der Geist deutscher Humanität in der Sklavereifrage den Sieg davontrug, aber nur zur Ehre der angelsächsischen Race. In Oesterreich hingegen war und ist der deutsche Geist schöpferisch im Interesse deutscher Kultur, deutschen Wohlstandes und deutscher Gewerbsamkeit. Oesterreich erweiterte den zivilisatorischen Wirkungskreis der deutschen Sprache um Tausende von Quadratmeilen; denn im jetzigen Umfange des Reiches ist, mit wenigen Ausnahmen, kein Fleckchen Erde, wo es einen Gebildeten gäbe, mit dem ein Deutscher Gedanken und Empfindungen nicht im deutschen Idiome auszutauschen vermöchte; und mit der deutschen Sprache in Oesterreich verbreiteten sich deutsche Sitten und zum großen Theile auch die politischen, ethischen, ästhetischen und sozialen Anschauungen des deutschen Volkes. Daß ohne den vermittelnden Einfluß Oesterreichs die deutsche Sprache nie dahin gelangt wäre, beweisen die dicht an Oesterreichs Grenzen liegenden Donaufürstenthümer, wo die französische Sprache die zivilisatorische Aufgabe übernommen und politische Neigungen geweckt hat, welche den deutschen Strebungen daselbst nichts weniger als förderlich waren. Welcher Einfluß einem Volke aus der Verbreitung seiner Sprache erwächst, beweist die Weltherrschaft des französischen Idioms, welche der französischen Literatur, dem französischen Geschmacke, den sozialen und politischen Einrichtungen dieser Nation Eingang in alle Theile der zivilisirten Welt verschaffte, und durch die erweckte Verwandtschaft des Denkens und Empfindens den Franzosen Sympathien schuf, die von den wichtigsten politischen Folgen sind.

In ähnlicher Weise haben die 8 Millionen Deutsch-Oesterreicher den 27 Millionen verschiedener Nationalität allmälig etwas vom Gepräge ihres Geistes aufgedrückt, und den Respekt vor deutscher Bildung weiter verbreitet, als irgend ein anderer deutscher Volksstamm. Der Deutsch-Oesterreicher hat dadurch den Völkern des Reiches, aber auch sich selbst genützt; denn er eröffnete sich Absatzwege für das durch seinen Fleiß Geschaffene, ergänzte die Lücken seiner Bodenproduktion, sendete aus dem Ueberflusse deutscher Bevölkerung in alle Theile des Reiches

Ansiedler, die als Missionäre deutscher Gesinnung wirkten, und schuf
sich so in den Provinzen die Vortheile von Kolonien. Sind nicht Galizien und Ungarn die besten Märkte für die Erzeugnisse deutscher Arbeit?

„Aber all das Große zu vollbringen" — wird vielfach eingewendet
— „vermochten wir nur im politischen Zusammenhange mit dem Mutterlande; jetzt sind die 8 Millionen Deutsch-Oesterreicher den 27 Millionen Nichtdeutschen gegenüber nicht stark genug zur Erfüllung dieser
Mission."

Ist dieser Einwand richtig? Gilt es denn die Provinzen Oesterreichs neu zu erobern, die Völker derselben zu unterjochen, haben wir
einem Kreuzzuge der Nationalitäten verzweifelten Widerstand entgegen-
zusetzen? Und wäre dieß auch der Fall, stände da nicht die ganze deutsche
Nation an unserer Seite, auch ohne politische Einigung? Glücklicherweise
ist der bevorstehende Kampf ein unblutiger, ein Kampf, den wir mit
geistigen und moralischen Waffen durchkämpfen müssen, und dabei handelt es sich nicht um physische Ueberzahl, sondern um geistiges Uebergewicht und moralische Ueberlegenheit; und diese wahren wir uns auch
ohne politische Gemeinsamkeit, durch die Gemeinschaft des Denkens und
durch das Zusammenwirken mit der deutschen Nation in jeder Sphäre
des Wissens, auf allen Gebieten des Schaffens.

Wenn wir uns diese Zusammengehörigkeit wahren, wenn wir mit
deutscher Humanität die Rechte der anderen Nationalitäten achten, ihre
Sprach- und Kulturentwickelung fördern, dann werden wir die Völker
Oesterreichs zwar nicht besiegen, aber gewinnen, nicht unterwerfen, aber
unterweisen, nicht beherrschen, aber führen; und wenn es rühmlicher ist,
freie Völker um seine Fahne zu schaaren, als unterworfene, oder hint-
angesetzte niederzuhalten, so ist die Aufgabe, welche nach unserer Ansicht
den Deutschen zufällt, um vieles glorreicher, als die, welche von fanati-
schen Rathgebern ihnen zugemuthet wird.

„Das ist ein Ideal, aber unpraktisch," höre ich ausrufen; „Nichts
von dem, was um uns her geschieht, deutet auch nur im entferntesten
darauf hin, daß die Nationalitäten die Absicht hegen, sich unserer
Führung anzuvertrauen; vielmehr stellen sich Alle uns trotzig entgegen,
und entreißt jeder Tag der deutschen Sprache und dem deutschen Einflusse ein Stück des mühsam gewonnenen Terrains. Wir sind in der
Defensive, wir kämpfen um unsere Existenz, wir müssen siegen oder
untergehen. Und damit letzteres nicht geschehe, folgen wir dem Beispiele
praktischer und kräftiger Völker und lernen wir von ihnen den Trotz der
Störrigen beugen und den nationalen Widerstand brechen. Die Franzosen
verwälschen rücksichtslos die Deutschen ihres Landes, der Preuße ger-
manisirt frischweg die Polen, der Moskowite russificirt unbarmherzig,
was sich national ihm entgegenstellt. Warum sollten denn gerade wir
so zimperlich sein?"

Beim Anführen dieser Beispiele vergißt man, daß es auch in der
Politik physikalische Gesetze gibt, die man nicht mißachten darf. Wenn
50 Millionen Russen auf 5 Millionen Polen einen gewaltigen Druck
ausüben, und diesen mit dem nöthigen Grade von Grausamkeit und

Ausdauer fortsetzen, bringen sie es vielleicht dahin, daß die Polen ihren nationalen Geist aushauchen und entseelt zu ihren Füßen sinken. Mit einem je größeren Aufgebote von Kraft hingegen 8 Millionen Deutsche auf 27 Millionen Nichtdeutsche einen Druck üben, desto rascher müssen sie durch das Uebermaß der Anstrengung erschöpft, dem über= mächtigen Gegendruck der bedrohten Völker erliegen.

„Nun denn, wie sollen wir unsere Aufgabe erfüllen, unsere Stellung wahren?"

Ich antworte, indem wir unser Verfahren den Umständen, unsere Anstrengungen unseren Kräften anpassen. Der Appetit darf eben nicht stärker sein als die Verdauung, und da wir die Völker nicht verschlin= gen, nicht politisch absorbiren können, so suchen wir sie uns geistig zu assimiliren, nicht durch Tödtung, sondern durch Belebung ihres nationa= len Geistes und ihrer nationalen Sprache. Statt wie bisher die Völker gewaltsam durch die deutsche Sprache zur Kultur zu drängen, lenken wir sie durch die in ihrem Idiome gewonnene Bildung sachte zur deutschen Sprache hin. Die geistige Nahrung, die wir ihnen bisher in dem verhaßten Gefäße einer fremden Sprache dargereicht, nahmen sie in sich auf, aber nur, um sich dadurch zum Kampfe gegen uns zu stärken, und ihre Defensiv= und Offensivkraft zu erhöhen. Aus unseren Arsenalen entlehnen sie die Waffen, die sie gegen uns kehren, und die deutsche Sprache ist es, in welcher die deutsche Sprache gelästert wird. Kann eine Politik gut sein, die solche Früchte trägt?

„Nun, welche Politik ist die bessere?"

Jene, welche die Gebote der Natur und die Lehren der Geschichte beachtet.

„Und welche sind diese Gebote und Lehren?"

Ganz einfach Folgende:

Man kann ein Volk in einer fremden Sprache unterrichten, aber nicht bilden; die Bildung erblüht nur auf dem Boden der eigenen Sprache, aus dem ureigenen Genius jedes Volkes. Indem Ihr sein Wissen in einem fremden Idiome erhöht, erniedrigt Ihr seinen Charakter, verkrüppelt Ihr seinen nationalen Geist, und glaubt Ihr aus ver= krüppelten Völkern einen kräftigen Staat bilden zu können?

Und wie die sittlich entarteten, sind auch die unreifen, ungebil= deten Völker für den Staat eine Gefahr. Lassen wir beispielsweise unsere südslavischen Völkerschaften in ihrem primitiven Zustande, und sie werden die Beute des Panslavismus, die Opfer Rußlands.

Völker, wie Einzelne, verlernen in ihrer Kindheit ebenso schnell ihre Muttersprache, als sie eine fremde, besonders eine verwandte erlernen. Ihr dürftiger Vorrath von Vorstellungen und Empfindungen ist ebenso rasch in der einen, wie in der anderen untergebracht. Ein reifer Mann und ein reifes Volk hingegen verlernen nie ihre Sprache, denn sie enthält die Geschichte ihres Denkens und Fühlens, den inneren Reichthum ihres Daseins. Ein slavischer Volksstamm, dessen Leben ohne höheren Gehalt und ohne klares Selbstbewußtsein, und dessen Sprache ohne Literatur ist, wie leicht wird er nicht von russischen Sendlingen

geangelt durch den Köder der Raceneinheit! Gebet hingegen den slavi=
schen Stämmen ein mächtiges Selbstgefühl, ihrem Volksleben einen
kräftig pulsirenden Mittelpunkt und ihrer Sprache eine Geschichte, und
sie werden ihre Individualität selber wahren und sich nicht einstampfen
lassen in den großen moskowitischen Racenbrei; denn die Race ist nur
die äußerste Rückzugslinie eines bedrängten Volkes; kein tiefer Herzens=
drang zieht es dahin. So hat die Raceneinheit der Franzosen, Italiener
und Spanier, und die der Deutschen und Engländer nie die Idee des
Panromanismus, oder Pangermanismus gefördert, da nicht
die Verwandtschaft, sondern die Identität der Sprache und
Literatur ein Volk organisch zusammenhält.

Wenn somit sprachlich entartete und völlig ungebildete Völker
uns gleich gefährlich sind, ist uns da der Weg nicht klar vorgezeichnet,
den wir gehen müssen?

Anstatt gegen die Völker Front zu machen, oder mit verdrossener,
gräulicher Miene uns Konzession nach Konzession abringen zu lassen,
müssen wir uns freundschaftlich und liebevoll ihnen beigesellen und rasch,
freudig und beherzt gewähren, was zu fordern sie berechtigt sind. Lassen
wir nicht ihre Sprache verkümmern im Souterrain des niedersten
Volkslebens, oder sich nur dürftig entwickeln im Erdgeschoße der Volks=
schule, sondern sorgen wir dafür, daß sie frisch und froh sich empor=
hebe in alle Etagen des Staates, in die luftigen freien Räume des
öffentlichen Lebens, damit sie auf diesem großen Tummelplatze durch
Bewegung und den Sporn des Ehrgeizes sich kräftige, entwickle und
gedeihe; denn die Völker entwickeln sich mit ihrer Sprache, und um
tüchtige Staatselemente zu sein, müssen sie nicht nur leben, sondern
auch erstarken. Also in der Schule, in der Kirche, in der Verwaltung,
im Gerichtssaale, in der Gesetzgebung gewähren wir ihnen freien Spiel=
raum, und gar bald werden wir zu unserer Freude bemerken, daß die
Völker freiwillig der deutschen Sprache sich nähern, von der ferne zu
bleiben sie nur durch den Zwang sich veranlaßt sehen; denn um mit
der Zeitkultur gleichen Schritt zu halten, wird diesen kleinen Völkerschaften
ihre Muttersprache nimmer genügen. Den großen Aufgaben der Zivili=
sation sind jetzt nur große Nationen gewachsen. Es ist in unserer Zeit
nicht mehr möglich, daß kleine hochbegabte Völker, wie im Alterthume, mit
großen zu rivalisiren und dieselben zu überragen vermöchten. Die moderne
geistige Thätigkeit bewegt sich auf breiter demokratischer Grundlage, und
nicht blos, was einige bevorzugte Geister geschaffen, sondern Alles, was
Fleiß und Studium auf allen Gebieten des Wissens geerntet hat, bildet
den ideellen Reichthum der Menschheit. Nicht nur die Kronjuwelen der
Könige im Reiche des Gedankens, sondern auch die hochaufgespeicherten
Erzeugnisse emsigen, bürgerlichen Forschens sind der kostbare Inhalt der
modernen literarischen Schatzkammern, und da die Zahl der Erzeuger
und die Summe des Erzeugten zum großen Theile auch von der Be=
völkerungsmasse eines Stammes abhängen, so müssen die kleinen Völker
den großen gegenüber stets im Nachtheile bleiben. Ist ja auch die
Theilung der Arbeit, durch welche die Wissenschaft eben so gefördert

wird, wie die Induſtrie, nur bei jener Fülle arbeitender Kräfte möglich, die kleinen Völkern nicht zu Gebote ſteht; Letztere werden daher ſtets einer Hilfsſprache bedürfen. Ihr Idiom, und ſei es noch ſo ſehr ent= wickelt, wird nur genügen, ihren Wiſſensdurſt zu wecken; um ihn zu löſchen, werden ſie aus reicherer Quelle ſchöpfen müſſen und, wenn nicht von antipathiſchen Gefühlen geleitet, werden ſie ſich der deutſchen Sprache zuwenden, welche die nächſte iſt und an Reichthum und Fülle hervorragt unter den Sprachen Europa's.

Und nicht nur unſere eigenen, ſondern auch die ihnen verwandten Volksſtämme an unſerer ſüdöſtlichen Grenze werden wir durch gerechtes und vernünftiges Vorgehen dem Deutſchthume gewinnen. Gelingt es der ſerbiſchen und rumäniſchen Regierung, uns in der Errichtung guter höherer und mittlerer Lehranſtalten zuvorzukommen, lenken ſie allgemach den Strom der nationalen Jugend nach ihren Ländern, ſo werden unſere Serben und Rumänen gar bald hinüber gravitiren, denn der politiſche Schwerpunkt eines Volkes fällt mit ſeinem geiſtigen zuſammen. Kommen wir hingegen Jenen zuvor, errichten wir höhere ſüdſlaviſche und romaniſche Lehranſtalten, techniſche, Gewerbs=, Ackerbau= und Handelsſchulen, dann pilgert die Jugend jener Länder zu uns und fühlt ſich von einem Staate angezogen, der ſeinen Völkern ſo reiche Mittel geiſtiger Entwicklung bietet.

Ja, man muß es mit Nachdruck ſagen, weit mehr als von einer guten Wehrverfaſſung hängt die Zukunft Oeſterreichs von einer guten Lehrverfaſſung ab. Das Unterrichtsbudget iſt wichtiger, als das des Krieges; für jede Million, die Ihr mehr in jenem verausgabt, könnt Ihr das Mehrfache in dieſem erſparen, und zwei nationale Hochſchulen an der unteren Donau erſparen Euch einſt zwei Armeecorps an derſelben. Oeſterreich muß ſeine Länder in allen Radien, bis an die äußerſte Peripherie mit Nationalſchulen überſäen und zugleich in Wien die hervorragendſten Männer deutſcher Kunſt und Wiſſenſchaft um ſich ſchaaren. Eine ſolche Anſammlung geiſtiger Kräfte wird weit mehr, als die Konzentration politiſcher Gewalt, das deutſche Wien zum Mittelpunkte des Staatslebens und zur Metropole des Reiches machen.

Wenn Ihr aber dem Rathe nationaler Heißſporne folgend, das mühſame Werk von Generationen und die Kulturſaaten der Jahrhunderte dem Verderben preisgebet, wenn Ihr Oeſterreich den Rücken wendet, und wie enterbte Söhne heimkehrt in den Schooß der deutſchen Familie, dann wird man Euch wohl von Herzen willkommen heißen, aber das Gefühl der Achtung werdet Ihr vergeblich ſuchen in den Herzen Eurer Brüder; und das, wofür Ihr Ruhm und Beſitz ſo leichten Kaufes hingegeben: die Behaglichkeit der Ruhe, ſie wird Euch nimmer werden im Sturme der Zeiten. Euern Vortrab auf den früheren Kulturmärſchen nach dem Oſten: ſechzehnhunderttauſend Deutſche in Galizien, Ungarn und Siebenbürgen laſſet Ihr zurück, unbeſchützt auf den bedrohteſten Punkten, und anſtatt der preisgegebenen Brüder führt Ihr mit Euch in den neuen Bund deſſen erbittertſte Gegner, die Czechoſlaven, die Slovenen, die Wälſchen im Norden der Adria und

südlich vom Brenner, Keime des Zwiespaltes im Inneren, und der
Verwicklungen nach Außen. Die zwei vorgeschobenen Posten des Abend-
landes, die Magharen und Polen, sie stehen dann isolirt und auf ihre
Kräfte angewiesen, mächtigen Feinden gegenüber. Erstere, von den
Slaven und Rumänen fast ringförmig umklammert, werden fortgesetzten
konzentrischen Angriffen ihrer von Rußland aufgestachelten und unterstützten Gegner nach hartnäckigen Kämpfen früher oder später erliegen;
Letztere, die Polen, von ihrer ländlichen Bevölkerung kaum unterstützt
und von den Ruthenen in Schach gehalten, fügen sich entweder den
Rathschlägen eines Wielopolski der Zukunft, oder werden nieder-
geworfen durch die Gewalt russischer Bajonette. Sind diese zwei
wichtigen Bollwerke des Occidents gegen die moskowitische Uebermacht
gefallen, dann ist Rußland, das inzwischen sein Eisenbahnnetz vollendet
hat, durch Nichts daran gehindert, mit riesigen Heeressäulen im Südosten gegen Konstantinopel und das mittelländische Meer, im Südwesten
gegen Illyrien vorzurücken, dort den Slaven die Hand zu bieten und
Deutschland vom adriatischen Meere zu einer Zeit abzuschneiden, wo
dieses nach Herstellung des Suezkanals wieder die Bedeutung einer
Welthandelsstraße erlangt. Im Nordwesten deckt es von Galizien und
Nordungarn her die Czechen mit seinem mächtigen Schilde, und an der
Ostsee vordringend erinnert es sich vielleicht auch daran, daß Ostpreußen
ein polnisches Lehen und der Nordosten Deutschlands einst der Sitz
slavischer Stämme gewesen.

So mit weitgreifenden Armen, von der Ostsee bis zur Adria,
Deutschland an seinen Riesenleib pressend, wird es jede selbstständige
Bewegung desselben hindern und den Moment herbeiführen, in welchem,
nach Napoleons düsterer Vorhersage, Europa kosakisch ist. Zu spät
werden die Deutsch-Oesterreicher dann es einsehen lernen, um wieviel
es besser wäre, wenn die hunderttausende von Kriegern, die den Winken
des Czar's gehorchend, gegen Westen ziehen, unter Oesterreichs Fahne
Front gegen Osten machten; viel zu spät werden sie zur Erkenntniß
gelangen, daß es vortheilhafter gewesen wäre, den Kampf gegen
Rußland an der unteren Donau, am Pruth und an der Weichsel, als
an der oberen Donau, an der Oder und Elbe aufzunehmen. Wien
als deutsche Grenzstadt und die Gefilde Deutsch-Oesterreichs und Süd-
deutschlands werden, wie einst von Hunnen, Avaren und Magharen,
von Kosaken und Baschkiren durchstreift und verwüstet werden.

Wer von der Geschichte als Schildwache auf einen wichtigen Posten
gestellt, diesen verläßt, macht sich eines schweren Verbrechens schuldig,
und die Strafe entspricht der Schuld!

Ich habe hier die schlimmen Folgen skizzirt, welche mit Wahr-
scheinlichkeit eintreten würden, falls die Deutschen dem alten Donau-
reiche den Rücken kehrten; im Gegensatze hiezu habe ich ihnen die
großen Ziele vor Augen gestellt, denen sie entgegengehen, falls sie,
ihrem historischen Berufe getreu, in Oesterreich verbleiben, und wenn
hiebei auch ausgesprochen werden mußte, daß zu Erreichung derselben
Oesterreich vorerst allein und unbeirrt seinen Weg ziehen müsse, so

wurde damit nicht auch gesagt, daß dieser, und der Weg, der dem geeinigten Deutschland vorgezeichnet ist, stets neben einander, oder gar auseinander gehen werden. Im Gegentheile ist Niemand mehr, als ich, von der Ueberzeugung durchdrungen, daß sie konvergiren und schließlich wieder in einander münden müssen, wenn auch nicht so rasch, als unsere sanguinischen Politiker wünschen und hoffen.

Ich bin somit völlig im Einklange mit der (Seite 12) charakterisirten vierten Fraktion der deutschen Partei, deren Ansicht auch von der österreichischen Regierung getheilt wurde, als sie am 27. November 1849 sich zu folgender Deklaration ermannte: „**Erst wenn das verjüngte Oesterreich und das verjüngte Deutschland zu neuen festen Formen gelangt sind, wird es möglich sein, ihre gegenseitigen Beziehungen staatlich zu bestimmen.**" Leider blieben die österreichischen Staatsmänner ihrem Vorsatze nur kurze Zeit getreu, und beeilten sich, den alten Bundestag, dieses Zerrbild der deutschen Einheit, wieder herzustellen.

In gleichem Sinne, wie diese Deklaration, spricht sich der weitblickendste unserer politischen Schriftsteller, Baron Andrian aus, der seine anonym erschienene Schrift: „**Zentralisation und Dezentralisation in Oesterreich, Wien 1850,**" mit den Worten schließt: „Es liegt in Oesterreichs Interesse, daß sich Deutschland einig und kräftig konstituire, aber auch eben so sehr, daß es sich mit diesem neuen Deutschland auf einen guten Fuß setze, wodurch alle Reibung und Feindschaft vermieden werden kann. Dieser aber ist einzig und allein der eines innigen völkerrechtlichen Verhältnisses. Mit frommen Wünschen und sentimentalen Anschauungen regiert man nicht — am allerwenigsten in Zeiten, wie die unserigen sind."

Daß aus diesem völkerrechtlichen Verhältnisse mit der Zeit sich ein staatsrechtliches entwickle, muß die Hauptaufgabe deutscher und österreichischer Staatsmänner sein. Vorerst gilt es, die volkswirthschaftliche Verbindung der beiden Zoll- und Handels-Gebiete immer enger zu knüpfen, Münz-, Maß- und Gewichts-Einheit und eine Konformität in den Einrichtungen des Post-, Telegrafen- und Eisenbahnwesens herzustellen, und so allgemach Oesterreich und Deutschland in ein großes Zollgebiet umzuwandeln.

Sind beide Reiche volkswirthschaftlich geeinigt, haben sie sich im Inneren konsolidirt, ist das Mißtrauen unserer Nationalitäten gewichen, fühlen sich diese durch stabile und weise Staatseinrichtungen in ihrer Stammes-Existenz gesichert, dann wird durch die Solidarität der beiderseitigen Interessen, durch die vielfachen Wechselbeziehungen des geistigen und materiellen Verkehrs, sowie durch die Gemeinsamkeit der Gefahren und die Rücksicht auf eine kräftigere und minder kostspielige Vertheidigung zu Land und zur See, der Gedanke einer mitteleuropäischen Föderation zur Ausführung gelangen. Und dieser Bund, weil auf fester ökonomischer und politischer Grundlage aufgerichtet, wird in sich die Gewähr des Bestandes tragen.

„Nur ein Stück Gegenwart wird der Zukunft zum Opfer gefallen sein; und was die Väter gewünscht, haben die Söhne in Fülle!"

2. Die Slaven.

Wie die Deutschen an Intelligenz und Bildung, so sind die Slaven an Volkszahl den anderen Nationalitäten der Monarchie über= legen. Rußland ausgenommen, zählt kein Staat so viele slavische Be= wohner, wie Oesterreich. Von der Gesammtziffer der Bevölkerung der Monarchie in der Höhe von ungefähr 34½ Millionen Seelen *) entfallen circa 16 Millionen auf die Angehörigen der slavischen Race. Sie sind somit nahe daran, die Hälfte der Einwohner Oesterreichs zu bilden. Ihre Zahl ist fast doppelt so groß, als die der Deutschen in Oesterreich, übersteigt um das Dreifache die der Magyaren, um mehr als das 5½fache die der Rumänen und fast um das 27fache die der Italiener in Oesterreich. In Bezug auf das Zahlenverhältniß der Slaven zur übrigen Bevölkerung findet zwischen den beiden Reichshälften ein bedeu= tender Unterschied statt, und zwar ist diese Proportion in der westlichen Reichshälfte ungleich günstiger für die Slaven, als in der östlichen; denn während in den Ländern der ungarischen Krone (mit Einschluß der Militärgrenze) von der mehr als 14¾ Millionen zählenden Ein= wohnerschaft 4¾ Millionen, somit nur ein Drittel, Slaven sind, kom= men diesseits der Leitha auf eine Gesammtbevölkerung von 19.₆ Millionen circa 11¼ Millionen Slaven. Noch mehr differirt das numerische Verhältniß zwischen den Slaven und Deutschen diesseits, und zwischen den Slaven und Magyaren jenseits der Leitha. In den ungarischen Kronländern kommen auf 5.₃ Millionen Magyaren 4.₇ Millionen Slaven, und wenn man die slavische Bevölkerung der Militärgrenze abrechnet, gar nur 3.₇ Millionen; die Slaven sind somit den Magyaren gegenüber in der Minorität, während in den cisleithanischen Ländern die circa 6.₉ Millionen Deutschen, gegenüber den 11¼ Millionen Slaven, sich in eklatanter Minorität befinden **). Von den cisleithanischen Kronlän= dern sind vier: Tirol, Vorarlberg, Salzburg und Ober= österreich ganz ohne slavische Bevölkerung; in einer Provinz, in Niederösterreich sind die Slaven in ganz unbeträchtlicher Zahl angesiedelt (circa 20.000); in Steiermark und Kärnten bilden sie eine ansehnliche Minorität ***); in Schlesien und in der Buko= wina stehen sie der übrigen Bevölkerung an Zahl fast gleich †); in acht Provinzen: in Galizien, Böhmen, Mähren, Krain,

---

*) Die Daten sind dem statistischen Jahrbuch der österreichischen Monarchie für das Jahr 1866 und dem offiziellen statistischen Handbüchlein der österreichischen Monarchie entnommen.

**) Das Verhältniß ist wie 1 zu 1.₆₄.

***) In ersterem verhält sie sich zur deutschen Bevölkerung circa wie 1 zu 2, in dem zweiten circa wie 1 zu 2.₆.

†) In ersterem wie 1 zu 1.₀₇, in letzterer wie 0.₈ zu 1.

Iſtrien, Görz und Gradiſka, Trieſt und ſeinem Gebiete, und
in Dalmatien ſind ſie in entſchiedener Majorität *).

Wenn die Slaven im Reichsrathe, der 203 Abgeordnete zählt,
im Verhältniß zu ihrer Populationsſtärke vertreten wären, müßten auf
ſie 117, und auf die anderen Nationalitäten zuſammen 86 Deputirte
entfallen.

Ich habe dieſe Zahlen hier neben einander geſtellt, weil ſie zur
Beurtheilung unſerer Verfaſſungskämpfe von Wichtigkeit ſind, und ich
auf dieſelben ſpäter zurückkommen werde.

Aus den angeführten ſtatiſtiſchen Daten geht hervor, daß die
Slaven in der Geſammtmonarchie numeriſch der übrigen Bevölkerung
nahezu gleichſtehen und in der Weſthälfte die anſehnliche Mehrzahl bil=
den. Wie kommt es, daß ſie ſelbſt in jenen cisleithaniſchen Provinzen,
wo ſie eine bedeutende Majorität bilden, den ihnen an Zahl nachſtehen=
den Nationalitäten, den Deutſchen und Italienern, politiſch ſubordinirt
ſind? Die Urſachen hievon liegen in hiſtoriſchen, geografiſchen, ethnogra=
fiſchen, konfeſſionellen und ſozialen Verhältniſſen.

Die anderen Nationalitäten ſtanden ihnen hiſtoriſch als Eroberer
gegenüber, ſo die Italiener in Iſtrien und Dalmatien, ſo die Deutſchen
in den übrigen weſtlichen Provinzen. Die Sieger haben im öffentlichen
und ſozialen Leben ſich und ihrer Sprache eine Suprematie errungen,
aus welcher ſie durch ein in der Kultur zurückgebliebenes Volk ſich
nicht leicht verdrängen laſſen. Ein zweiter Grund der Ohnmacht der
Slaven iſt ihre unglückliche geografiſche Vertheilung. Die nördlichen und
ſüdlichen Slaven in Oeſterreich ſind durch die zwiſchen ſie hineingeſcho=
benen Deutſchen und Magharen von einander getrennt; und durch die
hiſtoriſche Zweitheilung der Monarchie blieben ſelbſt die benachbarten
Slaven (wie beiſpielsweiſe die Czechen und Slovaken, die Slovenen und
Kroaten) ohne politiſchen Kontakt. Auch die ſprachliche Verſchiedenheit
der einzelnen ſlaviſchen Stämme trug dazu bei, ſie ihren Nachbarn gegen=
über in Nachtheil zu bringen. Ich habe ſchon oben bemerkt, daß nur
die Identität der Sprache und Literatur ein Volk organiſch einige; durch
dieſe Identität waren Italiener und Deutſche ihnen gegenüber ſtets im
Vortheile, da ſich jene an ihre Stammesbrüder außerhalb Oeſterreichs
lehnten, und aus dem ſprachlichen Zuſammenhange mit denſelben immer
neuen Kulturzuwachs erhielten, während die öſterreichiſchen Slaven aus
ihrer Stammesverwandtſchaft mit den außeröſterreichiſchen Slaven, ſelbſt
mit den Ruſſen, bis jetzt keinen Vortheil zogen, weil deren Sprache
und zum Theil auch deren Schriftzeichen von den ihrigen differiren und
deren Bildung ihnen keinen geiſtigen Succurs ermöglichte.

Auch die konfeſſionelle Verſchiedenheit bildet eine Scheidewand
zwiſchen Stamm und Stamm. Wie die Nordſlaven von den Südſlaven

---

*) In Galizien verhalten ſie ſich zur übrigen Bevölkerung wie 7., zu 1,
in Böhmen wie 1., zu 1, in Mähren wie 2., zu 1, in Krain wie 12., zu 1, im
Küſtenlande (Iſtrien, Görz, Gradiſka und Trieſt mit ſeinem Gebiete) wie 1., zu 1,
und in Dalmatien wie 6., zu 1.

durch die eingeschobenen anderen Nationalitäten, so sind die östlichen von den westlichen Slaven durch die Konfession geschieden, so die Ruthenen in Ostgalizien, von den Mazuren im Westen des Landes, so die Russinen im Nordosten, von den Slovaken im Nordwesten Ungarn's, und die Serben im Südosten, von den Kroaten im Südwesten desselben Landes. Diese Verschiedenheit ist von Einfluß selbst bei hochgebildeten Völkern und trägt nicht wenig dazu bei, die Beziehungen zwischen Nord- und Süddeutschland etwas frostig zu machen und die Irländer den Briten zu entfremden.

Ganz besonders ist zwischen den Bekennern der starren orientalischen Kirche und denen der lebensvollen und belebenden abendländischen Kirchen eine nicht zu verkennende Differenz, welche auf den Charakter und die gegenseitigen Beziehungen der Slaven von Einfluß ist. Die Kluft zwischen Polen und Rußland hat in dieser Verschiedenheit mit ihren Grund, und Rußland ist in seinem polnischen Besitze eben so sehr bestrebt, die katholische Religion, wie die polnische Sprache zu entwurzeln. Der katholische Kroate fühlt sich zu seinem nächsten Stammverwandten, dem orthodoxen Serben nur wenig hingezogen und in den blutigen Fehden der Magyaren und Serben während des Jahres 1848 kämpfte der katholische Theil*) der Letzteren in den Reihen der Magyaren.

Auch das Zurückbleiben der Mehrzahl der Slaven in der Kultur stand ihrer politischen Entwicklung hindernd im Wege; und daß sie zurückgeblieben, ist großentheils nicht ihre Schuld. Der Eroberer zwang ihnen nicht nur seine Gesetze, sondern in Schule und Amt auch seine Sprache auf, und dieser Sprachenzwang wirkte viel nachtheiliger auf ihre geistige Entwicklung und ihren Charakter, als der politische Druck; denn die aufgezwungene Herrschaft demüthigt ein Volk, die aufgebrungene Sprache demoralisirt es. Vieles, was man am Charakter der Slaven tadelt und als Nationalfehler bezeichnet, ist auf Rechnung des ihnen angethanenen Zwanges zu stellen, und es geht den Slaven, wie den Juden, denen auch gewaltsame Fehler aufgepfropft wurden, um sie dann all das entgelten zu lassen, was man an ihnen verbrochen.

Daß in dem hier Gesagten keine willkürliche Behauptung enthalten sei, beweist das einstimmige warme Lob, welches Reisende dem im Inneren Rußlands wohnenden slavischen Kernvolke spenden, dessen Kraft, Schönheit und Charaktertüchtigkeit von Allen hervorgehoben wird.

Auch der unfertige soziale Zustand erschwert es den Slaven, mit ihren Nachbarn gleichen Schritt zu halten. Je harmonischer die soziale Gliederung in einem Volksstamme ist, desto fester ist die Grundlage, auf der seine nationale Existenz ruht, desto gesicherter ist seine politische Stellung und Bedeutung.

Unter allen Nationalitäten Oesterreich's stehen in Bezug auf ihre gesellschaftliche Struktur die Deutschen oben an. Auf einer kräftigen ländlichen Bevölkerung, als auf einer sicheren breiten Grundlage, erhebt

---

*) Die Schokaczen.

sich der Quaderbau eines hochgebildeten selbstbewußten Bürgerthums, und damit es diesem staatlichen Gebäude an einem schönen architektonischen Abschlusse nicht fehle, ragt über demselben als schmucker Giebel, der historische Adel empor. Der magyarische Stamm hat gleichfalls in seinem männlich kräftigen Landvolke ein sicheres Fundament, auch der Giebel erhebt sich stolz in die Lüfte, aber statt des reichgestaltigen Bürgerthums ist im Mitteltrakte nur der kleine gebildete Adel, die Gentry des Landes. Der Bau ist wohl kräftig und imposant, aber monoton; ihm fehlt die harmonische Mannigfaltigkeit des deutschen. Die Slaven in Oesterreich haben gesellschaftliche Bruchstücke, aber noch keine Gesellschaft. Die Czechen, wie die Südslaven haben ein tüchtiges Bauernthum, aber keinen geistig hochentwickelten Bürgerstand und keinen nationalen Adel, denn was sich von diesem an sie anschließt, thut dies aus Berechnung und nicht, wie der magyarische, mit nationalem Bewußtsein und tiefer nationaler Empfindung. Im Gegensatze zu den Czechen und Südslaven haben die Polen einen Adel, aber weder ein Bürgerthum, noch ein national bewußtes Landvolk. Statt eines Gebäudes bietet sich dem Auge in seltsam abenteuerlicher Weise ein stolzer Giebel dar, welcher auf einigen schwachen Pfeilern von Intelligenz und Halbintelligenz höchst unsicher ruht. Die Slaven werden daher, um mit den anderen Nationalitäten erfolgreich wetteifern zu können, vorerst ihre gesellschaftlichen Elemente ebenmäßig entwickeln müssen.

Einen nicht geringen Einfluß auf die Beeinträchtigung der politischen Position der Slaven hat die allgemein verbreitete Ansicht, daß sie der Freiheit von Haus aus abhold seien, da sie in ihrer Mehrzahl seit 20 Jahren mit der Reaktion Hand in Hand gingen. Diese Vorwürfe haben ihren Grund in den Erscheinungen des öffentlichen Lebens, deren Ursachen zu erforschen nur Wenige sich die Mühe geben. Ich will, da nur das Verständniß zur Verständigung führt, mich dieser Mühe unterziehen, und einen flüchtigen Rückblick auf die politischen Wandlungen der letzten 20 Jahre werfen, um nachzuweisen, daß die Slaven nicht durch ihr Verschulden, sondern durch die Verhältnisse in die Arme der Reaktion gedrängt wurden.

Die slavische Nationalbewegung in Oesterreich begann lange vor dem Jahre 1848 und war vorherrschend politisch in Kroatien, das allein unter den slavischen Ländern Oesterreichs damals ein entwickeltes öffentliches Leben hatte, und vorwiegend literarisch im Westen der Monarchie. Durch Männer wie Kollar, Palacký, Safarik, Gaj, Hanka, Havliček ꝛc., wurde die slavische Jugend begeistert und in ihr die Hoffnung auf eine große Zukunft ihrer Race wachgerufen. In diesem Zustande nationaler Erregtheit traf das Jahr 1848 die Slaven; und wie alle Völker, wurden auch sie von der Bewegung ergriffen, um so mächtiger ergriffen, als sie, die Hintangesetzten, am meisten bei derselben zu gewinnen hofften. Freudetrunken begrüßten sie jene Tage der Verheißung. Da usurpirten jenseits der Leitha die Magyaren die Alleinherrschaft ihrer Sprache noch entschiedener, als in den früheren Jahren; da wurden diesseits der Leitha in den deutsch-slavischen Kronländern die Wahlen

34

in's Frankfurter Parlament ausgeschrieben, in jene National-Versamm-
lung, welche die deutsche Einheit herbeiführen sollte. Die Slaven
Deutsch-Oesterreichs, welche in dieser das Grab ihrer nationalen Existenz
erblickten, wurden auf das tiefste beunruhigt, und unzweifelhaft waren
es diese Wahl-Ausschreibungen, welche zumeist die Saat des Hasses
zwischen die beiden Völker dieser Kronländer streuten und Folgen her-
vorriefen, an denen unser Staatsleben noch heute krankt.

Durch die vorzugsweise von den Deutschen und Magyaren in den
Vordergrund gestellte nationale Idee erhielten die Bestrebungen der österreichischen Völker seitdem verschiedene, oft entgegengesetzte Ziele, und was
die Deutschen und Magyaren als Freiheit betrachteten, das erschien den
Slaven als unerträglicher Druck, gegen den sie reagirten. Diese Reaktion
entstand somit nicht aus Mangel an Freiheitsliebe, sondern aus Abneigung gegen eine Freiheit, deren Früchte nur Anderen in den Schooß
fielen. Und so kam es, daß die Bewegung des Jahres 1848 uns, statt
der Segnungen des Fortschrittes, nur den Fluch des Racenhaders
brachte.

Am entschiedensten im Kampfe der Slaven gegen die Deutschen
traten im Westen des Reiches die Czechen hervor. Von deutscher Kultur
unter allen österreichischen Slaven am meisten umspült, und darum in
ihrer Nationalität am schwersten bedroht, setzten sie sich auch am hart-
näckigsten zur Wehre.

Zur Charakterisirung der einzelnen slavischen Volksstämme mögen
folgende Skizzen dienen:

a) Die Czechen.

(Gesammtzahl circa 6,530.000. Hievon entfallen auf Böhmen circa 3,170.000,
auf Mähren 1.440.000, auf Schlesien 100.000, auf Ungarn 1.790,600 (Slovaken),
auf die übrigen Kronländer 30,000.)

Kein Volk in Oesterreich hat ein stärkeres österreichisches Bewußtsein, als die Czechen, denn nur in diesem Staate sind sie ein nicht
unwichtiger Faktor des öffentlichen Lebens. Der Untergang Oesterreichs
wäre identisch mit dem ihrigen. Wer auch immer die Erbschaft der
von ihnen bewohnten Provinzen antreten möge, sie sind verloren. In
Deutschland gingen sie mit der Zeit vollkommen unter, wie alle Slaven,
die auf deutschem Gebiete wohnten und wohnen, in Rußland retteten
sie wohl ihre Race, aber nur auf Kosten ihrer Stammes-Eigenheit.
Oesterreich, falls es ihnen die Entwicklung ihrer Individualität gönnt,
wird in ihnen stets anhängliche Staatsbürger finden. Ihr Ehrgeiz ist,
sich an die Spitze der österreichischen Slaven zu stellen. Die Zweitheilung der Monarchie, welche sie daran hindert, ist ihnen daher ein Gräuel,
und als die heftigsten Gegner des Dualismus boten sie auch im Bunde
mit den deutschen Zentralisten der Regierung im Jahre 1848 bereit-
willigst alle Mittel dar, um die Magyaren niederzuwerfen.

Die Czechen waren sich hiebei vollkommen dessen bewußt, was sie anstrebten. Eine einheitliche Vertretung der gesammten Monarchie war und ist ihr Ideal. Die Repräsentanten von 16 Millionen Slaven in Einem Parlamente zu versammeln, die Nachtheile der geographischen Zersplitterung durch parlamentarische Einigung auszugleichen und dem Slaventhume die Präponderanz in Oesterreich zu sichern, war für sie ein höchst verlockender Gedanke, der überdieß ein Relief durch die Hoffnung erhielt, daß hiebei ihnen, als den Gebildetsten unter ihren Stammesgenossen, die Führerschaft von selbst zufallen würde. Ist aber ihr Ideal unerreichbar, ist die dualistische Gestaltung der Monarchie nicht zu verhindern, erlangen die Magyaren in der Vertretung der östlichen, und die Deutschen in jener der westlichen Reichshälfte das Uebergewicht, dann bleibt den Czechen nichts übrig, als in die Defensive überzugehen und sich in den engeren Raum einer befestigten Position zurückzuziehen, wo sie mit geringerer Macht den Angriffen der Deutschen zu trotzen vermögen. Eine solche Position bietet ihnen der mit der weitgehendsten Autonomie ausgestattete böhmische und mährische Landtag, und womöglich der General-Landtag der böhmischen Kronländer. Diese ihnen durch die Natur der Dinge vorgezeichnete Politik verfolgen die Czechen mit großer Konsequenz.

Doch nun wieder zur Rückschau:

Die Czechen und die deutschen Zentralisten unterstützten, wie ich oben erzählte, die Regierung in ihren Bestrebungen gegen Ungarn, und schaarten sich noch enger um dieselbe, als nach den Oktobertagen des Jahres 1848 die Niederwerfung dieses Landes eine beschlossene Thatsache war. Das Ministerium nutzte ihren Eifer gehörig aus, nahm, um den Slaven eine Bürgschaft künftiger weiterer Konzessionen zu geben, Baron Kulmer als kroatischen Minister in seine Mitte auf, und ernannte zur Befriedigung czechischer Eitelkeit den Parteigenossen Helfert zum Unterstaatssekretär im Ministerium des Unterrichts. Als nach dem vermeintlichen Siege bei Kapolna die kühner gewordene Reaktion die gewaltsame Auflösung des Reichstages durchsetzte, und die Gemüther selbst der regierungsfreundlichsten Abgeordneten sich beängstigt fühlten, ward zur Beruhigung derselben offiziell auf die Reichseinheit hingewiesen, welche fortan von der Freiheit unzertrennlich sein werde. Die Verfassung vom 4. März wurde auf dem Präsentirteller eines verheißungsvollen Manifestes herumgereicht, natürlich nur als Schaugericht, damit das lüsterne Auge der Zentralisten und Czechen am Anblicke dieses antidualistischen Leckerbissens sich erlabe. Nicht allzulange, und die Konstitution vom 4. März nahm jenen Weg zur Bach'schen Kanzlei, auf welchem man von der Freiheit viele Spuren sah, die hinein-, aber keine, die herausführten.

Es trat nun jene dumpfe, schwüle Zeit Bach'scher Gleichberechtigung ein, in welcher ein Magyare, von einem Kroaten um die Stimmung Ungarns befragt, antworten konnte: „Sind wir sehr zufrieden, denn haben wir bekommen als Bestrafung, was habt Ihr bekommen als Belohnung." Lange blieb es stille, unheimlich stille in Oesterreich. Das Volk war stumm, die Regierung taub, bis eines Tages der

Kanonendonner von Solferino tief erschütternd dröhnte, und der Regie=
rung ihr Gehör und dem Volke wieder seine Sprache gab. Man fing
nun an, sich gegenseitig ein wenig zu verstehen; und die Völker erhielten
in Anerkennung ihrer mühevollen und kostspieligen staatsrechtlichen
Studien und als Lohn für die überstandenen strengen Prüfungen ein
Diplom, das Diplom vom 20. Oktober. Große Unzufriedenheit
unter den Deutschen, welche darin nicht die Freiheit, große Enttäu=
schung der Magyaren, welche darin nicht ihr Recht fanden, hingegen
nicht geringe Befriedigung im Lager der Slaven, welche in demselben
die Idee der Reichseinheit und des Föderalismus verwirklicht sahen.

Sie athmeten wieder auf, dachten sich der deutschen Vormundschaft
entrückt und blickten hoffnungsvoll in die Zukunft. Neue bittere Ent=
täuschung. Im Kampfe der Nationalitäten siegten die Deutschen, und
die Trophäe dieses Sieges war ihr Freiheitspatent, das Patent vom
26. Februar. Die Slaven fühlten sich verletzt, und ganz besonders
erbittert und mit Recht erbittert waren die Czechen; denn ein erkün=
steltes Wahlgesetz brachte sie, welche in Böhmen drei Fünftel und
in Mähren drei Viertel der Bevölkerung bilden, den Deutschen
gegenüber in Nachtheil, was sie um so schmerzlicher empfanden, als die
pittoreske Abwechslung, welche der ruthenische Bauernkittel dem Bilde
des hohen Reichsrathes verlieh, nur zu sehr verrieth, daß das Motiv
ihrer Hintansetzung anderswo, als im Interesse für höhere Kultur zu
suchen war. Dennoch traten die Czechen in den Reichsrath. So lange
sie hoffen durften, daß aus der Gesammtmonarchie Vertreter im Reichs=
rathe erscheinen werden, hielten sie ihre Sache nicht für verloren und
war für sie noch immer Aussicht vorhanden, im Vereine mit den
übrigen Slaven um so eher die deutsche Hegemonie zu brechen, als sie
hiebei selbst auf die Unterstützung der Magyaren, im Falle ihres Ein=
tritts rechnen durften. Als aber aus den ungarischen Kronländern Nie=
mand erschien (die Siebenbürger wurden erst viel später von Nabasdy
dem Reichsrathe annektirt) und Schmerling Miene machte, den engeren
Reichsrath in den weiteren umzuwandeln, oder mit anderen Worten,
der deutschen Majorität die Entscheidung über die Geschicke beider
Reichshälften in die Hand zu legen, als die Czechen sahen, daß nicht
eine Machteinengung, sondern eine Machterweiterung der Deutschen das
Resultat der Februarverfassung sei, und daß sie durch ihre fernere
Anwesenheit der für sie so gefährlichen Schmerling'schen Fiktion nur
größere Rechtskraft verleihen würden, traten sie aus dem Reichsraths=
saale, um ihn seitdem nie wieder zu betreten.

Ein Deutscher mag dieses Verfahren von seinem Standpunkte
aus höchst unangenehm finden, aber es ist offenbar unrecht, die Czechen
darob des Illiberalismus zu zeihen; Niemand liebt es, am Triumph=
wagen des Gegners zu ziehen.

Mehrere Jahre verflossen, und wieder sollten den Czechen einige
Tage der Freude gegönnt sein. Die Thatsachen waren stärker geworden,
als die Schmerling'sche Fiktion; der durch Nabasdy's Künste erwirkte
Eintritt der Siebenbürger konnte die Autorität des Reichsrathes nicht

erhöhen, die Tage des Februarpatentes waren gezählt, Schmerling
fiel und sein Nachfolger Belcredi sistirte die Verfassung. Jetzt war die
Reihe des Trauerns an die Deutschen gekommen. Diese waren nichts
weniger als schwärmerische Anhänger des Februar-Statuts, dessen enges
Portale der Freiheit zu wenig — und dessen zahlreiche Hinterpförtchen
der Willkür zu viel Einlaß gestatteten; aber es war ein Rechtsboden,
ein unterhöhlter und unterwaschener zwar, jedoch der beste, weil der einzige. Die Slaven jubelten, sie träumten von einer neuen pragmatischen
Sanktion, von Lösung der Verfassungswirren durch die Landtage. Die
Czechen hatten schon gegen Ende der Schmerling'schen Verwaltung durch
den Zuwachs von Feudalstimmen die Majorität im böhmischen Landtage erlangt und die Flitterwochen ihrer Landtagsherrschaft dazu benützt,
das Sprachenzwangsgesetz zu votiren. Im Besitz der Landtagsmajorität
hofften sie wieder Macht und Einfluß zu erlangen. Der Krieg im Jahre
1866 brachte ihnen wohl harte Bedrängnisse; aber dafür befreite sie
der Prager Friedensschluß vom Alp der deutschen Einheit, und als am
2. Jänner 1867 der außerordentliche Reichsrath einberufen wurde, standen
sie im Zenith ihres Glücks. Im böhmischen und mährischen Landtage
eine ansehnliche Mehrheit bildend, mit den Polen, Slovenen und Deutsch-
tirolern im Hasse gegen die Februar-Verfassung übereinstimmend, konnten
sie hoffen, im außerordentlichen Reichsrathe das bisher von den Deutschen
okkupirte Terrain zu gewinnen, und einerseits im Bunde mit den übrigen Slaven die Zentralisation, und andererseits im Vereine mit den
Zentralisten den Dualismus erfolgreich zu bekämpfen. Aber das gelobte
Land des außerordentlichen Reichsrathes, das so schön vor ihnen aus-
gebreitet lag, sie sollten es nicht betreten, und was den Schmerz noch
brennender machte: ein Deutscher aus der Fremde war es, der ihnen
den Weg dazu verrammelte. Der ordentliche Reichsrath wurde einberufen; die Neuwahlen in Böhmen und Mähren, bei denen durch große
Anstrengungen und hohe Einflüsse einige aristokratische Stimmen den
Deutschen zugeführt wurden, brachten die Czechen wieder in die Minorität. Sie zogen sich grollend in ihr Lager zurück. Der Ausgleich mit
Ungarn ward vom Reichsrathe gutgeheißen und die Verfassung vom
21. Dezember legte davon Zeugniß ab, daß die Deutschen auf der
ganzen Linie Sieger geblieben.

Aus dieser Darstellung geht hervor, daß die Czechen seit mehr
als 19 Jahren: vom 13. März 1848 bis zum 21. Dezember 1867, nach
kurzem Wahne stets nur schmerzliche Enttäuschung erfuhren, und es ist
natürlich, daß ihr Gemüth dabei stets verbitterter wurde, und daß sie
sich endlich von einer parlamentarischen Aktion ferne hielten, in welcher
Plan und Führung Händen anvertraut waren, deren unsanften Druck
sie schon in der Heimat empfunden. Doch selbst in dieser Heimat, in
ihren eigenen Landtagen sollten sie durch eine zur parlamentarischen
Mehrheit künstlich hinaufgeschraubte Minorität niedergehalten werden.
Amboß im eigenen Lande zu sein, nachdem sie kurz vorher in
einer Reichsvertretung Hammer zu sein erwartet hatten, das war
für sie des Kränkenden zu viel, und sie zogen es vor, sich während

der letzten Session auch von den Sitzungen ihrer Landtage fern zu halten.

Andere Völker würden in ähnlicher Lage kaum anders vorgegangen sein, als die Czechen. Wenn beispielsweise in Kärnthen, wo die Slovenen gerade so, wie die Deutschen in Mähren approximativ den vierten Theil der Bevölkerung bilden, wenn, sage ich, die Slovenen durch ein mit Raffinement ersonnenes Wahlgesetz im Landtage die Majorität besäßen und stets im Namen des Landes das große Wort führten, würden die Deutschen das ruhig hinnehmen? Man sagt allerdings, die Slovenen seien nicht mit den Deutschen in Mähren zu vergleichen, welche als die Träger der Kultur, der Großinbustrie und des Handels ein Recht auf besondere Rücksichtnahme hätten. Das ist richtig, aber wird diese Berücksichtigung nicht zur schreienden Ungerechtigkeit, wenn sie so weit geht, ein Viertel der Bevölkerung zum Herrn der Geschicke von drei Vierteln derselben zu machen? Daß es übrigens ganz andere Rücksichten, als die für höhere Bildung waren, welche bei der Feststellung der Wahlgesetze zur Richtschnur dienten, beweist die Thatsache, daß derselbe Minister, welcher die Wahlnormen der Februar-Verfassung entwarf, in Siebenbürgen zur Erzielung eines gefügigen Landtags ein Wahlstatut oktroirte, das keine Gruppenwahlen kannte, und in welchem den auf tiefster Kulturstufe stehenden Rumänen ein fast allgemeines Stimmrecht eingeräumt wurde.

Ueberdieß muß man, um gerecht zu sein, wohl zugestehen, daß die Czechen in Bezug auf Kulturentwicklung ebenso wenig mit den Slovenen in eine Linie zu stellen seien, wie die Deutschen. Der Volksunterricht ist bei den Czechen nahezu auf derselben Höhe, wie in den vorgeschrittenen deutschen Provinzen. 97% der schulpflichtigen Kinder in Böhmen, und in Mähren sogar 100%, besuchen die Schulen; die Bodenkultur ist in hohem Grade entwickelt, der Gewerbefleiß ist auch den Czechen nicht fremd und in Bezug auf Organisation der Arbeit sind sie sogar den Deutschen weit voran; denn während es in den deutschen Provinzen Oesterreichs noch bis vor Kurzem keine Schulze-Delitzsch'sche Assoziation gab, zählt die czechische Bevölkerung deren 248, werden in Böhmen Runkelrüben-Zuckerfabriken auf Aktien durch Bauern angelegt. Die czechische Landbevölkerung liest die politischen Zeitungen, folgt der politischen Bewegung mit Eifer und hat ein lebhaftes nationales Bewußtsein. Glaubt man wirklich der ihrer Ueberzahl sich bewußten slavischen Bevölkerung Böhmens und Mährens zumuthen zu dürfen, daß sie die Unbill des bestehenden Wahlgesetzes mit stummer Devotion ertrage, eines Wahlgesetzes, dessen Aufhebung unter gewissen Modalitäten ohne Nachtheil für die Deutschen möglich wäre, wie ich später nachweisen werde.

b) Die Polen.

(Gesammtzahl circa 2.328,000. Davon entfallen auf Galizien 2.184,000, auf
Schlesien 139,000, auf die Bukowina 5000.)

Während die erhofften Zukunftsgüter der Czechen innerhalb der
Grenzen Oesterreichs liegen, schweben die polnischen Luftschlösser stets
außerhalb derselben. Die Polen beschäftigt nur Eine Idee, erfüllt nur
Eine Sehnsucht. Die grausame Secirkunst der Diplomatie vermochte
wohl den Leib Polens zu zergliedern, über dem Leichname aber schwebt
die Seele des Dahingeschiedenen, die nicht zur Ruhe kommende Seele
eines heroischen Volkes. Ohne Gegenwart, wie die Polen sind, leben
sie von den Erinnerungen an die Vergangenheit, von den Hoffnungen
auf die Zukunft, unstet von der Einen zur Anderen irrend. Die
größten Sanguiniker Europa's, sehen sie dieses stets an der Schwelle
großer Ereignisse und sich selbst an der Pforte ihrer verjüngten Heimat.
Jedes Wölkchen am politischen Himmel· halten sie für den Vorboten
eines Gewitters und jede alarmirende Zeitungsente für eine Möve, die
unzweifelhaft nahen Sturm verkündet. Wie die Czechen von der österreichischen Reaktion, erwarten sie all ihr Heil von der europäischen Kon-
flagration. Sie sparen nicht mit ihrer Zeit, nicht mit ihrem Gelde,
nicht mit ihrem Blute. Wer wird auch knausern am Vorabende einer
großen Erbschaft! Sie lieben Oesterreich nicht als ihre Heimat, aber
sie schätzen es als ihr Asyl. Die Geschicke desselben betrachten sie stets
aus der polnischen Perspektive, und ihre politische Inkonsequenz hat ihren
Grund nur in der Konsequenz ihres letzten Gedankens. Ungleich den
Czechen sind sie Freunde des Dualismus, weil sie mehr Sympathie für
ihre antimoskowitischen Gefühle und Bestrebungen bei einem magyari-
schen Landtage und einer deutschen Reichsrathsmajorität, als bei einer
slavisch gefärbten Reichsvertretung zu finden hoffen, und darum standen
sie im Gegensatze zu den übrigen Slaven, im Jahre 1848 und seit
Beginn des Reichsrathes, stets für die Rechte der Magyaren ein. Sie
sind auch nicht,· wie· die Czechen, leidenschaftliche Gegner der Einigung
Oesterreichs mit Deutschland, da sie nicht, wie jene, von der Einverleibung
in den deutschen Bund bedroht sind, sondern hiebei sogar eine Sonderstellung in Aussicht haben. Die Frage, in der sie sich von den Deutschen
trennen und eines Sinnes mit den anderen Slaven sind, ist die der
Autonomie, aber je nach der politischen Konstellation vertheidigen sie dieselbe mit größerer oder geringerer Wärme. Dünkt ihnen die Auferstehung
Polens nahe, sind sie nachgiebig. Wozu auch viel Worte machen, wenn
man reisefertig ist! So waren sie im Kremsierer Verfassungsausschuße
höchst gemäßigt. Der politische Horizont war eben damals umwölkt,
und Louis Bonaparte, der neugewählte Präsident, mußte als Erbe der
Idées Napoléoniennes die Wiederherstellung Polens erstreben. So
auch während der letzten Verfassungsberathungen im Jahre 1867; denn
zur Zeit der Luxemburger Affaire und lange nachher war es die fixe
Idee der Polen, daß sie der Erreichung ihres Zieles näher seien, denn

40

je. Sie zeigten sich daher, um die Freundschaft der Regierung und der Deutschen nicht zu verscherzen, wenn auch grollend, zur Nachgiebigkeit bereit. Wenn aber in Europa Windstille herrscht, oder wenn sie von den luftigen Höhen der großen Politik hinabsteigen in ihren Landtag, und einen Augenblick lang über die misère ihres Daseins nachdenken, wie dieß während der letzten Session der·Fall gewesen zu sein scheint, dann raffen sie sich zu gewaltigen Anstrengungen auf und suchen durch Ungestüm die Versäumnisse früherer Tage gut zu machen. Uebrigens sind sie fester an die Geschicke Oesterreichs gekettet, als sie glauben, und durch den Selbsterhaltungstrieb noch lange gedrängt, für dessen Macht und Integrität energisch einzustehen. Es ist auch von großer Wichtigkeit, sie durch kluge Behandlung enger an uns zu knüpfen; denn sie sind der herausgebrochene Ring aus der slavischen Kette, mit der Rußland uns zu umschlingen gedenkt; und im Falle moskowitischen Vordringens gegen den Süden, sind sie befähigt, in gefährlicher Weise seine rechte Flanke zu bedrohen.

c) Die Ruthenen.

(Gesammtzahl circa 3.000,000. Hievon entfallen auf Galizien 2.300,000, auf die Bukowina 230,000, auf Ungarn 470,000.)

Dem Polen am nächsten, mindestens räumlich, steht der Ruthene. Sie sind Brüder, aber feindliche. Nicht Deutsche und Slaven widerstreben einander so, wie Polen und Ruthenen, und wenn der Zwist zwischen Fremden ein Unglück, so ist er zwischen Brüdern ein Fluch. Das von Stadion, wie die Polen sagen, erfundene, aber in der That nur vorgefundene und schlau ausgenützte ruthenische Volk besteht aus Bauern und Popen, und der Kampf zwischen diesen und den Polen ist mehr sozial und konfessionell, als national; der ruthenische Bauer ist lüstern nach den fetten Weiden des polnischen Edelmannes und der ruthenische Pope nach den fetten Pfründen der katholischen Klerisei. Diese Sehnsucht mit einigen nationalen Instinkten verquickt, bildet den Inhalt der ruthenischen Frage. Eine eigene bestimmte Politik, wie die übrigen Slaven, haben die Ruthenen nicht. Sie wollen immer nur das, was die Polen nicht wollen. Als die Polen Oesterreich haßten, waren sie gut kaiserlich; jetzt, wo die Polen gut kaiserlich, sind sie antiösterreichisch. Die Polen sind Autonomisten, also sind die Ruthenen Zentralisten; die Polen remonstriren gegen die Verfassung, also remonstriren die Ruthenen für dieselbe. Sie sind voll bitterer Klagen, das versteht sich bei uns von selbst, denn wer klagt nicht in Oesterreich; aber das Schlimme dabei ist, daß der Mangel an Voraussicht in Wien und Lemberg den Klagen der Ruthenen tiefe Berechtigung verleiht; denn durch eine jener plumpen Schwenkungen, die sich in den letzten 20 Jahren bei uns periodisch vollziehen, wurden seit 1865 die Polen auf Kosten der früher verhätschelten Ruthenen begünstigt und so das Volk, welches, nach

Springer's Ausdruck, das loyalste Oesterreich's war, in die Arme
Rußland's getrieben.

Unklar in leitenden Gedanken und darum stets unsicher und
schwankend in der Ausführung, zerstört die österreichische Staatskunst
heute, was sie gestern mühsam aufgerichtet, entfremdet sie dem Reiche
seine treuesten Bürger, und wie sie Zwietracht säet zwischen Reich und
Provinzen, so streut sie Unfrieden zwischen Nachbar und Nachbar im
engen Rahmen fast jedes Kronlands!

d) Die Slovenen.

(Gesammtzahl circa 1.200,000. Hievon entfallen auf Steiermark 400.000, auf
Kärnthen 100,000, auf Krain 420,000, auf das Küstenland 220,000, auf Ungarn
und Kroatien 60,000.)

Der Slovene ist der mindest zahlreich Vertretene in der
österreichisch-slavischen Volksfamilie. Er hat keine so thatenreiche Vergangenheit, wie der Pole und Czeche, dafür deutet er mit Selbstgefühl auf seine glänzende Zukunft hin. Er ist ohne große Ahnen,
aber er hofft auf ruhmvolle Enkel. Von den Deutschen und Italienern
hat er gar manche Zurücksetzung zu erleiden, aber durch eine seltsame
Laune des Schicksals ist gerade dieses schmächtige Söhnlein der Mutter
Slava dazu ausersehen, seine Stammesgenossen an ihren germanischen
Drängern zu rächen. Im Landtage von Krain, wo die Slovenen die
überwiegende Majorität bilden, imitiren sie ihre deutschen Vorbilder
mit jenem komischen Ernste, der uns ein Lächeln abzwingen müßte, läge
darin nicht ein schmerzlicher Beweis für die Kurzsichtigkeit unserer
inneren Politik. Der jugendliche Ungestüm dieses Völkchens darf uns
jedoch nicht gegen seine Bedeutung blind machen, denn die Slovenen
sind das Kernvolk unseres nur am Saume von Italienern bewohnten
Küstenlandes, und vernünftig behandelt, sind sie ein bedeutendes Gegengewicht gegen die Italianissimi, und haben überdies den Beruf, im
illyrischen Dreiecke Oesterreich dereinst große Dienste zu leisten*).

3. Die Italiener.

Seit der Abtretung des lombardisch-venetianischen Königreiches hat
Oesterreich eine italienische Bevölkerung nur an der adriatischen Küste
und im Süden von Tirol. Sie ist im Ganzen 587,000 Seelen stark,
von denen 55,000 auf Dalmatien, 184,000 auf das Küstenland

---

*) Der Charakteristik der cisleithanischen Slaven sollte nun die der trans-
leithanischen folgen, doch hat diese Broschüre gegen meine ursprüngliche Absicht
unter der Feder Dimensionen erlangt, welche mich veranlassen, die Würdigung
der Volksstämme Ungarns und seiner Nebenländer aus derselben auszuscheiden,
und sie einer besonderen Schrift: „Ueber die Nationalitätenfrage in
Ungarn" vorzubehalten, welche ich später als Ergänzung dieser „Studie" zu
veröffentlichen gedenke, und in der auch die kroatisch-serbische Bevölkerung Dalmatiens ihre Besprechung finden wird.

(Istrien, Görz, Gradiska, Triest und sein Gebiet) und 348,000 auf
Südtirol entfallen.

Die Italiener Istriens und Dalmatiens bevölkern vorzugsweise
den Küstensaum und sind eben so sehr durch die geographische Lage ihres
Wohngebiets, als durch ihre materiellen Interessen an Oesterreich geknüpft;
die Bestrebungen der Italianissimi haben somit für die Monarchie wenig
Bedrohliches. Italien vermöchte dauernd im Besitze Istriens sich selbst
dann nicht zu behaupten, wenn ihm dessen Eroberung gelänge, da das
Küstengebiet stets der integrirende Bestandtheil des Landes ist, dessen
Saum es bildet. So mußten die Normandie und die Bretagne von
England, so Pommern und Finnland von Schweden, so Taurien von
der Türkei geräumt und den Ländern abgetreten werden, mit denen
sie geographisch zusammenhängen. Ueberdieß würde die slavische Bevölkerung dieses Gebiets, welche daselbst die Mehrzahl bildet, den etwaigen
separatistischen Bestrebungen der Italiener mit Entschiedenheit entgegentreten.

Um vieles bedrohlicher ist die Haltung der Italiener in Südtirol,
deren Trennungsgelüste durch nachbarliche Annexionsgier gesteigert wird;
und es ist höchst unerfreulich, konstatiren zu müssen, daß seit dem Jahre
1848 die Zustände Wälschtirols sich verschlimmert haben, da es in den
damaligen Reichstag mehrere Abgeordnete entsendete, während seine
Interessen im jetzigen Reichsrathe kaum vertreten sind. Der Kremsierer Verfassungsausschuß, die Gefahren in's Auge fassend,
welche dem Reiche aus dem Hader der Deutsch- und Wälschtiroler zu
erwachsen drohten, beschloß, dem Reichstage die Konstituirung Wälschtirols als eigenes Kronland zu empfehlen. Die Drohung der Deutsch-
tiroler, im Falle der Aufrechthaltung des Beschlusses aus der Vertretung zu scheiden, nöthigte den Ausschuß, welcher der Regierung
keinen Vorwand zur Parlamentsauflösung bieten wollte, sein Votum
zurückzunehmen.

Seit jener Zeit hatten Regierung und Vertretung stets eine
unverkennbare Scheu vor dem Hinantreten an diese Frage, für deren
Lösbarkeit die benachbarte Schweiz uns den glänzendsten Beweis vor
Augen stellt.

Der Kanton Tessin, welcher sich ganz so wie Südtirol in das
Gebiet des Königreichs Italien einbuchtet, und dessen Bevölkerung mit
wenigen Ausnahmen italienisch ist, wankte seit dem Jahre 1848, inmitten
der größten nationalen Bewegungen Europa's, keinen Augenblick in seiner
Treue gegen den Bund. Zweimal während des letzten Jahrzehents tobte
der Krieg in unmittelbarer Nähe der Republik, und während große Armeen
Oesterreich vor dem Verluste zweier italienischer Provinzen nicht zu
wahren vermochten, genügte der Schweiz ein kleines Piket zur Sicherung
ihrer Grenzen, und verhielt sich Tessin so ruhig, wie mitten im tiefsten
Frieden.

Ist hieraus keine Lehre zu ziehen?

4. Die Rumänen.

(Oſt-Romanen, Walachen.)

In der weſtlichen Reichshälfte iſt es nur die kleine Provinz Bukowina, in welcher dieſe Abkömmlinge römiſcher Koloniſten ihren Wohnſitz aufgeſchlagen. In ungleich dichteren Maſſen bevölkern ſie Siebenbürgen und die ſüdöſtlichen Komitate Ungarns, wo deren mehr als 2½ Millionen gezählt werden, während auf die Bukowina kaum 200,000 entfallen. Ich behalte daher eine ausführliche Würdigung dieſes Volksſtammes meiner Schrift: „Über die Nationalitätenfrage in Ungarn“ vor. Bei der Bedeutung jedoch, welche derſelbe nicht blos für Ungarn, ſondern auch für die Geſammtmonarchie hat, erſcheint es nicht überflüſſig, hier daran zu erinnern, daß die von der Pforte im Jahre 1777 an Oeſterreich abgetretene Bukowina bis zum Jahre 1849 dem galiziſchen Gubernium untergeordnet war. Der Kremſierer Verfaſſungs-Ausſchuß, von dem politiſchen Gedanken ausgehend, daß bei einer ſorgfältigen Kulturentwicklung die Rumänen der Bukowina und Siebenbürgens eine mächtige Anziehungskraft auf ihre Stammesgenoſſen in den für Oeſterreichs Zukunft ſo wichtigen Donaufürſtenthümern üben dürften, beantragte zuerſt die Ausſcheidung dieſes Ländchens aus dem galiziſchen Verbande.

Die Bukowina wurde wohl von Bach als eigenes Kronland konſtituirt, aber die Idee des Kremſierer Ausſchuſſes fand ebenſowenig Beachtung bei den damaligen deutſchen, als bei dem jetzigen ungariſchen Staatsmännern. Indem die Magyaren Siebenbürgen, das bis zur jüngſten Zeit eine völlig geſonderte Verwaltung und Geſetzgebung hatte, inkorporirten und ihm nicht einmal einen Provinzial-Landtag zugeſtanden, machten ſie es der Mehrheit der Landesbevölkerung, den Rumänen *) unmöglich, in irgend einem großen Berathungskörper ſich ihrer Mutterſprache zu bedienen, während in den Donaufürſtenthümern eine parlamentariſche Tribune aufgeſchlagen iſt, und das rumäniſche Idiom ſich im ganzen öffentlichen Leben geltend macht. Nicht die Diatriben Bratiano's, ſondern die Verkehrtheit magyariſcher Politik bedroht unſere Intereſſen an der untern Donau und verwandelt Rumänien in eine preußiſche Dependenz; denn die Thatſachen haben einen giftigeren Stachel, als die Bosheit walachiſcher Agitatoren. Ungarn wird in Siebenbürgen anders vorgehen müſſen, wenn nicht unſere natürliche Grenz-Feſtung im Oſten der Monarchie eine Beſatzung in ſich ſchließen ſoll, welche in der Stunde der Gefahr unſere Reihen verläßt, um ſtatt der feindlichen, unſere eigene Flanke zu bedrohen.

---

*) Siebenbürgen zählt 1.200,000 Rumänen, 600,000 Magyaren (mit Einſchluß der Szekler) und 200,000 Sachſen.

B. Die territorialen Elemente Oesterreichs.

(Die Königreiche und Länder.)

Während das nationale Bewußtsein der Volksstämme Oester=
reichs zum großen Theil aus jüngster Zeit datirt, ist das provin=
zielle meist viel älteren Datums, als der Bestand der Monarchie.
Die Einwanderung der Czechen in Böhmen fand schon im sechsten
Jahrhunderte statt, Ungarn hat eine fast tausendjährige Geschichte,
die Anfänge Polens fallen ins zehnte Jahrhundert, während die
sechste Säkularfeier der Gründung Oesterreichs erst bevorsteht. Fast
jede Provinz hat eine ruhm= und thatenreiche Vergangenheit und
historische Traditionen, die im Volke von Generation zu Generation
sich vererbten. Befragt man einen Oesterreicher um sein Vaterland,
so nennt er nicht seine weitere, sondern seine engere Heimat. Selbst
der tiefgehende nationale Zwist hat das Provinzialgefühl nicht abzu=
schwächen vermocht, und wie schroff auch die Deutsch=Böhmen und
die Czechen sich gegenüberstehen, auf ihr Böhmerland blicken sie mit
gemeinsamer Liebe, mit gleichem Selbstgefühl. Das Niederreißen der
provinzialen Schranken gelang selbst im Nationalstaate nur nach hart=
näckigem Widerstande und erbitterten Kämpfen, doch brachte es schließlich
Gewinn; denn für die Einbuße an provinziellen Gerechtsamen ward der
Bevölkerung reichlicher Ersatz in der Erhöhung nationaler Kraft und
staatlichen Ansehens. In einem Nationalitätenstaate, wie Oesterreich,
wäre es hingegen ein thörichtes Unternehmen, das provinziale Selbst=
gefühl abzuschwächen, da man kein gemeinsames Nationalbewußtsein
an dessen Stelle zu setzen vermag. Die Anhänglichkeit und das Fest=
halten an der provinziellen Sonderheit sind die Wurzeln, aus denen in
Oesterreich, bei verständiger Pflege, der Patriotismus seine Nahrung
zieht, und nicht auf Kosten des provinzialen Lebens, sondern nur auf
Grundlage desselben kann das österreichische Bewußtsein emporwachsen.
Ist es nicht der trotzige Kantonalgeist der Schweizer, aus dem, in
Folge einer weisen Politik, die eidgenössische Treue erwuchs?

„Den Begriff, welchen 35 Millionen mit dem Worte Vaterland
verbinden — sagt der tiefste politische Denker Oesterreichs*) — so irrig
oder veraltet er auch sein möge, vermag keine Macht und kein Rai=
sonnement plötzlich umzuändern, und dieser Begriff ist — vielleicht das
einzige Erzherzogthum Oesterreich ausgenommen — nicht mit dem
gesammten Reiche, sondern mit der einzelnen Provinz verknüpft."

— — — — „Es gelingt vielleicht, jene Gattung von Patrio=
tismus zu vernichten, welche man nicht will, aber jener Patriotismus,

*) Josef Freiherr v. Eötvös in seiner Schrift „die Nationalitäten-
frage", aus dem Ungarischen in's Deutsche übersetzt von Dr. Max Falk, Pest
1865, Verlag von Moriz Ráth.

welchen man im Interesse der Gesammtmonarchie wünscht, wird deßhalb doch nicht ins Leben gerufen werden."

„Der Patriotismus der einzelnen Provinzen war bisher eine Stütze des gesammten Reiches, weil Jedermann fühlt, daß die Sicher= heit seines speziellen Vaterlandes vom Bestande der Monarchie abhänge. Sobald jedoch einmal die Ueberzeugung allgemein geworden ist, daß das Interesse der Gesammtmonarchie mit dem Bestande der einzelnen Provinzen unverträglich sei, wird jener sogenannte Provinzialpatriotis= mus sich sofort gegen das Reich wenden, und wehe jenem Staate, dessen Bestand mit den edelsten Gefühlen seiner Bürger im Wider= spruch steht!"

Die Staatsmänner der Wiener Schule: Bach und Schmer= ling, glaubten das Reich zu kräftigen, indem sie alles politische Leben im Mittelpunkte desselben konzentrirten. Nichts konnte verderblicher sein. In einem alten Staate, von der Zusammensetzung und Aus= dehnung Oesterreichs, muß gerade in den vom Mittelpunkte entfern= teren Theilen die Lebenswärme stetig erhalten, und das Stocken des politischen Kreislaufes sorgsamst verhindert werden; denn die Peri= pherie ist es, von wo aus der Greisenbrand seinen Ausgang nimmt und tödtlich bis zum Herzen schreitet.

Es ist ebenso kleinlich, wie unheilvoll, Oesterreich als Einheits= Staat aufzufassen; die österreichische Monarchie war nie, und ist auch jetzt nicht ein Staat, sondern nach Schuselka's treffender Bezeich= nung „ein Reich von Reichen, ein Thron von Thronen, eine Krone von Kronen."

Nur in großem Sinne als Reich konstituirt kann es erstarken, mit mattherziger Aengstlichkeit als Staat geleitet, muß es verküm= mern und untergeh'n.

C. Die geistige Atmosphäre unserer Zeit.

Dem Körper gleich bedarf der menschliche Geist, um sich lebendig zu erhalten, des Athmens, der steten Wechselwirkung zwischen sich und der geistigen Atmosphäre, die ihn umgibt und aus der er seine edelste Nahrung zieht. Doch sind die Elemente der psychischen Atmosphäre nicht konstant, wie die der physischen, sondern wechseln oft im Wandel der Zeiten, und sind es bald diese, bald jene religiösen, politischen und sozia= len Ideen, mit welchen die Menschheit — tief athmend — ihre Brust erfüllt. Das vorwaltende Element der geistigen Atmosphäre unserer Zeit ist unzweifelhaft die Idee der Nationalität.

Eine mächtige Bewegung erfaßt die Gemüther, und wie in Folge der französischen Revolution die Stände und Individuen, so raffen sich jetzt die unbeachteten Nationalitäten aus der dumpfen Luft der sozialen und politischen Niederungen muthig empor und streben dahin, als eben= bürtige Mitglieder aufgenommen zu werden in die Völkerfamilie Europa's.

Die scharfe Ausprägung der nationalen Individualität, wenn auch nicht das Endziel, ist doch eine der Phasen unserer Kulturbewegung, und die Individualität eines Volkes prägt sich nirgends so scharf, als in seiner Sprache aus. Nur in der Kindheit befindliche, oder greisenhaft gewordene Völker lassen ihr Idiom untergehen, ein männliches hält unerschütterlich fest an seiner Sprache, die seine geistige Heimat ist, in der es lebt, wächst, erstarkt, in der es altert und untergeht.

Die Sprache ist das äußerlich Auffälligste und zugleich das Tiefinnerste eines Volkes. Keine Empfindung wird wach in uns, ohne den Lauten der Muttersprache sich innigst zu verschlingen. Was als Gedanke unseren Geist bewegt, was als Ahnung durch unsere Seele zieht, was als zarteste Regung unser Herz durchzittert, es tritt uns in dieser Sprache entgegen.

Man sagt wohl, das Geistige in der Sprache, der Gedanke und die Empfindung, seien unabhängig von der körperlichen Umkleidung durch das Wort, und der Sprachenfanatismus sei daher nichts als thörichter Wahn. Nun, was in uns denkt, ist die Seele, und nicht der Körper; aber die eigenthümliche innige Verbindung und gegenseitige Durchbringung Beider bedingt unsere Individualität. Ebenso beruht auf den tausendfachen Verschlingungen und Wechselbeziehungen des Geistigen und des Stofflichen jeder Sprache ihre Eigenheit; und jedes Volk hat nicht nur das Recht, sondern auch die Pflicht zur Wahrung derselben. Eine Nationalität, die ahnungslos untergeht, bietet einen traurigen Anblick dar; aber Eine, die mit Selbstbewußtsein sich der Vernichtung preisgäbe, wäre das widerwärtigste Schauspiel der Welt.

Ihr sagt: „Schonung der tiefer stehenden Nationalitäten ist Thorheit; gehen doch Völker und Sprachen ganz so unter, wie Individuen!" Nun, glaubt Ihr ein Individuum tödten zu dürfen, weil es sterblich ist?

Ihr sagt, die Herrschaft der Nationalitäts-Idee sei ein Hinderniß des Fortschrittes. Nichts kann unrichtiger sein. So wenig der Einzelne dem Gemeinwesen schadet, wenn er sich seiner Naturanlage gemäß entwickelt, und die Familie, indem sie sich im engen Kreise fester aneinander schließt, ebenso wenig hemmt es die Menschheit, wenn jedes Volk, seinem Genius entsprechend, sich geistig zu entfalten strebt. Die Bestandtheile jedes einzelnen Ringes müssen fest zusammenhalten, sollen die Ringe zur großen Kette der Menschheit sich dauernd in einander fügen.

Die verstandesdürren Utilitarier rufen wohl aus: „Wie rasch zöge die Bildung durch die Welt, träte ihr nicht das Hemmniß der Sprachen entgegen!" Dem Ideale dieser Lobredner des sprachlichen Einerlei entspräche es auch, wenn der Erdball nivellirt würde, und es nichts gäbe, als eine große monotone Fläche mit einer Vegetation. Kein Meer, kein Gebirge, nicht das kleinste Hügelchen störte dann den raschen Kreislauf der Menschheit, jedes Hinderniß des Verkehres wäre dann beseitigt — aber unzweifelhaft auch jeder Reiz dazu! Denn, was triebe den Menschen aus seiner engsten Umgebung, wenn er überall dieselbe Landschaft, dieselben Pflanzen, dieselben Menschen und dieselbe

Sprache fände?. Der Wechsel der Szenerie, das Fremdartige der Sitten und Idiome ist es eben, was uns anzieht; und wie die Verschiedenheit der Erzeugnisse den materiellen Verkehr der Länder, so fördert die Verschiedenheit der Sprache den geistigen Austausch der Nationen. Die hohe Stufe der Boden- und Geisteskultur ist das Resultat der Mannigfaltigkeit, nicht der Einförmigkeit. Das scheinbar Trennende, das Meer, die Berge, die Sprachen, sie sind das Verbindende der Menschheit.

Im Stadium des Kampfes der Nationalitäten gegen einander wird der Fortschritt allerdings gehemmt, aber war es nicht ebenso im Kampfe der Individuen um Gleichheit der Rechte? Störten sie nicht die Kultur, so lange sie wider einander stritten, und wirken sie nicht vereint im Dienste der Zivilisation, seitdem sie in edler Rivalität gemeinsam vor= wärts schreiten?

So laßt uns denn auch ohne Angst und Kümmerniß auf die Völker= bewegung in Oesterreich blicken. Hindern wir die Entwicklung der natio= nalen Ideen nicht, so wachsen sie, im heimischen Boden tiefe Wurzeln fassend, zum Gedeihen des Reiches empor. Nur wenn wir ihnen diesen Boden entziehen, oder den Raum zu ihrer Entfaltung verkümmern, werden sie als gefährliche Schlingpflanzen an fremder Stütze empor= wuchern. Sind unseren Staatsmännern die Lebensbedingungen Oester= reichs klar geworden, dann haben die nichtdeutschen Nationalitäten ein mächtiges Interesse an dessen Erhaltung, denn sie wissen, daß beim Zerfalle desselben, sie dem Einen oder dem Anderen der nationalen Nachbarstaaten als Beute anheimfallen, und daß ihre Stammeseigen= thümlichkeit erbarmungslos der Vernichtung preisgegeben sei. Oester= reich allein folgt dem Instinkte seines Naturells und den Geboten der Vernunft, wenn es sich die Entwicklung ihrer Nationalität zum Ziel= punkte seines staatlichen Wirkens macht; denn der Partikularis= mus seiner Völker — insbesondere der slavischen — ist die Bürgschaft seiner Existenz; ihn abzuschwächen, wäre eine Selbstverstümmelung, ein Großziehen des Pan= slavismus, eine Machtentsagung zu Gunsten Rußlands.

Es erscheint daher ebenso unklug als unedel, daß die Bestrebungen der kleinen Völkerschaften, sich und ihre Sprachen emporzubringen, von den Deutschen nicht nur lieblos betrachtet, sondern selbst mit Hohn ver= folgt werden. Wir Deutsch=Oesterreicher, sänken wir auch durch harte Schicksalsschläge zu Heloten herab, an der Kraft und Hoheit unserer Sprache würden wir uns wieder aufrichten; denn, wie geistesträge wir auch wären, wir füllten doch die Speicher unseres Geistes mit dem, was der Fleiß und die Thatkraft unserer Stammesbrüder auf allen Feldern des Wissens eingeheimst; aber die kleinen Nationalitäten, wie schwer bebauen sie den sterilen Boden ihres Idioms! Niemand unter= stützt sie hiebei, jedes Steinchen zum Aufbau ihrer Literatur müssen sie mühselig herbeischaffen, und bei der geringen Zahl von geistigen Arbeitern müssen die Baumeister zugleich auch Handlanger sein. Ist es hochherzig von uns, die wir in ererbter Sprachüppigkeit schwelgen, unsere armen nationalen Mitbürger zu verhöhnen?

Leider waren bisher unsere Politiker zu wenig feinfühlig, um auch nur zu ahnen, wie rücksichtsvoll und schonend man mit den Gefühlen eines eben zum nationalen Bewußtsein erwachten Volkes umgehen müsse, mit Gefühlen, die an Innigkeit, wie an leidenschaftlicher Glut den ersten Regungen der Jugend gleichen. Der Staatsmann, wie der Arzt, bedarf zur Diagnose nur des Verstandes, zur Behandlung auch der Empfindung und der Phantasie; denn die Diagnose beschäftigt sich bloß mit dem Leiden, die Behandlung aber auch mit dem Leidenden, mit dem vollen, pulsirenden Leben eines Individuums oder eines Volkes.

Es gibt Wahrheiten, sagt ein englischer Schriftsteller, deren Argumente in der Phantasie wurzeln, und welche man trockenen Verstandesmenschen nie begreiflich macht. Ebenso gibt es im Völkerleben Regungen und Strömungen, deren Nichtbeachtung gefährlich ist, und von denen kühle Verstandespolitiker keine Ahnung haben.

Was hier gesagt wurde, ist geeignet, gar Vieles in unserem Staatsleben zu erklären. Seit Beginn unserer politischen Bewegung hatten wir Staatsmänner und parlamentarische Führer, von denen die Einen mit scharfem Verstande, klarem Urtheile und geistiger Kraft, die Anderen mit warmer Empfindung und reicher Phantasie ausgestattet waren, aber die glückliche Mischung all dieser Gaben in Einem Manne fehlte, und darum fehlte es auch an Initiative, und kam es zu keiner großen dauernden Schöpfung.

Nur Ein Mann in Oesterreich vollbrachte während der letzten 20 Jahre eine staatsmännische That, und dieser eine Mann — es ist schmerzlich dieß zu sagen — war kein Oesterreicher!

Ein versöhnlicher Gedanke, den er entschlossen durchgeführt, hat die lange sich befehdenden zwei Reichshälften rasch einander nahe gebracht. Fassen wir jetzt einen gleich edlen Gedanken, und gar bald wird unser Reichthum an Nationalitäten kein embarras de richesse mehr sein; und wie die wechselnde Gestaltung und mannigfache Gliederung des Bodens den landschaftlichen Zauber Oesterreichs, so bildet dann die Verschiedenartigkeit der Völker und die reiche Gliederung der Provinzen den politischen Reiz Oesterreichs, und macht dieses mit der Zeit zu einem der anziehendsten und belehrendsten Staatsgebilde Europas!

D. Die österreich-feindlichen Kräfte.

Kein europäischer Staat — die Türkei ausgenommen — birgt in seinem Schooße so viele Keime des Zerfalles, wie Oesterreich, dafür trägt auch kaum Einer so zahlreiche Elemente des Wachsthums in sich, als das alte Donaureich; denn Staaten mit einheitlicher Bevölkerung sind wohl in ihrem inneren Zusammenhange nur selten gefährdet, aber eine Gebietserweiterung auf Kosten anderer Völker bedroht sie, bei Zunahme an Körperfülle, mit Einbuße an innerer Kraft; Oesterreich hingegen, als Nationalitätenstaat, kann allerdings durch unkluge innere Politik seine Völker abstoßen und rasch dem Verfalle entgegengehen, aber es vermag auch durch einsichtsvolles Vorgehen die verwandten Nachbarstämme anzuziehen und reichen Zuwachs an Macht und Einfluß zu gewinnen. Der Nationalitätsgedanke kann sein nützlichster Alliirter, oder sein verderblichster Gegner sein, und in der Mannigfaltigkeit seiner Bevölkerung liegt das Geheimniß seiner Macht, wie seiner Schwäche.

Nicht äußeren Feinden erlag Oesterreich so schnell während der letzten Kriege, sondern der feindlichen Gesinnung im Inneren, der mächtigen Gegnerschaft der herrschenden Zeitidee, mit der es sich so lang in Widerspruch gesetzt. Im Vollbesitze seiner Kraft, von 1815 bis 1848, trug es den Kampf gegen diese Idee nach außen, um sie von seinen Grenzen fernzuhalten. Zur Zeit seiner Kraftabnahme, unter Bach, verschanzte es sich — auf die Defensive beschränkt — gegen dieselbe im Inneren, aber die schwächlichste und darum die gefährlichste Politik ist die der konstitutionellen Aera. Sie bewilligt den Nationalitäten zu viel, um sie niederzuhalten, zu wenig, um sie zu befriedigen. Ihr theilweises und verdrossenes Zugestehen, als Ausfluß der Schlaffheit und des Uebelwollens, erweckt Prätensionen und Mißstimmung, während ein volles freudiges Gewähren Sättigung und Behagen brächte. Halbheit deutet stets auf Schwäche des Charakters oder des Urtheils, und wer einen großen Gedanken nicht ganz zu erfassen, oder nicht ganz auszuführen vermag, taugt nicht zum Staatsmanne, am allerwenigsten zum österreichischen, welcher des Zieles sich klar bewußt und der Wege kundig, festen, sicheren und gleichmäßigen Schrittes vorangehen muß, wenn er die Freunde der Monarchie ermuthigen und deren Gegner entwaffnen soll. Ein Großstaat aber, den seine Politik dahin bringt, daß er seinen Völkern keine Liebe, seinen Freunden kein Vertrauen, und seinen Feinden keine Furcht einzuflößen vermag, thut wohl daran sein Haus zu bestellen, denn er ist an der Neige seines Daseins!

Nationalstaat und Nationalitätenstaat.

Die im ersten Abschnitte dieser Schrift vorgenommene Analyse führte uns zur Ueberzeugung, daß Oesterreich, wie kein anderer Staat zu seiner Erhaltung einer großgedachten, vorurtheilsfreien und gerechten inneren Politik bedürfe. Leben und Tod dieser Monarchie sind in die Hände ihrer Staatsmänner gelegt, und von den ihr gegebenen Institutionen hängt es ab, ob sie die Schutzmacht der Völker am Pontus, an der Donau und Adria, oder das Theilungsobjekt beutelustiger Nachbarn werde.

Welcher Art müssen nun die Institutionen sein, auf deren Grundlage ein wohnliches und Dauer verheißendes Staatsgebäude sich aufführen ließe? Daß diese Frage viel leichter gestellt, als beantwortet sei, lehren unsere zahlreichen Konstituirungsversuche, deren jüngster, aber nicht letzter, die Verfassung vom 21. Dezember ist.

Den Erklärungsgrund für das Mißlingen all' dieser Experimente suchen die Einen in der Unfähigkeit unserer Staatsbildner, die Anderen in der Unbildsamkeit des österreichischen Staatsstoffes, und nur die Wenigsten dort, wo er zu finden, in der Neuheit dieser Experimente. Die österreichische Monarchie ist das erste Nationalitätenreich, welches in einen Repräsentativstaat nach modernen Begriffen umgestaltet wurde. Bei seiner Konstituirung fehlte somit das Vorbild eines großen verwandten Gemeinwesens, und geriethen unsere Staatsmänner um so leichter auf Irrwege, als ihnen auch die Wissenschaft nicht den Ariadnefaden bot, der aus dem staatsrechtlichen und nationalen Labyrinthe den rettenden Ausweg hätte zeigen können; denn der Staat im Allgemeinen und der Repräsentativstaat insbesondere waren wohl häufig Gegenstand theoretischer Untersuchung; über den konstitutionellen Nationalitätenstaat jedoch finden wir kaum hie und da zerstreute Bemerkungen, da eine geläuterte Theorie nur das Ergebniß einer langen Erfahrung ist*).

---

*) Der berühmte französische Mathematiker und Philosoph Comte, der Begründer des Positivismus, welcher den von Politikern und Historikern häufig übersehenen innigen Zusammenhang zwischen Natur-, Volks-, und Staatsleben mit großem Ernste erforschte, bespricht in seinen Werken mehr die Einwirkung des Bodens, der klimatischen und sonstigen physikalischen Verhältnisse auf die Entwicklung und Vervollkommnung der Nationalitäten, als den Einfluß dieser auf die Einrichtungen des Staates.

So dürftig die wissenschaftliche Ausbeute, so reich ist der Lehr-
stoff, den die politischen Wandlungen Oesterreichs während der letzten
zwei Decennien aufgehäuft. Die Fülle dieses Materials benützend und
die Resultate eigenen Nachdenkens mit den Forschungs-Ergebnissen Anderer zusammenfassend, werde ich nun an die Erörterung der österreichischen Verfassungsfrage gehen.

Um einen Leitfaden für die praktische Lösung derselben zu gewinnen,
schicke ich hier einige theoretische Bemerkungen über den Nationalitätenstaat voraus, und zwar, da diese Schrift kein Lehrbuch, sondern eine Studie ist, nur als flüchtige Skizze und mehr in aphoristischer
Aneinanderreihung', als in systematischem Zusammenhange.

Der Nationalstaat ist eine Volks-Familie, der Nationalitätenstaat ist ein Völker-Verein. Alle Bewohner eines
Nationalstaates sind geeint durch die physischen Bande des Blutes,
durch das geistige Band der Sprache, sowie durch die Gemeinsamkeit der
Geschicke, des literarischen, wie militärischen Ruhms. Tausend Seelen-
beziehungen knüpfen alle Staatsbürger aneinander; der großen Volksfamilie bringt jeder Einzelne gern ein Opfer an Rechten; denn die
Macht und der Glanz des Staates werfen ihren vollen Reflex auf
das Haupt eines Jeden. Dort ist Einheit in der Gesinnung, Ein-

Vollgraff's von riesigem Fleiße, erstaunlicher Gelehrsamkeit und unge-
wöhnlichem Scharfsinne zeugendes Werk: „Staats- und Rechtsphilosophie
auf Grundlage einer wissenschaftlichen Menschen- und Völker-
kunde", ist eine wahre Fundgrube belehrenden und anregenden Stoffes. Der
Verfasser schwächte aber die wissenschaftliche und praktische Bedeutung seines groß
angelegten Buches dadurch ab, daß er, anstatt sein System auf die Thatsachen
aufzubauen, letztere gewaltsam in ein Schema hineinzwängte.

Das Kapitel: „Nationalität in ihrem Zusammenhange mit
Repräsentativ-Regierung" in John Stuart Mill's „Betrachtungen
über Repräsentativ-Verfassung" („On representative government")
zählt zu den minder bedeutenden dieses tief gedachten Werkes. Beim Nieder-
schreiben einzelner Stellen schwebte dem Autor offenbar das Bild Oesterreichs vor
Augen, aber Oesterreichs, wie es ist, nicht wie es sein sollte und sein könnte.

Die Dissertation des Belgiers Leon van der Kendere: „De la race
et de sa part d'influence dans les diverses manifestations de l'activité des
peuples," skizzirt den Einfluß der Race auf die Politik, aber in zu vagen Umrissen,
um für uns Bedeutung zu haben. Doch findet sich in dieser Abhandlung ein
höchst bemerkenswerther Passus, auf den ich später zurückkommen werde.

Eötvös' Schrift: „Die Nationalitätenfrage" enthält eine Fülle der
geistreichsten und feinsten Bemerkungen, ist aber großentheils im Hinblick auf
ungarische Zustände geschrieben, und hat somit für die westliche Reichshälfte nur
sekundäres Interesse.

Die für unsere Zwecke bedeutsamste Arbeit ist unzweifelhaft die gediegene
Monographie Robert Mohl's: „Die Nationalitätsfrage" (in seinem
Werke: Politik, Monographien, Erster Band), in welcher der berühmte
deutsche Staatsrechtslehrer einen verständnißvollen Blick auf Oesterreich wirft und
Ideen entwickelt, die als das Ergebniß einer streng wissenschaftlichen Analyse von
nicht zu unterschätzendem Werthe sind. Es wird sich später Gelegenheit bieten, die
bedeutsamste Stelle dieser Monographie ihrem Wortlaute nach mitzutheilen.

heit in den nationalen Tendenzen, dort ist der Einheitsstaat von selbst gegeben.

Wie anders ist dieß in einem Länder= und Nationalitäten=komplexe. Da gibt es keine tiefen psychischen Beziehungen, keine Verwandtschaft des Blutes, kein die Gesammtheit elektrisch durchströmendes Fluidum der Sprache, keine Gemeinsamkeit des militärischen und literarischen Ruhmes. Welcher innige Seelenzusammenhang kann zwischen Ruthenen und Welschtirolern, zwischen Deutschen und Rumänen stattfinden? Welche Befriedigung kann der Dichterruhm Petöfy's dem Deutschen, und die Weltbedeutung Goethe's dem Magyaren gewähren? Welcher Bruchtheil österreichischer Waffen=Ehre entfällt auf jede einzelne Nationalität? Kein innerer Zusammenhang, keine gegenseitige Anziehung gleichartiger Volkselemente hält einen solchen Staat zusammen. Nur die Gemeinschaft der Interessen ist das Bindemittel so heterogener Bestandtheile. Hier gibt es kein einheitliches Volk, sondern nur einen Völkerverein; und wie Individuen, wenn sie in einen Privatverein treten, demselben nur so viel von ihren Rechten cediren, als der Zweck erheischt, den sie in und mit ihm verfolgen, und nicht um eines Haares Breite mehr, so wollen auch Völker verschiedenen Stammes und verschiedener Sprache, wenn sie sich dauernd aneinanderschließen, dem staatlichen Vereine von ihren Rechten nur so viel abtreten, als erforderlich ist, um die gemeinsam angestrebten Ziele sicherer und ungefährdeter zu erreichen. Die Pflege jener politischen und nationalen Interessen, welche jedes von ihnen selbstständig zu wahren vermag, werden sie ohne Zwang nie und nimmer in fremde Hände legen.

Im Nationalstaate ist das Interesse der Bevölkerung an dessen Bestande ein unbedingtes, da Staat und Nation Eins sind. Wie heftig auch der Kampf zwischen Partei und Partei, zwischen Volk und Regierung entbrennen möge, ein Konflikt zwischen Staat und Nation liegt außer dem Bereiche der Möglichkeit; denn die Nation kann eben so wenig staatsfeindlich, als der Staat antinational sein.

An der Aufrechterhaltung des Nationalitätenstaates hingegen haben dessen Völker nur ein bedingtes Interesse, denn Staat und Nation sind daselbst nicht identisch, und zwischen ihren Bestrebungen sind Kollisionen möglich, welche einen Theil der Völker vor die Alternative stellen, entweder sich selbst, oder den Staat zu opfern. Unzweckmäßige Institutionen und falsche Regierungs=Maximen sind daher geeignet, nicht blos die Volkswohlfahrt, oder den Bestand der Regierung, sondern auch die Existenz des Staates zu bedrohen.

Ein konstitutionell regierter Nationalitätenstaat, welcher mehrere selbstbewußte, an Zahl und Bedeutung einander nahekommende Völker in sich schließt *), muß somit, wenn er in den wechselnden Strömungen des öffentlichen Lebens seinen Bestand so ungefährdet erhalten will, wie der Nationalstaat, jeden Konflikt mit den nationalen Lebensinteressen seiner Völker vermeiden und sich Institutionen geben, unter deren Schutz das Eigenleben der Nationalitäten inmitten der Wandlungen der politischen Parteien ungefährdet bleibt; denn in nationalen Fragen ist das Bewußtsein vor Antastung durch Majoritätsbeschlüsse so sicher zu stellen, wie in religiösen das Gewissen.

Diese Sicherstellung ist im zentralisirten Staate nicht möglich, denn die ganze Gesetzgebung und Verwaltung liegt daselbst in den Händen der parlamentarischen Majorität und der aus ihrer Mitte hervorgehenden Regierung. Eine durch die Verfassung begünstigte Nationalität, oder eine Koalition von Nationalitäten vermag somit als parlamentarische Mehrheit der Verwaltung, der inneren und äußeren Politik, kurz dem ganzen Staatsleben ihr nationales Gepräge aufzudrücken. Der Staat wird auf diese Weise zur nationalen Partei, und als solche ist er dem Hasse und den Anfeindungen aller in der Minorität befindlichen Nationalitäten ausgesetzt, welche ihn bedrohen, weil sie sich durch ihn bedroht fühlen. Kann nun ein Staat, dessen Existenz stets eine Parteifrage ist, im Inneren erstarken und nach Außen hin eine imponirende Stellung gewinnen?

Daß eine nationale Minorität sich gleich einer politischen in wichtigen Fragen ohne Zwang der Majorität unterordne, ist nicht zu erwarten; denn zwischen der politischen und der nationalen Partei waltet ein großer Unterschied ob. Die politische Partei vertheidigt Ideen oder Interessen, die, wenn auch heute unberücksichtigt, vielleicht schon morgen beachtet werden. Sie kann somit unterliegen, ohne unterzugehen. Die nationale Partei hingegen vertritt eine nationale Existenz, und diese kann nicht gedeihen, wenn sie fortwährend bedroht, und kaum je wieder erblühen, wenn sie einmal verkümmert ist.

Aus diesem Grunde sind die parlamentarischen Racenkämpfe ganz so fanatisch und wild, wie die mit der Waffe in der Hand; denn sie sind Kämpfe um's Dasein, und die Auflehnung der nationalen Minorität gegen Majorität und Staat ist oft nur ein Akt verzweifelter Nothwehr.

Die Konsolidirung des Nationalitätenstaates erheischt somit, daß kein Volksstamm sich hintangesetzt, oder gar einem anderen untergeordnet fühle; denn nichts ist für ein Volk verletzender, als Fremdherrschaft, selbst wenn sie die freisinnigsten Institutionen böte, und kein Wunsch liegt demselben näher, als der nach einer nationalen Regierung. Es ist daher ein Lebensinteresse des Nationalitätenstaates, die Gefühle seiner Völker zu schonen, Alles von ihnen ferne zu halten, was sie an Fremdherrschaft mahnt und ihre Wünsche soweit zu erfüllen, als seine eigene Sicherheit es ihm gestattet.

Er muß ihnen somit die Garantie bieten, daß eines dem anderen nicht subordinirt, sondern koordinirt sei, daß sie nicht als Parteien gegen, sondern als Verbündete neben- und miteinander gehen:

denn was die Volks-Einheit für den Nationalstaat, das ist die Völker-Einigkeit für den Nationalitätenstaat. Jene ist von selbst gegeben, diese aber wird nur durch Dezentralisation erstrebt, durch Gewährung von Autonomie, bei welcher der Staat umso weiter gehen muß, je mehr seine Völker an Zahl und politischer Bedeutung einander nahe kommen und je kompakter sie beisammenwohnen, ferner je stärker, in Folge einer ruhmvollen Vergangenheit, ihr Nationalgefühl ist, besonders, wenn auch ein lebhaftes Provinzialbewußtsein sich zu ihm gesellt, und schließlich je größer die Anziehung ist, welche die verwandten Volksstämme der Nachbarländer auf sie üben.

Wo alle diese Einwirkungen zusammentreffen, muß ein so reiches Ausmaß von Autonomie stattfinden, daß jeder Volksstamm in voller Selbstständigkeit all jene Angelegenheiten sowohl legislativ als administrativ ordnet, deren gemeinschaftliche Erledigung nicht durch das gemeinsame Interesse aller Stämme unbedingt geboten ist*). Die parlamentarische Gesammt-Vertretung der Völker und die einheitliche Exekutive haben nur bei der Regelung und Verwaltung jener Angelegenheiten stattzufinden, die keines derselben vereinzelt mit Aussicht auf Erfolg zu ordnen vermag, somit bei der Regelung und Verwaltung alles dessen, was den Staat befähigt, nach außen seine politischen und volkswirthschaftlichen Interessen mit Nachdruck zu wahren und im Inneren jene Autorität zu behaupten, deren er bedarf, um die verfassungsmäßig all' seinen Völkern und Bürgern zustehenden Rechte in kräftiger Weise zu schirmen.

In einem derart konstituirten Nationalitätenstaate fühlen die Völker sich einerseits durch die ihnen gewährte Selbstregierung in ihrem Kulturgange, in ihrer nationalen und sprachlichen Entwicklung so gesichert, als ob jedes derselben ein völlig unabhängiges Gemeinwesen bildete, während sie andererseits in ihrer staatlichen Vereinigung und in der energischen Zusammenfassung der Kräfte Aller, jenen Schutz nach außen erlangen, dessen keines derselben — wenn isolirt — großen Nachbarstaaten gegenüber sich zu erfreuen hätte.

Die Dezentralisation des Nationalitätenstaats bewirkt somit den Frieden, und die Befriedigung der Völker im Inneren, die Kraft und die Sicherheit des Staates nach außen, während die Zentralisation durch Bürgerzwist zur Unfreiheit führt, und den Staat in seinen internationalen Beziehungen zur Ohnmacht verurtheilt; da er nicht nur auf jene Nationalitäten nicht zählen kann, die mit Groll gegen ihn erfüllt sind, sondern im Momente der Gefahr noch überdieß die Wehrkraft der ihm anhänglichen Völker großentheils zum Niederhalten der Ersteren verwenden muß, wodurch er geschwächt und widerstandsunfähig dem Feinde entgegentritt.

---

*) Anmerkung. Wie den Schwierigkeiten zu begegnen sei, welche in der Praxis dadurch entstehen, daß die Sprach- und Territorial-Grenzen nicht zusammenfallen, wird später auseinandergesetzt werden.

Die hier entwickelte Ansicht vom Nationalitätenstaate ward in voll-
ster Objektivität gewonnen, und daß sie nicht vereinzelt stehe, sondern im
Einklange mit den Anschauungen von Männern sei, welche die Nationalitätsfrage wissenschaftlich prüften, möge hier durch zwei Aussprüche
konstatirt werden, deren einen ich der bereits Seite 51 besprochenen
Monographie Robert Mohl's, somit der wohldurchdachten Arbeit eines
Mannes entlehne, welcher auf dem Gebiete der Staatsrechtskunde zu
den ersten Autoritäten Deutschlands zählt.

Der Ausspruch lautet:

„Wenn nun entweder die vielen kleineren Stämme sich nicht
unter einen gemeinschaftlichen höheren Nenner bringen lassen wollen,
oder von der Verschmelzung zwar weniger, aber großer Völkerschaften
verschiedener Nationalität nicht die Rede sein kann, weil jede derselben
zu bedeutend ist, als daß ihr Aufgehen in einer anderen verlangt werden könnte? Offenbar ist dann die einzige verständige und durchführ-
bare Politik, die Nationalitäten ungestört in ihrer Besonderheit zu
lassen, zu dem Ende geographische Abgrenzungen zwischen den verschiedenen Stämmen zu ziehen, und innerhalb jedes Gebietes die betreffende Sprache, Sitte, vielleicht Gesetzgebung, als die einzig berechtigte zu behandeln. — Dieß aber alles ohne Hintergedanken und ohne
kleinliche Quälereien, welche im Großen keinen Nutzen schaffen, und
bloß Mißtrauen und Erbitterung unterhalten. Ohne Zweifel ist ein
solches Nebeneinanderbestehen weit entfernt von einem Staatsideale;
allein es ist besser, die daraus entstehenden Unvollkommenheiten zu
ertragen, als die Gefahr eines großen inneren Mißvergnügens, vielleicht selbst erbitterter Aufstände ganzer Theile des Staates zu laufen."
    Den zweiten Ausspruch entnehme ich der gleichfalls Seite 51
erwähnten französischen Schrift des Belgiers van der Kendere,
welcher das Ergebniß seiner Studien über den Einfluß der Race auf
die Politik in folgenden Worten zusammenfaßt:
    „Die Föderation ist das einzige Rettungsmittel in unserer mo-
dernen Gesellschaft, sie verbindet die Einheit mit der Mannigfaltigkeit, sie berücksichtigt gleich sehr die Forderungen
der Race, wie die Erfordernisse der Zentralgewalt und
gewährt jedem Theile den ihm verhältnißmäßig gebührenden
Einfluß."
    Wie aus diesen Mittheilungen ersichtlich, führt die Analyse des
Nationalitätenstaates in abstracto zur Ueberzeugung, daß
dessen föderative Gestaltung das unabweisliche Postulat
seiner Natur sei. Selbstverständlich muß die tiefer eingehende
Untersuchung des konkreten Nationalitätenstaates zu gleicher
Erkenntniß führen. Und in der That erklärten auch scharfblickende
Männer, welche, von nationaler Leidenschaft unbeirrt, über die Konsti-
tuirung Oesterreichs nachgedacht, den föderativen Aufbau desselben für
die unerläßliche Bedingung seines Gedeihens.
    Ich werde aus der stattlichen Reihe dieser Männer hier nur die-

jenigen hervorheben, welche durch bedeutende Leistungen sich ein Anrecht auf Beachtung ihrer Stimmen erworben.

Stimmen über die Konstituirung Oesterreichs.

I.

Unter den vaterländischen Historikern nimmt der Verfasser der „Geschichte Oesterreichs seit dem Wiener Frieden 1809," Anton Springer einen der vordersten Plätze ein. Seine genaue Kenntniß der österreichischen Monarchie und sein richtiges Urtheil über ihre staatliche Mission befähigen ihn, wie Wenige, zur Abgabe eines Votums in der Verfassungsfrage, und als solches ist seine im Jahre 1850 erschienene Brochure: „Oesterreich nach der Revolution" zu betrachten, welche eine ebenso klare, als warme und berede Vertheidigung des Föderativstaates in sich schließt.

Es ist unmöglich, dieses Plaidoyer seinem ganzen Umfange nach hier wiederzugeben; es wird jedoch für die Zwecke dieser Schrift genügen, einige seiner bedeutsamsten Stellen in Folgendem mitzutheilen:

„In Oesterreich sprechen nicht blos, wie auch sonst überall, politische Gründe gegen die Zentralisation, hier treten überdieß die eigenthümlichen nationalen Verhältnisse gegen dieselbe auf, und diese letzteren sind es, welche das Verlangen nach Dezentralisation in die bestimmte Forderung der Föderation umgestalten. Gäbe es in Oesterreich nur eine einzige Nationalität, wir würden nichtsdestoweniger das Zentralisationssystem verwerfen, weil es dem Prinzipe der Selbstbestimmung zu nahe tritt, den Zweck des modernen Staates, die einzelne Kraft zu schützen und zu ergänzen, ihre freie Entwicklung zu sichern, verfehlt; die Vielheit der Nationalitäten zwingt uns, noch einen Schritt weiter zu gehen und die Einführung des Föderativsystems zu empfehlen." —

„Was verstehen wir aber unter Föderation?"

„Die Anhänger der Föderation sind weit davon entfernt, die Einheit des Staates völlig läugnen zu wollen, sie sperren sich nur gegen die rücksichtslose, absolute Einheit, gegen die unbedingte Einförmigkeit, welche den bestehenden tiefeingreifenden Unterschieden und Gegensätzen unter den österreichischen Völkern Gewalt anthut," . . . . „sie stellen als den obersten Grundsatz der Verfassungslehre in Oesterreich die relative Einheit und die relative Selbstständigkeit auf." — — — —

„Die Getheiltheit Oesterreichs durch Nationalitäten, deren jede ein selbstständiges System von Interessen in sich birgt, ist eine Thatsache, die auch der größte Fanatiker für die Zentralisation nicht abläugnen wird; dieser Getheiltheit muß auch eine Theilung der politischen Gewalten entsprechen, sonst verliert der Staat den Charakter des verkörperten Volkswillens, er muß die Entscheidung besonderer Interessen besonderen Kreisen überlassen, sonst verliert er die Kraft und die Einsicht, den allgemeinen vorzustehen, er muß jeder einzelnen Nationalität einen eigenen freien Spielraum für ihre Entwicklung gönnen, sonst geräth er in Gefahr, daß sie dieselben dann erörtert, wenn die Ent= scheidung allgemeiner Angelegenheiten drängt und, der Schwierigkeiten und Hindernisse müde, im Verein mit allen anderen gegen ihn sich kehrt." — — —

„Die Nationalität ist nicht Alles im Staate, aber ohne dieselbe, oder wohl gar im Widerspruche mit derselben, ist der Staat nichts. Wenn es nun wahr ist, daß der moderne Staat sich auf die nationale Idee stützt, daß die Nationalität ein unbedingtes Recht hat, als leitende Idee des politischen Lebens sich geltend zu machen, so folgt daraus auf unwiderlegliche Weise die Nothwendigkeit der Föderativverfassung für Oesterreich." ..... „Das Unmittelbarste wäre freilich, jede öster= reichische Nationalität konstituirte sich auch politisch für sich, oder schlöße sich einem andern stammverwandten Staate an. Das Letztere hält schwer, weil mit Ausnahme des Erzherzogthums Oesterreich jede Provinz eine doppelte Nationalität aufweist, und darum auch in ihren Sympathien fast durchgängig eine entgegengesetzte Richtung einschlägt; das Erstere aber ist unmöglich, weil die nationalen Interessen der einen Provinz immer nach einer andern hinübergreifen, die nationalen Beziehungen in Wahrheit ein Kreuzgewebe bilden. Der Czeche will in Verbindung mit den Ungarslaven bleiben, der Deutsche in Oesterreich den Sachsen in Siebenbürgen, den deutschen Bewohner slavischer Bezirke nicht auf= geben. Die politische Isolirtheit würde den meisten Volksstämmen ihre nationale Entwicklung nicht gewährleisten, im Gegentheil sie stören und hemmen. Eine Naturnothwendigkeit hält sie beisammen, doch woher soll in dieser Verbindung das nationale Prinzip die Garantie seiner Un= versehrtheit erhalten? Der österreichische Einheitsstaat, dieß ist nichts anderes als die Herrschaft eines Stammes über den andern, dieß ist der alte Zustand, wie er vor der Revolution bestanden, ja ärger noch, weil er für das erwachte und aufgefrischte nationale Bewußtsein fühlbarer ist. Offenbar müssen die einzelnen Nationalitäten neben ein= ander gestellt werden, jede für sich einen selbstständigen Schauplatz für ihre Entwicklung besitzen, und wo sie sich berühren, dieß auf neutralem, über das nationale Wirren erhobenen Boden thun. Haben die Natio= nalitäten keinen freien, abgesonderten Spielraum für die Erörterung und Förderung ihrer Interessen, so werden sie dieselben auf dem Reichs= tage verhandeln." — — —

„Was im zentralisirten Staate so schwierig, ja unausführbar ist und zugleich mit dem Makel der Ungerechtigkeit behaftet, ist in der Föderativverfassung mit größter Leichtigkeit zu verwirklichen. Den neu= tralen Boden, den wir dort vergeblich gesucht, finden wir hier in dem der Debatten über besondere nationale und provinzielle Interessen ent= hobenen .... Reichstage. Es läßt sich nicht läugnen, daß die verschie= denen Nationalitäten sich gern negativ zu einander verhalten; ihnen die Gelegenheit zur Reibung zu nehmen, ist die erste Pflicht dessen, der Oesterreich erhalten will. Darum überlasse man die Regelung der besonderen Angelegenheiten der einzelnen Provinz, der einzelnen Natio=

58

nalität auf dem Landtage, man vermeide die Klippe, an welcher jeder zentralisirte Reichstag scheitern würde, die Wiedererweckung des nationalen Hasses, indem man dem Reichstage nur die allgemein politischen Reichsangelegenheiten überläßt." — — —

„Im Angesicht der entschiedenen Vorzüge der Föderativverfassung... muß es uns tief schmerzen, wenn wir unter den Gegnern derselben auch die liberalen Organe der deutschen Bewohner in Oesterreich erblicken. Wir können nicht glauben, der Widerwille gegen die Föderation rühre daher, daß slavische Staatsmänner sie zuerst in Anregung gebracht, wir können aber auch nirgends die Nachtheile erblicken, welche aus der Einführung der Föderativverfassung dem deutschen Elemente in Oesterreich erwüchse. Es ist wahr, sie ist die Grundbedingung für die Entwicklung der slavischen Nationalität. Aber wenn man vor dem Jahre 1848 an der politischen Lebensfähigkeit der Westslaven zweifeln konnte — wir gehörten selbst dazu — seit dieser Zeit ist es nicht mehr erlaubt, und Niemand kann glauben, wenn man ihnen den einen Weg versperrt, so werden sie sich einen andern nicht öffnen. Oder wird der eine Volksstamm dadurch verkürzt, daß der andere sich naturgemäß entwickelt, nachdem man doch schon einmal diese Entwicklung nicht mehr hindern kann, und wird die Wendung, welche die orientalische Frage durch die größere Selbstthätigkeit der West- und Südslaven nehmen muß, nicht auch auf das deutsche Element in Oesterreich wohlthätig zurückwirken? Auf der anderen Seite wird dadurch die Annäherung an das übrige Deutschland mehr erschwert, als im zentralisirten Oesterreich?"

„Im Gegentheile steht zu hoffen, daß der Anschluß, da er nicht mehr eine Prinzipienfrage bilden, sondern immer nur einzelne, bestimmte Interessen betreffen wird, umfassender sein wird, als er es bei der letzten Anregung gewesen; in den deutsch-österreichischen Ländern ist aber die Unversehrtheit der Nationalität durch die Föderativverfassung ebenso fest gewährleistet, als in allen übrigen Provinzen. Man wendet aber ein, daß im föderativen Oesterreich das deutsche Element aufhören wird, das Regierungselement zu sein, und namentlich die deutsche Sprache eine starke Einbuße erleiden muß. Das Erstere muß man zugeben, aber ist denn der Verlust so groß, wenn slavische Beamte die deutsche Sprache nicht mehr radebrechen, wenn doch dafür eine der wichtigsten Ursachen des Hasses, welcher das deutsche Element in vielen Theilen Oesterreichs getroffen, gehoben wird? Was reell am Deutschthume ist, wird nicht untergehen, die deutsche Sprache aus Oesterreich nicht schwinden, auch wenn die übrigen Idiome emanzipirt werden. Die Slaven, Magharen haben ohnedieß nicht das Deutsche gelernt, um es in Protokollen und Gerichtseingaben zu mißhandeln; was sie dazu trieb und noch ferner bewegen wird, war der Reichthum, die Tiefe des deutschen Geistes, waren die Schätze der deutschen Literatur: diese aber werden durch die Föderativverfassung nicht geschmälert. Wir verzagen nicht, da die richtige Ueberzeugung sich auch nach dieser Seite geltend machen wird, denn wir wiederholen noch einmal, daß die Föderativverfaſſung ſchlecht und unbrauchbar iſt, wenn ſie auch nur ein einziges Recht verkürzt, ein einziges gerechtfertigtes Intereſſe verletzt."

II.

Der ebenſo als politiſcher Schriftſteller, wie als Staatsmann hervorragende Baron Joſef Eötvös ſtellte in ſeiner 1859 erſchienenen und raſch berühmt gewordenen Schrift: „Die Garantie der Macht und Einheit Oeſterreichs" das folgende föderaliſtiſche Programm auf:

1. „Jener Einfluß, der dem Monarchen auf die Geſetzgebung konſtitutioneller Staaten zukommt, iſt in der öſterreichiſchen Monarchie ein Attribut des Kaiſers. Demſelben ſteht daher ſowohl in Hinſicht der Geſetzgebung des Geſammtſtaates, als jener der einzelnen Kronländer das ausſchließliche Recht zu, dieſelben zu berufen und aufzulöſen, einzelne Geſetze vorzuſchlagen und jedes Geſetz zu ſanktioniren oder zu verwerfen. Ebenſo ſteht auch die vollziehende Gewalt ausſchließlich dem Kaiſer zu, der ſie im Geſammtſtaat durch verantwortliche Miniſter, in den einzelnen Kronländern durch Staatsſekretäre — denn ſo könnten die an der Spitze der Verwaltung der einzelnen Kronländer ſtehenden Beamten genannt werden — ausüben läßt und alle Organe der vollziehenden Gewalt zu ernennen hat."

2. „Die Leitung all' jener Angelegenheiten, welche dem ganzen Staate gemeinſam ſind, mithin die Leitung all' desjenigen, was ſich auf die Kriegsmacht, die Finanzen des Geſammtſtaates, die auswärtigen Angelegenheiten und den Handel bezieht, iſt beſonderen Miniſtern übertragen, die ſich der in den einzelnen Kronländern beſtehenden Behörden und Korporationen bedienen können, aber nur dem Kaiſer und dem Reichstage des Geſammtſtaates verantwortlich ſind."

3. „Die Leitung aller Angelegenheiten der einzelnen Kronländer, mithin die Leitung desjenigen, was in den Rayon des Miniſteriums des Innern gehört, die Leitung der Juſtiz, des öffentlichen Unterrichts und Kirchenweſens, der öffentlichen Arbeiten und Finanzen des Kronlandes, iſt in jedem Kronlande einer beſonderen Landesregierung übertragen, welche aus einem Kanzler und für die einzelnen Zweige der Verwaltung aus Staatsſekretären beſteht. Die Kanzler der einzelnen Kronländer nehmen als Staatsminiſter zugleich an der Regierung des Geſammtſtaates Theil. Sie haben die Intereſſen ihres beſondern Kronlandes bei der Regierung und Geſetzgebung des Geſammtſtaates und die Intereſſen des Reiches im einzelnen Kronlande zu vertreten."

4. „Die Grenzen der einzelnen Kronländer ſind die durch die Geſchichte beſtimmten. Da es übrigens wünſchenswerth iſt, daß die Zahl derſelben nicht zu ſehr vermehrt und das Mißverhältniß, welches zwiſchen einzelnen Kronländern in Hinſicht der Größe beſteht, möglichſt ausgeglichen werde, ſo können Provinzen, welche ihrer Geſchichte nach als integrirende Theile einer Krone zu betrachten ſind (wie z. B. Böhmen, Mähren, Schleſien), vereinigt werden; auch ſteht es den einzelnen kleineren Kronländern zu, ſich mit anderen zu vereinigen."

III.

Auch der Vize-Präsident der deutschen Nationalversammlung, Viktor Freiherr v. Andrian, ein politischer Schriftsteller, welcher durch sein im Jahre 1841 erschienenes Buch: „Oesterreich und dessen Zukunft" der öffentlichen Meinung einen mächtigen Impuls gab, und dem an Voraussicht und Objektivität Wenige unserer Publizisten gleichen, entwirft in seiner 1850 veröffentlichten Broschüre: „Zentralisation und Dezentralisation in Oesterreich" das folgende, der föderalen Idee sehr nahe kommende Programm:

„Als leitendes Prinzip erscheint mir der Satz: daß die Regierung von der Zentralgewalt ausgehen, die gesammte Administration hingegen den Statthaltern der einzelnen Kronländer, in Verbindung mit den Landtagen, überlassen werden soll."

„Das erste Korollarium dieses Grundsatzes ist: die Verantwortlichkeit der Statthalter den Landtagen gegenüber in allen administrativen und Landesangelegenheiten — eine Stellung, welche ihre gleichzeitige Verantwortlichkeit (d. i. Absetzbarkeit) dem Ministerium gegenüber nicht aufhebt."

„Die Verantwortlichkeit des Statthalters dem Landtage gegenüber ist strenge auf Landesangelegenheiten beschränkt."

„Im Allgemeinen hätte der Statthalter die Administration und exekutive Gewalt in allen Gegenständen, welche in legislativer Beziehung und behufs der Geldbewilligung vor den Landtag gehören. Man könnte ihm, mit etwaiger Ausnahme einiger besonders bedeutender Stellen — etwa der Statthaltereiräthe und Kreis-Präsidenten — die Ernennung sämmtlicher Administrativ-Beamten des Kronlandes überlassen; ebenso die Einhebung, Verwendung und Verrechnung der Landeseinnahmen und die Ernennung der betreffenden Beamten, in so fern, wie später erörtert werden wird, eine durchgängige qualitative Scheidung zwischen Reichs- und Landessteuern angenommen würde." — — — —

„Alle Angelegenheiten, welche ausschließlich das Kronland betreffen, wären, in so ferne sie administrativer Natur sind, in letzter Instanz von dem Statthalter zu entscheiden. Hierzu würden vor Allem gehören:

a) Die Gemeindeangelegenheiten ohne Ausnahme.

b) Die Schulangelegenheiten, das Volksschulwesen und die Bildungsanstalten, mit Ausnahme der Universitäten und der speziell zu bezeichnenden höheren Bildungsanstalten, welche aus besonderen Rücksichten als Reichsanstalten erklärt würden.

c) Die speziellen Angelegenheiten des Kultus (mit Ausnahme der Dotationen der Bischöfe und Seminarien), als da sind: Ernennung und Dotation der Kurat-Geistlichen, wo nicht Stiftungen oder Patronatsrechte im Wege stehen, die Verwendung der für Kultus vom Landtage bewilligten Auslagen, die Kongrua- und Patronatsfragen, das Kirchen- und Pfründnervermögen u. s. w.

d) Das Sanitätswesen im Kronlande.

e) Die Landespolizei, überhaupt die innere Sicherheit des Landes.

f) Im Allgemeinen Alles, was das spezielle Interesse des Kron=
landes betrifft und nicht durch ein ausdrückliches Gesetz als
Reichsangelegenheit erklärt worden ist." — — —

„Das Kronland verkehrt in seinen inneren Landesangelegenheiten
lediglich mit dem Kaiser und seinem Statthalter, als dem, der Landes=
vertretung verantwortlichen Spezial=Minister für die innere Landesver=
waltung." —

„Dagegen ist der Statthalter in Beziehung auf Reichsangelegen=
heiten und überhaupt, wo es sich um die Durchführung von Reichs=
gesetzen handelt, dem Landtage nicht verantwortlich, sondern lediglich
das vollziehende Organ des Ministeriums, dessen Befehle er empfängt
und einholt."

„Die Landtage haben in Reichsangelegenheiten durchaus keine Inge=
renz, dagegen in allen Landesangelegenheiten die vollkommene Autono=
mie (immer innerhalb der durch die Reichsgesetze gezogenen Schranken),
ohne jedoch in die exekutive Gewalt, in die eigentliche Administration,
welche dem Statthalter ungeschmälert bleiben müßte, anders einzugrei=
fen, als dieses überhaupt im Wesen repräsentativer Körperschaften
gelegen ist." — — —

„Hinsichtlich des erwähnten, meiner Ansicht nach sehr wesentlichen
Grundsatzes der Nichteinmischung der Landtage in die exekutive Gewalt,
kann ich übrigens die Besorgniß nicht unterdrücken, daß die Bestellung
eines **permanenten Ausschusses**, wie ihn die bisher erschienenen
Landesverfassungen aufstellen, eben zu einer solchen theilweisen Usur=
pation der Exekutive und hiermit, wie die Geschichte aller deutschen
Landstände zeigt, zu einer **Bureaukratisirung** und allmäligen
Abschwächung der Provinzialvertretung führen dürfte. Ich wäre
daher gegen einen permanenten Ausschuß." — — —

„Alles, was nicht seiner Natur nach zentralisirt, oder aus höheren
politischen Rücksichten als Reichssache behandelt werden muß, bleibt der
Landesgewalt überlassen — daher diese die Regel, jene die Ausnahme
bilden. Als integrirende Theile der Landesgewalt betrachte ich die
Landeslegislation (den Landtag), das **Landesbudget** und die
vollziehende Landesgewalt (die Statthalterei), und unterscheide
sie scharf von der **Reichslegislatur**, dem **Reichsbudget** und
der **Reichsgewalt**." — — —

„Die Kompetenz der Landtage in legislativer, der Statthalter und
der ihm untergeordneten Organe in administrativer und exekutiver Hin=
sicht würde demnach umfassen:

1. Die Kosten der gesammten administrativen Verwaltung des
Kronlandes. —

2. Das Sanitätswesen.

3. Die Landespolizei.

4. Die Konskription.

5. Das gesammte Armenwesen.

6. Das gesammte Schulwesen, ausschließlich der Universitäten,
Akademien und aller eigens als Reichsanstalten erklärten Institute.

7. Sämmtliche Ausgaben für den Kultus, mit alleiniger Ausnahme der Dotationen der Bischöfe und Seminarien.

8. Die Kosten für Erhaltung der Strafhäuser, Arrest- und Gerichtsgebäude.

9. Das Forstwesen.

10. Den Ackerbau und die Landeskultur.

11. Den Bau und die Erhaltung der Provinzstraßen.

12. Die Erhaltung der Reichsstraßen. Es versteht sich übrigens von selbst, daß die technische Oberaufsicht und Kontrole von den Zentralbaubehörden, welche überall Reichsbeamte zu sein hätten, geübt werde.

13. Alle Wasserbauten, mit Ausnahme jener am Meere und an schiffbaren Flüssen, welche überall Reichssache sind.

14. Die Vorspannskosten, Einquartierungs-Ausgleichungen, überhaupt die Naturalleistungen an das Militär, die vom Landtage normirt und vom Landesbudget getragen werden müßten.

15. Die Sparkassen, Leihanstalten, Hypothekenbanken, überhaupt die Landeskreditanstalten, insofern sie kein Papiergeld emittiren.

16. Das Gemeindewesen ohne alle Beschränkung.

17. Das Gewerbewesen, innerhalb der Schranken eines vom Reichstage zu erlassenden allgemeinen Gewerbegesetzes.

18. Ueberhaupt Alles, was die speziellen Interessen des Kronlandes betrifft, und nicht durch ein Gesetz als Reichssache erklärt worden ist."

„In größeren Kronländern, namentlich dort, wo verschiedene Nationalitäten neben einander wohnen, sind die Befugnisse der Kreistage (und konsequent die der Kreispräsidien) entsprechend zu erweitern, daher denselben manche Befugnisse zu übertragen, welche in anderen Kronländern den Landtagen zustehen."

„Den Landtagen steht das Recht der Vorstellung zu. Ja es dürfte sogar gerathen sein, den Landtagen in gewissen besonders wichtigen Fällen, wenn sich eine an Stimmeneinhelligkeit grenzende Majorität derselben (z. B. ³⁄₄ des vollzähligen Landtages) dahin vereinigte, ein aufschiebendes Veto gegen Reichstagsbeschlüsse zuzugestehen, welches zur Folge hätte, daß die betreffende Angelegenheit einer abermaligen Beschlußfassung des Reichstages unterzogen werden müßte, zu welcher der Landtag eine bestimmte Zahl seiner Mitglieder als Sachwalter des Kronlandes (natürlich ohne Stimmrecht) abzusenden hätte." — — *).

„Die Zentralisation ist in Oesterreich antihistorisch, revolutionär; sie wird, wenn sie gelingen sollte, nicht einen österreichischen Patriotismus, wohl aber einen allgemeinen politischen Indifferentismus erzeugen; wobei Jeder sich gewöhnen wird, den Staat als etwas Fremdes, ihm

---

*) Anmerkung. Die Kompetenz der Zentralgewalt ergibt sich aus dem bisher Mitgetheilten; um Raum zu ersparen, unterlasse ich daher die Aufzählung dessen, was Andrian ihr zuweist.

ferne Stehendes zu betrachten; im Falle ihres Mißlingens aber wird der Versuch den Staat zersprengen."

IV.

Schließlich ist als Anwalt des österreichischen Bundesstaates ein Mann hervorzuheben, den wohl die Wenigsten unserer Leser in den Reihen der Föderalisten suchen, und dieser Mann ist kein geringerer, als — — Dr. Mühlfeld, welcher im Jahre 1849, gemeinschaftlich mit seinem Freunde Dr. Egger *), einen bis in die kleinsten Details ausgeführten Entwurf einer österreichischen Verfassung publizirte, dessen Einleitung folgende Sätze enthält:

„Der hiermit der Oeffentlichkeit übergebene Entwurf einer Verfassungsurkunde für den österreichischen Kaiserstaat ruht auf der Grundlage der Vereinigung der einzelnen Länder desselben zu einem Gesammtstaate, unter welchem diese als Theilstaaten bestehen, eine Grundlage, die, unserer Ueberzeugung gemäß, Oesterreichs Fortbestand nach dem Falle der Herrschaft des Absolutismus und mit dem Eintritte des Systems der konstitutionellen Freiheit unumgänglich fordert." — —

„Die leitenden Staatsprinzipien nach dem Verfassungs-Entwurfe sind: Die Autonomie der einzelnen Länder, welche, soweit es nur immer die Einheit und Macht des Ganzen zuläßt, aufrecht erhalten wurde, und die Gleichberechtigung aller Völkerschaften, welche, der Schwierigkeiten ungeachtet, überall durchgeführt werden muß."

„Um der Einheit und Macht willen wurden dem Gesammtstaate die Vertretung nach Außen, so wie das Militärwesen und die Finanzen, als die unumgänglichen Mittel einer starken und kräftigen Staatsregierung ausschließlich überwiesen. Mit Hinblick auf die weiten Kreise, in denen Handel und Fabrikation, wie der Verkehr im Großen mit seinen Anstalten und Mitteln ihrer Natur nach wirksam sind, und die Allgemeinheit der Vortheile, die sie damit gewähren, geschah das Gleiche mit ihnen um so mehr, als sie im engsten Zusammenhange mit den Finanzen stehen." — — — — **)

Von den 230 Paragraphen des Entwurfes seien hier nur die folgenden, als die bezeichnendsten, mitgetheilt:

„§. 7. Der Gesammtstaat führt den Namen: „der Kaiserstaat der vereinigten Länder von Oesterreich."

„§. 21. Der Kongreß besteht aus dem Senate und dem Repräsentantenhause."

„§. 22. Der Senat wird gebildet aus den Vertretern der einzelnen Länder."

---

*) In der bereits Seite 16 angeführten Schrift.
**) Daß sie dem Gesammtstaate in ihrer Schrift noch weitere Befugnisse einräumten, geschah — wie die Verfasser erklärten — aus Rücksicht für die öffentliche Wohlfahrt.

64

„§. 27. Das Repräsentantenhaus besteht aus den Abgeordneten der Gesammtheit der Staatsbürger (Volk).“

„§. 112. In den einzelnen Ländern, wo verschiedene Völkerschaften bestehen, ist die Landeseintheilung, so weit es möglich, dergestalt zu ordnen, daß Gemeinden, wie Bezirke für Verwaltung, Kirche, Schule und Gericht nur aus Angehörigen derselben Völkerschaft gebildet werden.“

„§. 113. Insoferne dieses nicht möglich, und Gemeinden, oder Bezirke der gedachten Art aus Angehörigen verschiedener Völkerschaften bestehen, muß auf gleiche Weise den Bedürfnissen der einen, wie der anderen entsprochen werden.“

„§. 205. Die einzelnen Länder des österreichischen Kaiserstaates haben alle staatlichen Rechte und Befugnisse, soweit sie nicht dem Gesammtstaate verfassungsmäßig übertragen sind.“

„Sie üben innerhalb der Grenzen der Staatsverfassung für sich die gesetzgebende und richterliche Gewalt, sowie jene der Vollziehung und Aufsicht.“

„§. 206. Jedes einzelne Land muß eine Landesverfassung haben.“

„§. 207. Es bleibt den einzelnen Ländern überlassen, mit Zustimmung des Kaisers, als Landesoberhaupt, sich ihre Landesverfassung zu geben, und sie wieder im verfassungsmäßigen Wege abzuändern.“

„§. 208. Jede Landesverfassung muß gewähren:

1. eine Volksvertretung mit entscheidender Stimme bei der Landesgesetzgebung, bei der Besteuerung des Landes durch Landesauflagen (§. 127) und bei der Regelung seines staatlichen Haushaltes (Landeshaushalt);

2. dem Kaiser, als Landesoberhaupt, die Sanktion der Landesgesetze und die vollziehende Gewalt, mit der Aufsicht im vollen Umfange;

3. die Ausübung der Regierungshandlungen durch verantwortliche Landesminister.“

Mit Ausnahme Eötvös', der citirt wurde, weil der Ausspruch eines so ernsten politischen Denkers wissenschaftliche Bedeutung hat, sind es nur Deutsche, deren schwerwiegendes Urtheil ich in die Wagschale der Entscheidung legte. Den Kundgebungen slavischer Notabilitäten gleichfalls Raum zu geben, unterließ ich, wie sehr auch ihre Bedeutsamkeit hiezu den Anlaß bot. Es ward in letzter Zeit so sehr üblich, jeden föderalistisch-gesinnten Deutschen als einen Verräther an der nationalen Sache zu bezeichnen, daß ich es vorzog, mich nur auf die Autorität von Männern zu berufen, welche stets in den Vorderreihen der Unserigen standen. Wenn nun diese deutschen Männer, welche den Werth staatlicher Einrichtungen von den verschiedensten Gesichtspunkten aus zu beurtheilen vermochten, sich mit Entschiedenheit und Wärme für die Föderation erklärten, so thaten sie dies unzweifelhaft aus tiefer politischer Ueberzeugung und mit klarem nationalen Bewußtsein, und es ziemte sich wohl auch heute die Verfassungsfrage mit kühlerem Blute zu erörtern und nicht ohne ernste und unbefangene Würdigung der in Oesterreich gegebenen Verhältnisse, das Anathema

über den Föderativstaat auszusprechen und diesen als ein staatsrechtliches
Mißgebilde hinzustellen, welches ebenso sehr aus politischen, wie aus
nationalen Motiven zu perhorresciren sei.

Es wird sich später Gelegenheit bieten, die deutsch-nationalen
Bedenken gegen den österreichischen Bundesstaat kritisch zu beleuchten;
vorerst sei zur wissenschaftlichen Bekämpfung der gegen den Föderativstaat vom politischen Standpunkte aus vorgebrachten Argumente
hier ein Ausspruch Montesquieu's angeführt, und zu ihrer Widerlegung durch die Thatsache dem Leser das Bild eines Föderativstaats vor Augen gestellt, eines Föderativstaats in seinem
vollen, lebendigen Wirken.

Montesquieu über den Föderativ-Staat.

Weder in der älteren noch in der neueren politischen Literatur
begegnen wir einem Schriftsteller, der an umfassender Kenntniß des
Staatenlebens und an scharfsinniger Beurtheilung desselben Montesquieu überragte. Und dieser große Autor bemerkt in seinem Werke:
„De l'esprit des lois"*) Folgendes über den Föderativ-Staat:

„Ist eine Republik klein, so wird sie von einer auswärtigen Macht
zerstört; ist sie groß, so geht sie durch innere Fehler zu Grunde."

„Dieses doppelte Uebel steckt sowohl Demokratien als Aristokra-
tien an, mögen sie nun gut, oder schlecht sein; denn es liegt in der
Sache selbst, keine Form vermag ihm abzuhelfen."

„Die Menschen würden somit, allem Anscheine nach, endlich
genöthigt worden sein, immer unter der Regierung eines Einzigen zu
leben, hätten sie nicht eine Art Verfassung ersonnen, welche alle inneren Vortheile der Republik mit der äußeren Macht der Monarchie
verbindet. Ich meine die Föderativrepublik."

„Diese Regierungsform ist ein Uebereinkommen, durch welches
mehrere Staaten darein willigen, Theile eines größeren Staats zu
sein, den sie zusammen ausmachen wollen. Diese Republik ist eine Gesellschaft von Gesellschaften, die eine neue bilden, welche sich vergrößern
kann, wenn neue Genossen sich mit ihr vereinen."

„Solche Verbindungen bewirkten, daß Griechenland in seiner Gesammtheit sich so lange im blühenden Zustande befand. Durch sie griffen
die Römer die Welt an und durch sie allein vertheidigte die Welt sich
gegen sie; und als Rom zum Gipfel seiner Größe gelangt war, vermochten die Barbaren nur durch Bundsgenossenschaften jenseits der
Donau und des Rheins, — Bundsgenossenschaften, welche der Schrecken
gebildet hatte — sich ihm entgegenzustellen." — — —

„Diese Art Republik, welche im Stande ist, der auswärtigen Ge-

*) Livre IX, chapitre I mit der Aufschrift: Comment les Répu-
bliques pourvoient à leur sûreté.

5

walt Widerstand zu leisten, kann ihre Größe behaupten, ohne im Innern auszuarten; die Form dieser Gesellschaft beugt allen Nachtheilen vor."

„Maßte sich Jemand ungesetzmäßige Macht an, so würde er schwerlich in allen verbündeten Staaten gleichen Vorschub finden. Machte er sich in dem einen zu mächtig, so würde er alle anderen gegen sich aufregen; unterjochte er e i n e n Theil, so könnte der, welcher noch frei wäre, sich ihm mit einer Macht widersetzen, die von der usurpirten nicht abhinge, und ihn unterdrücken, bevor er seine Gewalt fest begründet."

„Entsteht Bürgerzwist in e i n e m der verbündeten Staaten, so kann er durch die anderen beigelegt werden. Schleichen sich irgendwo Mißbräuche ein, so werden die gesunden Theile ihnen abhelfen. Der Bundesstaat kann auf der einen Seite zu Grunde gehen, und auf der andern Seite fortdauern; das Bündniß kann aufgelöst werden und die Verbündeten behalten doch ihre äußere Unabhängigkeit."

„A u s k l e i n e n R e p u b l i k e n zusammengesetzt, g e n i e ß t d e r F ö d e r a t i v s t a a t das G l ü c k der g u t e n e i n h e i m i s c h e n R e g i e r u n g e i n e r j e d e n derselben; und durch die M a c h t d e r B u n d e s g e n o s s e n s c h a f t besitzt er in Bezug auf die ä u ß e - r e n V e r h ä l t n i s s e a l l e V o r t h e i l e g r o ß e r M o n a r c h i e n *)."

So weit Montesquieu, und nichts vermag den Werth dieses Ausspruchs zu erhöhen, als die bestätigende Thatsache, das gewichtige Zeugniß moderner, dem Blicke der Z e i t g e n o s s e n sich darbietender F ö d e r a t i v s t a a t e n.

Zwei Gemeinwesen sind es, die zunächst den politischen Beschauer fesseln: Die s t o l z e U n i o n jenseits des atlantischen Oceans u n d d i e b e s c h e i d e n e B u n d e s r e p u b l i k dicht an der Grenze Oesterreichs. Erstere, an Größe und Volkszahl der österreichischen Monarchie viel näher stehend, als Letztere, bietet ein glänzenderes und bestechenderes Bild föderaler Institutionen dar; dennoch zog ich es vor, die kleine unansehnliche Schweiz dem Leser vor Augen zu stellen, da nicht die Aehnlichkeit der Raum= und Zahlenverhältnisse es ist, welche einen Schluß von den Einrichtungen des Einen Landes auf die des Andern gestattet, sondern die innere Verwandtschaft, die Uebereinstimmung der staatlichen Wesenheit, wie sie in hohem Grade zwischen der Schweiz und Oesterreich, aber nur in sehr geringem Maße zwischen diesem und Amerika besteht. Ueberdieß offenbart sich in der kleinen Nachbarrepublik der innige Zusammenhang zwischen den Einrichtungen und dem Gedeihen

---

*) Montesquieu spricht hier allerdings nur von der F ö d e r a t i v = R e p u - b l i k; ich werde jedoch später nachweisen, daß der Föderativstaat mit m o n a r c h i - s c h e r S p i t z e (der m o n a r c h i s c h e B u n d e s s t a a t) die Vortheile der Bundes- republik mit größerer Sicherheit im Inneren verbindet. Wenn Montesquieu in einem späteren Kapitel die Föderativ-Monarchie für schwächer als die Föderativ- Republik erklärt, so hat er dabei die Föderation mehrerer m o n a r c h i s c h e r Staaten im Auge, wie dieß aus seinem Hinweis auf das d e u t s c h e R e i c h hervorgeht. Ein derartiger S t a a t e n b u n d ist durch das Gelüste der einzelnen Bundesfürsten nach unbeschränkter Souveränität allerdings zur Schwerfälligkeit und Ohnmacht verurtheilt.

des Staates viel augenscheinlicher, als in der Union, welche ihr unver=
gleichlich rasches Emporblühen zum großen Theile der beispiellosen Gunst
der Umstände verdankt, während die vom Glücke nicht verwöhnte Schweiz
uns das ungleich belehrendere und erhebendere Beispiel dessen bietet,
was, trotz der Ungunst der Verhältnisse, ein wackeres Völklein zu
erstreben vermag, dessen Erzieherin die Autonomie war.

Die Schweiz.

Dieser kleine Nachbarstaat bietet im engen Rahmen Verhältnisse
dar, welche den unserigen analog sind. Er ist ein republikanisches
Oesterreich en miniature, wie Oesterreich eine monar=
chische Schweiz im Großen ist *).

Man hat bei uns oft, aber flüchtig auf diese Aehnlichkeit hinge=
wiesen, sie möge hier etwas näher beleuchtet werden.

Die Entstehung der Schweiz fällt beinahe mit der Oesterreich's
zusammen **). Beide Staaten, die nicht fern von ihrem 600sten Ge=
burtsjahre sind, wuchsen aus Deutschland heraus, um schließlich ihren
politischen Schwerpunkt in sich selbst zu finden. Die Geschichte Beider
ist nicht die eines Volkes und eines Landes, sondern die Ge=
schichte von Völkern und Ländern, welche im Laufe der Zeiten, theils
auf friedlichem Wege, theils durch Eroberung aneinandergefügt wurden
und seither, trotz dieser Verbindung, ihr nationales Bewußtsein und ihre
territoriale Sonderheit sich zu wahren verstanden.

In so losem staatsrechtlichen Zusammenhange standen durch lange
Zeit die Länder und Ländchen beider Staaten, daß sie in Oesterreich
nur durch die gemeinsame Dynastie, in der Schweiz nur durch die
gemeinsame Idee und die gemeinschaftlichen Interessen vereint blieben.
Was einheitlich zu ordnen und zu vollziehen sei, war weder in dem
einen, noch in dem anderen Staate durch bestimmte Gesetze normirt,
sondern ergab sich in der Schweiz aus dem jeweiligen Bedürfnisse und
der Gewohnheit, in Oesterreich aus den Kronprärogativen des gemein=
schaftlichen Monarchen.

Von staatsrechtlichen Wirren blieb die Nachbar=Republik so wenig
verschont, als Oesterreich; denn, wie in diesem einzelne Stämme,
suchten in jener einzelne Landschaften und Orte die Herrschaft über

---

*) Dieser Vergleich ist weder willkürlich, noch neu, sondern in den That=
sachen begründet und wurde schon zur Zeit unseres ancien régime gemacht. Beleg
hiefür ist die im Jahre 1848 erschienene Ausgabe des Rotteck=Welckerischen Staats=
lexikons, welche im Artikel: „Oesterreich" — der, wie aus seinem Inhalte
hervorgeht, vor Ausbruch der 48er Revolution geschrieben wurde — Seite 331
folgenden Passus enthält:
„Oesterreich ist ein monarchischer Bundesstaat im großen
Maßstabe, wie im kleinen die gleichfalls mehrere Nationalitäten
vereinigende Schweiz ein republikanischer ist."
**) Nur 25 Jahre trennen sie von einander.

die anderen zu gewinnen, so daß es daselbst verbündete, zuge=
wandte und unterthänige Orte gab, von denen die Ersten
voll=, die Zweiten theilberechtigt und die Letzten politisch recht=
los waren.

Wie bei uns in der neuen Aera die Deutschen gegen=
über den anderen Nationalitäten, so verschafften sich dort in
früherer Zeit die Städter gegenüber den Landbewohnern durch
Wahl=Gesetze die Majorität in den Volksvertretungen; und ganz so
wie bei uns, mußte dort die höhere Bildung dieser Rechtsungleichheit
zum Vorwande dienen.

Wie in Oesterreich der Friede nimmer einkehrt, so lange die
einer Nationalität eingeräumte Bevorzugung aufrecht erhalten
bleibt, so kam auch die Schweiz nicht eher zur Ruhe, als bis jeder
Unterschied zwischen den einzelnen Orten, sowie zwischen den Stadt= und
Landbewohnern aufgehoben, und überall im Staatsleben das Recht an
die Stelle des Vorrechts getreten war.

Auch die Nationalitätskämpfe hatte die Schweiz mit der öster=
reichischen Monarchie gemein, ja selbst eine italienische Frage ward ihr
beschieden, und sie verlor zu Ende des vorigen Jahrhunderts ihren
lombardischen Besitz, das Veltlin, Chiavenna und Bormio
für immer, weil die Graubündner unvernünftige Politik trieben, und
den Italienern die Gleichberechtigung verweigerten.

Gleich den österreichischen Kronländern, sind die Schweizer Kan=
tone historisch=politische Individualitäten mit scharf ausgeprägter Physio=
gnomie und lebhaft pulsirendem Eigenleben. Analog unseren Verhält=
nissen wohnen auch auf dem Boden der Schweiz verschiedene Natio=
nalitäten, Ausläufer mächtiger Nachbarstämme, und sind auch dort die
Völkerschaften nicht durch scharfe Grenzmarken gesondert, sondern oft
gemengt und ineinandergeschoben im Bereiche eines und desselben
Kantons *).

Auch darin sind beide Staaten einander ähnlich, daß die Hege=
monie eines Volksstammes mit ihrer Existenz sich für die Dauer
nicht vertrüge, da keine ihrer Nationalitäten mächtig genug ist, um
nachhaltig dominirenden Einfluß zu üben, da jede derselben eifersüchtig
über ihre nationale Würde und ihre sprachliche Entfaltung wacht, und
in verwandten Nachbarvölkern eine mächtige Stütze findet.

---

*) So wohnen Deutsche neben Franzosen in den Kantonen Bern,
Neuenburg, Wallis und Freiburg. Und zwar verhalten sich die Deutschen
zu den Franzosen
ungefähr wie 8 : 1 in Bern,
„   „ 1 : 8 in Neuenburg,
„   „ 1 : 3 in Freiburg,
„   „ 1 : 2 in Wallis.
Im Kanton Graubünden sind drei Nationalitäten angesiedelt:
Deutsche, Romanen und Italiener. Die Deutschen und Romanen sind an
Zahl einander nahekommend, während die Italiener kaum den sechsten Theil der
Bevölkerung bilden.

Wie Oesterreich unter dem Drucke Ba ch'scher Verwaltung, so ward die Schweiz unter dem Joche französischer Herrschaft auf das schonungsloseste zentralisirt; aber glücklicher als die Monarchie, fand sie im ersten Konsul Bonaparte einen Staatsmann, welcher mit dem Blicke des Genies die begangenen Fehler rasch erkennend, durch die Mediations=Akte (1803) die Föderativ=Verfassung restaurirte *) und dem Lande wieder den inneren Frieden gab.

Der Ungeschicklichkeit der Diplomatie im Jahre 1815 verdankte Oesterreich durch zweckwidrigen Ländererwerb ein stets bedrohtes Gebiet, und die Schweiz, durch die Wiederherstellung einer fast unbeschränkten Kantonal=Souveränität, eine stets bedrohliche Verfassung.

Wie die Sonderstellung Ungarns den österreichischen Staat wäh= rend der Jahre 1848 und 1849 in einen gefährlichen Bürgerkrieg ver= wickelte, so stellte der Sonderbund im Jahre 1847 den Bestand der Schweiz in Frage. Der Monarchie gleich, bewältigte die Eidgenossen= schaft den Aufstand — jedoch ohne fremde Dazwischenkunft — und ganz so, wie diese, berief sie zu ihrer Rettung aus den inneren Gefahren im Jahre 1848 eine konstituirende Versammlung, allerdings ohne sie auseinander zu sprengen im Momente, wo sie ihre Aufgabe fast gelöst.

Diese konstituirende Versammlung, diese Vertretung von schlichten Bürgern und Bauern, schuf die jetzige, an Maß und Weisheit ihres Gleichen suchende Verfassung der Schweiz, ein Werk von eben so einfacher, als edler und ebenmäßiger Struktur. Sie umwandelte den lockeren Staatenbund in einen reichgegliederten, aber fest geeinig= ten Bundesstaat, sie faßte die Kräfte aller Bürger und aller Kantone in ein Bündel zusammen, da wo die Konzentrirung derselben zum Schutze und zur Stärkung der Gesammtheit Noth thut, und ließ die Kräfte uneingeengt, wo ihre freie und selbstständige Entfaltung den. einzelnen Kantonen, und in diesen der Gesammtheit zu Gute kommt. Sie betrachtete nicht Bund und Kantone, wie wir Reich und Kronländer, als Gegensätze, und glaubte nicht, daß die Gesammt= heit in dem Maße schwächer werde, als die Theile sich kräftigen.

Für keine in der Minderzahl befindliche Nationalität wurde dort durch ein Wahlgesetz die Majorität erkünstelt, kein Volksstamm gerirte sich daselbst als Vormund der übrigen, und maß den Brudervölkern Selbstverwaltungsrechte nach seinem Belieben zu. Keinem Zentralparla= mente ward das Monopol der hohen Gesetzgebung ertheilt, sondern den Kantonen ward es überlassen, sich Gesetze zu geben, ohne hiezu zentraler Inspirationen, und sich zu verwalten, ohne schöner Ministerzirkulare zu bedürfen. Und dabei gab die konstituirende Versamm= lung der armen geschwächten Zentralgewalt nicht einmal eine Armee zum Schutze gegen Uebergriffe der nach unserer Anschauung so über= mächtigen Kantone, in ihrer Einfalt glaubend, daß Jeder sein Recht, wie sein Kapital gerne in anderen Händen lasse, so lange es dort

---

*) Wobei er jedoch alle Rechtsungleichheiten beseitigte und dem Bunde eine strammere Organisation gab.

sicherer ruht und beffere Früchte trägt, als in den eigenen. Und so lebt dieses Gebirgs=Völklein ohne Gruppenwahlen, ohne zentralifirte Gefetz= gebungsweisheit, ohne stehendes Heer, fast ohne Staatsschulden, und **mit einem Kriegsbudget — kleiner, als das des Kultus und Unterrichts!**

Ungeachtet des erst kurz vorher beendeten Bürgerkrieges ließ das Schweizervolk sich durch momentane Erregtheit bei der Konftituirung nicht irreleiten. Wie es früher troß der Drohung mächtiger Staaten das Unrecht der Gegner niederkämpfte, so hielt es jeßt troß des Stachels der Leidenschaft das Recht der Gegner hoch. Es erklärte nicht die Verfaffungen der Sonderbundskantone für verwirkt, fondern in forgfältiger und rückfichtsvoller Beachtung der historischen Erinnerungen und des Selbstständigkeitsgefühls all' feiner Genoffen, einigte es sich dahin, die Autonomie der Kantone möglichst ungeschmälert zu erhalten und den Verfügungen der **Zentralgefetzgebung** und der Obhut der **Bundes=Erekutive** nur das zu überlaffen, was unerläßlich nöthig ist, um

nach Außen

die Unabhängigkeit der Schweiz zu wahren und

im Inneren

die Ordnung aufrecht zu erhalten,

die Freiheit der Bürger zu fichern und

die gemeinfame Wohlfahrt zu fördern.

A. Zur Sicherung der Unabhängigkeit des Bundes nach außen überließ die konftituirende Verfammlung der Zentralgewalt:

1. Das Feststellen der Heeresverfaffung, die Verfügung über die gefammte Wehrkraft und die Leitung derfelben, fowie die Errich= tung öffentlicher Werke zum Schuße des Landes;

2. die internationale Vertretung der politischen und volkswirthschaft= lichen Intereffen der Schweiz, das Recht, Krieg zu erklären und Frieden zu schließen, Bündniffe und Staatsverträge, namentlich Zoll= und Handelstraktate einzugehen;

3. die Verwaltung der zu diefem Zwecke erforderlichen Geldmittel.

Den Kantonen wurde die Pflicht auferlegt, ihr Kontingent an Wehrmännern und ihren Geldbeitrag für Bundeszwecke nach Maßgabe einer alle zwanzig Jahre zu revidirenden Mann= schafts= und Geldfkala zu liefern.

B. Zur Wahrung der Ruhe und Ordnung im Inneren traf fie

1. Bestimmungen zum Schuße des Gebietes und der Verfaffung jedes Kantons; machte fie es

2. den Kantonen zur Pflicht, im Falle von Streitigkeiten unter ein= ander, auf jede Selbsthilfe zu verzichten, und fich der bundes= mäßigen Entscheidung zu unterziehen; fagte fie

3. den Kantonen bei äußeren, oder inneren Gefahren Bundeshilfe zu; normirte fie

4. zur Sicherstellung des Bundes und seiner Grundgesetze gegen Uebergriffe und Außerachtlassung Seitens der Kantone, daß jeder Kanton die Gewährleistung seiner Verfassung vom Bunde verlangen müsse, welche jedoch nur dann zu verweigern ist, wenn darin ein dem Bunde eingeräumtes, oder den Bürgern der Schweiz gewähr=leistetes Recht verletzt wird; untersagte sie

5. den Kantonen das Abschließen politischer Verträge und Bünd=nisse unter sich und mit auswärtigen Regierungen *).

C. Zum Schutze der Freiheit und des Rechts gewähr=leistete sie dem Schweizer Volke:

1. Die Gleichheit Aller vor dem Gesetze;

2. die Gleichberechtigung der Nationalitäten, indem sie die deutsche, französische und italienische Sprache als Nationalsprachen anerkannte;

3. die Unverletzlichkeit des Briefgeheimnisses, die Gewissensfreiheit, die freie Ausübung des Kultus**), das Vereins=, Petitions= und Nie=derlassungsrecht und den Schutz des sich Niederlassenden vor jeder Willkür der Kantonalbehörden und vor jeder Verkürzung gegenüber den Eingeborenen des Kantons;

4. die Preßfreiheit; überließ jedoch die Preßgesetzgebung den Kantonen, der Zentralbehörde nur die Genehmigung der betref=fenden Gesetze und das Recht vorbehaltend, Strafbestimmungen gegen jenen Mißbrauch der Presse zu erlassen, welcher die Auto=rität und Sicherheit des Bundes bedroht; ferner ge=währleistete sie

5. jedem Kantonalbürger das allgemeine Schweizer=Bürgerrecht und die Ausübung seiner politischen Rechte in dem Kantone, wo er eben seinen Wohnsitz hat; und

6. jedem Schweizer die Unantastbarkeit seines Kanto=nal=Bürgerrechts, indem sie den Kantonen die Befugniß entzog, irgend einen ihrer Angehörigen des Bürgerrechtes für ver=lustig zu erklären. Mit anzuerkennender Humanität sicherte sie

7. den Heimatlosen den Beistand der Bundesbehörde, die ver=pflichtet ist, Bürgerrechte für dieselben auszumitteln und durch entsprechende Maßregeln das Entstehen neuer Heimatloser zu verhindern.

D. Zur Förderung der allgemeinen Wohlfahrt beschloß die konstituirende Versammlung:

---

*) Dagegen gestand sie ihnen das Recht zu, innerhalb der bundesrechtlichen Schranken Vereinbarungen über Gegenstände der Gesetzgebung, der Verwaltung und des Gerichtswesens unter sich zu treffen. Doch haben sie dieselben den Bundes=behörden zur Prüfung ihrer Bundes=Gesetzmäßigkeit vorzulegen.

**) Die Bundesverfassung verlieh diesen Schutz allerdings nur den Ange=hörigen christlicher Konfessionen; seither wurden aber die Beschränkungen gegen die Bekenner anderer Konfessionen, über Einschreiten des Bundes, in den wenigen Kantonen, wo sie noch bestanden, aufgehoben.

1. Die Ermächtigung der Bundesbehörde zur Gründung einer Uni=
versität und eines polytechnischen Institutes auf
Bundeskosten, jedoch ohne Schmälerung des Rechtes der Kantone,
solche Anstalten selbst in's Leben zu rufen;
2. die Uebergabe des Münzwesens und der Postverwal=
tung an die Bundesbehörde und die Herstellung der Münz=,
Maß= und Gewichts=Einheit, so wie gleichmäßiger und
möglichst billiger Posttarife für die ganze Schweiz;
3. die Ermächtigung der Zentralbehörde zur Ueberwachung der von
den Kantonal=Regierungen in Stand zu haltenden Bundes=
straßen;
4. die Gleichstellung jedes Schweizers mit den einheimischen Bürgern
eines jeden Kantons; die möglichste Beseitigung aller die persön=
liche Bewegung, den Handel, das Gewerbe, die Bodenkultur und
den Transport erschwerenden Hemmnisse, durch Aufhebung der
Binnenzölle, durch Ablösung der Mauthen und aller den Verkehr
störenden Gebühren; ferner durch möglichste Entfernung aller Hin=
dernisse des Ein= und Verkaufes, der Durch= und Ausfuhr, sowie
durch Abschaffung aller Vorrechte in Bezug auf Transport von
Personen und Waaren, zu Land und zu Wasser;
5. die Sicherung einer zugleich sorgfältigen und humanen Justiz=
pflege, indem sie jeden Schweizer in allen Kantonen gerichtlich
den Kantonalbürgern gleichstellte, indem sie ferner die Einsetzung
von Ausnahmsgerichten untersagte, die Vollziehung der Zivil=
urtheile der Gerichte jedes Kantons in der ganzen Schweiz anord=
nete, und die Auslieferung der Angeklagten von einem Kantone
an den andern durch ein Bundesgesetz regelte — wobei sie nur
die wegen politischer oder Preß=Ausschreitungen
Verfolgten ausnahm — und indem sie schließlich die Todes=
strafe für politische Verbrechen abschaffte.

Die Bundesgesetzgebung wurde von der Konstituante in
die Hände der Bundesversammlung gelegt, welche aus zwei
Kammern besteht.

a) Aus dem Nationalrathe;

b) aus dem Ständerathe.

Ersterer wird aus Abgeordneten des Schweizervolkes gebildet.
Auf je 20,000 Seelen der Gesammtbevölkerung wird durch direkte
Wahlen ein Mitglied gewählt; stimmberechtigt ist jeder Schweizer,
der das zwanzigste Lebensjahr überschritten hat und nach den Ge=
setzen seines Kantons nicht vom aktiven Bürgerrechte ausgeschlossen ist;
wahlfähig ist jeder stimmberechtigte Schweizerbürger weltlichen
Standes.

In den Ständerath sendet jeder Kanton zwei Abge=
ordnete.

Der Nationalrath repräsentirt somit das gesammte Schwei=
zervolk, der Ständerath die souveränen Kantone.

Die oberste Exekutivgewalt liegt in der Hand des Bun=

desrathes, der aus sieben Mitgliedern besteht, welche für die Dauer von drei Jahren von der Bundesversammlung gewählt werden und dieser verantwortlich sind.

Zur Bundes=Rechtspflege ist ein Bundesgericht ein= gesetzt. Dieses entscheidet

1. als Zivilgericht bei Zivilstreitigkeiten zwischen den Kantonen unter einander, zwischen den Kantonen und dem Bunde, sowie zwischen diesem und Privaten, oder Korporationen; ferner bei Streitigkeiten in Bezug auf Heimatlosigkeit.

2. Als Strafgericht, unter Zuziehung von Geschworenen, bei Vergehen und Verbrechen gegen das Völkerrecht und den Bund, so wie bei solchen, die Ursache oder Folge von Unruhen in den Kantonen sind, durch welche bewaffnete Bundesintervention veran= laßt wurde. Das Verfahren hierbei ist öffentlich und mündlich.

3. Als staatsrechtliches Forum, bei Verletzungen der durch die Bundesverfassung garantirten Rechte, wenn hierauf bezügliche Klagen von der Bundesversammlung an dasselbe gewiesen werden.

Nachdem die konstituirende Versammlung dem Bunde gegeben, was des Bundes, überließ sie den Kantonen, was der Kantone ist.

Auf einer Area von 740 deutschen Quadratmeilen, somit auf einem Flächenraume, welcher um ein Bedeutendes kleiner, als der des Königreiches Böhmen ist, bestehen 25 Kantone,*) welche alle jene Angelegenheiten, die in der eben skizzirten Verfassung nicht der Bundes= Gesetzgebung und Verwaltung vorbehalten sind, völlig autonom ordnen. Jeder Kanton hat seine Verfassung, und leitet innerhalb seines Gebietes, ganz unabhängig von der Zentralbehörde:

a) Die politische Verwaltung;
b) die Angelegenheiten des Kultus und Unterrichts;
c) die öffentlichen Bauten;
d) die Anordnungen zur Förderung der Agrikultur, der Gewerbe, des Binnenhandels, kurz aller volkswirthschaftlichen Interessen;
e) das Justizwesen;
f) die Finanzen.

In all' diesen Zweigen übt das Volk jedes Kantons das Gesetz= gebungs= und Verwaltungsrecht durch selbstgewählte Organe, doch dürfen weder durch Bestimmungen eines Kantonalgesetzes, noch durch Anordnungen

---

*) Von den 22 Kantonen der Schweiz haben sich 3: Appenzell, Unterwalden und Basel, in je 2 Halbkantone geschieden, welche legislativ und administrativ völlig von einander getrennt sind, und sich von den ganzen Kantonen nur dadurch unterscheiden, daß sie in den Ständerath nicht je 2, sondern je 1 Abgeordneten entsenden.

einer Kantonalbehörde das Bundesrecht, oder die den Schweizerbürgern gewährleisteten Rechte angetastet werden.

Wir wollen nun, die Verhältnisse der Schweiz und Oesterreichs in Betracht ziehend, vorerst im Allgemeinen erörtern, welche Bedeutung die Dezentralisation der Verwaltung und Gesetzgebung für diese Nationalitätenstaaten habe, und werden dann, die obbenannten Zweige der Administration und Legislation der Reihe nach ins Auge fassend, den Werth der autonomen Regelung bei jedem Einzelnen derselben einer Prüfung unterziehen.

Dezentralisation der Verwaltung und Gesetzgebung.

I. Verwaltung.

Für den österreichischen Politiker gibt es wohl kaum einen Lehrkursus von praktischerem Werthe, als eine Wanderung durch die Schweiz. Jeder Schritt auf diesem Boden bereichert sein Wissen, erweitert seinen Gesichtskreis. Was er in der Heimat vergeblich suchte, tritt ihm hier in Fülle entgegen: Provinzielles Sonderbewußtsein und patriotischer Gemeinsinn, ein Völkergemenge ohne Fehde, zahlreiche Gebiete und kein Trennungsgelüste, viele Gewalten und kein Konflikt. Nicht vom Zentrum aus wird das gesammte Verwaltung einförmig und mechanisch in Bewegung gesetzt, sondern eine große Zahl von Verwaltungsorganismen wirkt selbstthätig innerhalb kantonaler Grenzen. Regierende und Regierte sind einander nicht ferngerückt, sondern bleiben stets in lebendigem und belebendem Kontakte. Jede Kantonalregierung übersieht das Gebiet ihres Wirkens, und darum beherrscht sie es auch, während im großen zentralisirten Staate das Auge eines Ministers, wie scharfsichtig es auch sei, das in der Peripherie Liegende nur verschwommen, oder gar nicht sieht, und der schönste leitende Gedanke, bis er durch eine lange Beamtenkette zu den untersten Exekutivorganen gelangt, meist sein ursprüngliches Gepräge verliert.

Wie segensreich und schöpferisch in kleinen autonomen Verwaltungskreisen die innige Wechselbeziehung zwischen Volk und Regierung wirke, tritt wohl in keinem Lande so belehrend, wie in der Schweiz hervor. Nirgends in ganz Europa findet man, bei gleicher Schonung der Steuertragenden, eine gleich kräftige Förderung des öffentlichen Wohles. In allen Zweigen der Verwaltung herrscht Sparsamkeit und Ordnung, und überall bekundet sich die eingehendste und liebevollste Fürsorge für die geistigen und materiellen Interessen der Bevölkerung. Fast aller Orten treten dem Beschauer Wohlstand und Behäbigkeit entgegen, und da, wo Noth und Elend ihre tiefen Furchen ziehen, streut die Humanität ihre reichsten Saaten aus. Erblickt man in der Schweiz ein palaſtähnliches Gebäude, ſo iſt es eine Pflanzſtätte der Bildung, eine Pflegeſtätte des Leidens, ein Aſyl der Armuth. Die Verwaltung, ſonſt ſo haushälteriſch in allen Zweigen, geſtattet ſich den Luxus nur da, wo es gilt, der Jugend Erkenntniß, der Armuth Hilfe, und dem Alter Behaglichkeit zu ſpenden. In keinem Staate des europäiſchen Kontinentes trägt der Gewerbefleiß ſo reiche Früchte, zieht der Handel ſo entlegene Bahnen, wie in der Schweiz.

Und all dieß findet unter dem Einfluſſe der Verwaltung kleiner Kantone ſtatt, und ein prüfender Blick auf die politiſchen, ſozialen und volkswirthſchaftlichen Zuſtände der Schweiz liefert den ſchlagendſten Beweis für die Anſchauungen Derer, welche die Dezentraliſation der Verwaltung zu den wichtigſten Bedingungen der Wohlfahrt, und zu den ſicherſten Bürgſchaften der Freiheit und der Stabilität zählen. Doch der Kernpunkt deſſen, was den öſterreichiſchen Politiker in der Schweiz anzieht, iſt die Thatſache, daß dieſem Lande in Folge ſeines Selfgovernment's nationale Reibungen und Sprachkonflikte völlig unbekannte Dinge ſind. Die Nationalitäten leben da in brüderlicher Eintracht, weil keine derſelben für ſich und ihre Sprache im öffent- lichen Leben ein Vorrecht beanſprucht, weil jede ihre materiellen und geiſtigen Intereſſen ſelbſtſtändig wahrt, und unbeirrt von den Nachbarn für ihre nationale Entwicklung ſorgt. Man gebe der Schweiz Einrich- tungen, die ihrer ſtaatlichen Natur widerſtreben, man dränge ihr eine zentraliſtiſche Verfaſſung auf, und ſie wird gar bald zum Schauplatze politiſcher und nationaler Kämpfe, die an Bitterkeit und ſtaatsgefährlicher Vehemenz den unſerigen nichts nachgeben; denn inſoferne es der Zweck moderner Repräſentativverfaſ- ſungen iſt, den Völkern das Selbſtbeſtimmungsrecht zu wahren, gibt es kaum eine flagrantere Verletzung des konſtitutionellen Prinzips, als das Uebertragen einer zentraliſtiſchen Verfaſſung aus dem Nationalſtaate auf den Boden des Nationalitätenſtaates; da auf dieſem Boden die zentraliſirte Verfaſſung nicht jeder Nation die Entſchei- dung über ſich ſelbſt ermöglicht, ſondern in die Hände Einer Nationalität die Entſcheidung über alle anderen legt. Denn jenes Volk, welches die parlamentariſche Mehrheit beſitzt, und dadurch in der Verwaltung nicht minder, als in der Geſetzgebung den Ausſchlag gibt, iſt das herrſchende, alle anderen ſind ihm untergeordnet, wie ſtrotzend von Gleichberechtigung auch die Paragraphe der Verfaſſung ſeien.

Bei der Umwandlung des abſoluten Nationalitätenſtaates in einen zentraliſtiſch konſtitutionellen, wechſelt ſomit die Mehrzahl der Völker nichts als den Herrn und tritt an die Stelle der Auto- kratie eines Individuums die Hegemonie eines Volkes.

Blicken wir nur auf die weſtliche Hälfte Oeſterreichs! Fiel hier nicht durch den Beſitz der parlamentariſchen Mehrheit die Hegemonie den Deutſchen zu? Iſt es nicht die deutſche Majorität, welche den Völkern die Grenzlinie der Autonomie zog, und ihnen in der Ver-

faſſung die Richtſchnur des öffentlichen Lebens gab? Sind es nicht die
Deutſchen, welche in allen wichtigen Angelegenheiten legislativ entſcheiden
und adminiſtrativ verfügen? Dies Alles bedeutet für die Mitnationen
in Oeſterreich nicht die Selbſtbeſtimmung, ſondern das Beſtimmt=
werden durch die Deutſchen, mit anderen Worten: die deutſche
Herrſchaft, die ſelbſt bei den beſten und wohlwollendſten Abſichten,
den Völkern als Tyrannei erſcheint, als jene Art von Tyrannei, welche,
wie Montesquieu hervorhebt, ſtets gefühlt wird, wenn die Regierung,
ohne auch nur im Mindeſten gewaltthätig zu ſein, „die Denkweiſe
einer Nation beleidigt" *).

Und dieſe Art der Tyrannei iſt die gefährlichere, weil ſie meiſt
denen nicht zum Bewußtſein gelangt, die ſie üben, während ſie auf's
ſchmerzlichſte von jenen empfunden wird, an welchen man ſie übt. Nur
ſo erklärt es ſich, daß die Deutſchen in Oeſterreich höchſt erſtaunt über
die Erbitterung der Nationalitäten, und dieſe höchſt erbittert über das
Erſtaunen der Deutſchen ſind; daß es ferner den Deutſchen unbegreiflich
erſcheint, wie man die Freiheit als etwas Unleidliches, und den Natio=
nalitäten, wie man das Unleidliche als Freiheit bezeichnen könne.

Flüchtige Beobachter ſprechen, um dieſen ſeltſamen Widerſtreit
der Anſchauungen zu deuten, den Nichtdeutſchen in Oeſterreich irrthümlich
allen Freiheitsſinn ab. Ich ſage irrthümlich, weil es Völker gibt; welche
die Freiheit nicht zu behaupten verſtehen, aber keines, das ſie nicht zu
erlangen wünſcht.

Nicht an Freiheitsſinn fehlt es in Oeſterreich, ſondern an
Verfaſſungsformen, um ihn allſeitig und gleichmäßig zu befriedigen.
Auf ſo falſche Grundlagen iſt unſer Staat geſtellt, ſo verworren ſind
dadurch unſere Verhältniſſe, ſo verkehrt die Anſchauungen, ſo entgegen=
geſetzt oft die Begriffe, welche an denſelben politiſchen Ausdruck geknüpft
werden, daß die nationalen Parteien einander kaum mehr verſtehen, und
anſtatt zu diskutiren, ſich gegenſeitig beſchimpfen! Was uns oft in den
Tagesblättern vor Augen tritt, iſt nicht Polemik, ſondern journali=
ſtiſcher Bürgerkrieg, ingrimmige publiziſtiſche Racenfehde, wobei es keine
anderen Trophäen gibt, als die zerſetzte Ehre des Gegners, und die
mit ätzendem Hohne überſchütteten Rechte der Völker.

Möge endlich einmal das Urtheil an die Stelle des Vorurtheils
treten und der Staat unbefangen in's Auge gefaßt werden, den man
geſtalten ſoll; denn nur das Verſtändniß Oeſterreichs führt
zur Verſtändigung der Oeſterreicher!

„Die Minorität muß ſich naturgemäß der
Majorität fügen; ohne dieſe Unterordnung kann man
in Oeſterreich ebenſo wenig als anderswo konſtitutionell
regieren." Dieſe Aeußerung wird laut, ſo oft der Widerſtand,
welchen die Nationalitäten der heutigen Staats=Ordnung entgegenſetzen,
einer tadelnden Kritik unterzogen wird.

---

*) Montesquieu: de l'esprit des lois, livre XIX, chapitre 3.

Es sei hier nicht die Frage gestellt, ob denn in Wahrheit die Deutschen die Mehrzahl in Oesterreich bilden. Es wird sich später Gelegenheit bieten, auf dieselbe zurückzukommen. Hier sei nur der tiefgehende Unterschied nachgewiesen, der zwischen der Minorität obwaltet, die aus politischen Parteigruppen, und jener, die aus ganzen Völkerschaften sich zusammensetzt.

Im politischen Parteileben gibt es keine unvermittelten Gegensätze. Die äußerste Linke und die äußerste Rechte sind die Endringe einer Kette, welche durch die Zwischenringe der Mittelparteien mit einander verbunden sind. Jede Fraktion kann Verstärkung aus den Reihen der Gegner erhalten, und die Minorität von gestern kann die Majorität von heute sein. Die politische Entfernung der Parteien hindert nicht ihre nationale Berührung, ihre Stöße und Gegenstöße erschüttern wohl die öffentlichen Gewalten, aber niemals die staatliche Existenz.

Die nationalen Parteien hingegen stehen schroff und unvermittelt einander gegenüber. Es gibt beispielsweise in Oesterreich keine vermittelnde Schattirung zwischen Deutschen und Czechen, zwischen Deutschen und Polen. Nicht diese oder jene Anschauung, nicht dieses oder jenes Interesse, sondern das ganze nationale Wesen trennt diese Parteien von einander; die Minorität kann nicht hoffen, durch Anschluß von Mitgliedern der Majorität sich zu verstärken, sie blickt hoffnungslos in die Zukunft, und sucht daher nach einem gewaltsamen Auswege, wenn sich ihr kein konstitutioneller bietet. Jeder Parteikonflikt entfesselt den nationalen Groll, jeder parlamentarische Kampf wird leicht zum erbitterten Zusammenstoße, bei dem ganze Völkerschaften siegen und unterliegen. Und der Staat, der durch Zentralisation die Gelegenheit zu feindlichen Berührungen ohne Noth vervielfältigt, wird zum Tummelplatze nationaler Leidenschaften, zur Wahlstatt verzweifelt ringender Volksexistenzen, und da er nicht unverrückbar auf der Basis der Volkseinheit, sondern leicht erschütterlich, auf der Grundlage der Völkereinigkeit ruht, so bewirkt das Rütteln an seinem nationalen Frieden die Lockerung seines Gefüges, und wird die Zentralisation, als das Grab der Eintracht, zum Grabe seiner Existenz.

Richten wir nun unsere Blicke nach der Schweiz. Drei Volksstämme, Deutsche, Franzosen und Italiener, leben dort auf engem Gebiete brüderlich vereint. Kein Widerstreit stört den öffentlichen Frieden, kein nationaler Widerstand hemmt den Gang der Verwaltung. „Hier sind Leute,“ sagt Silvio Pellico, „welche Mühe haben einander zu verstehen, sie sprechen nicht alle dieselbe Sprache. Ihr werdet vielleicht glauben, daß sich bei ihnen keine Vaterlandsliebe finde? Ihr täuschet Euch! Es sind Schweizer, dieser aus einem französischen, jener aus einem italienischen, und der dritte aus einem deutschen Kantone. Die Einheit des politischen Bandes, das sie schützt, ersetzt den Mangel einer gemeinsamen Sprache, fesselt ihre Herzen und bestimmt sie zu großmüthigen Opfern für das Wohl des Vaterlandes, das keine Nation ist.“

Und den Schlüssel zum Geheimnisse dieser Harmonie findet

man in der Selbstregierung, die in der Schweiz nicht das Monopol eines Stammes, sondern das unantastbare Recht Aller ist. Keine Volksfamilie greift daselbst in die häuslichen Rechte der anderen; jede lebt unter Gesetzen, die sie sich in ihrer Sprache selber schuf, unter einer nationalen Verwaltung, die sie allein sich gab, und ordnet in Gemeinschaft mit den anderen nur das, was sie alle gemeinsam, was das Gesammtwohl des Staates berührt. Die Völker sind daselbst frei zu einem Föderativstaate geeinigt, nicht gewaltsam in einen Einheits= staat gezwängt. Sie sind gute Schweizer, weil Nichts sie daran hindert, gute Deutsche, gute Franzosen und Italiener zu sein.

Als Einwand gegen die Dezentralisation der Verwaltung wird häufig geltend gemacht, daß die Zentralisation nicht das Werk der konstitutionellen Aera, sondern der mühsame Erwerb einer mehr als 100jährigen Thätigkeit bedeutender Regenten und Staatsmänner sei, daß es ein Akt unver= zeihlichen Leichtsinnes und ein Rückschritt auf der Bahn der Kultur wäre, wenn der Staat eines so werthvollen Besitzes sich entäußerte.

Bei diesem Ausspruche wird völlig außer Acht gelassen, daß keine Staatseinrichtung absoluten Werth habe, und daß ihr relativer nicht von dem Nutzen abhänge, den sie einst der Gesellschaft und dem öffent= lichen Interesse bot, sondern von jenem, den sie ihnen jetzt gewährt. Die Zentralisation war von hoher Kulturbedeutung, als um die Mitte des vorigen Jahrhunderts eine große Regentin die Verwaltungsreform Oesterreichs unternahm; denn die Autonomie der Provinzen bedeutete damals nicht das Selbstverwaltungsrecht der Völker, sondern das Pri= vilegium der bevorzugten Stände; sie gab alle Rechte und Ehren in die Hand der Herren, der Ritter und Prälaten, und legte alle Lasten und Pflichten auf die Schultern der Bürger und Bauern; sie schlug den Geist des Jahrhunderts in die Fesseln des Mittelalters, zwängte die neuen sozialen Verhältnisse in die überlebten Formen abgelebter Zustände, und lähmte gleich sehr die Kraft des Volkes, wie die Macht der Regierung. Die soziale Umwandlung erheischte gebieterisch Verwal= tungsreformen im einheitlichen Sinne, und die Zentralisation bedeu= tete damals den Sieg des Rechtes über das Vorrecht, des Gesetzes über die Willkür. Die Machtentfaltung der Staatsgewalt förderte zu jener Zeit den Kraftzuwachs der bürgerlichen Klassen, führte zur Stär= kung des demokratischen Elementes. Die besonnene reformatorische Thätig= keit Maria Theresia's und die rasch vorwärtsbrängende ihres großen Sohnes waren somit von epochemachender Bedeutung für unsere Ent= wicklung, und werden stets mit Ruhm verzeichnet bleiben in der Kultur= geschichte Oesterreichs.

Aber die neue Zeit rief neue Kräfte wach. Wie in den Tagen Maria Theresia's die sozialen, so erheischen jetzt die nationalen Elemente eine Reform der Verwaltung. Bedeutete damals die Autonomie das Privilegium bevorrechteter Stände, so bedeutet jetzt die

Zentralisation das Verwaltungsmonopol einer bevorzugten Nationalität. Wie jene die Rechte und das Gefühl ganzer Volks- schichten, so verletzt diese das Bewußtsein und die nationalen Inter- essen ganzer Volksstämme. Erblickte damals das Volk im zentralisirten Staate seinen Wohlthäter und Befreier, so sieht jetzt die Mehrzahl der Völker in ihm ihren Unterdrücker und Gegner; ja die Zentralisation, einst die Triebfeder der Kultur, wird jetzt, indem sie die Nationalitäten einander entfremdet und den inneren Frieden dauernd stört, zum Hemmschuh derselben!

Man kann dieses nicht nachdrücklich genug denen zu Gemüthe führen, die so geräuschvoll die Kulturmission der Deutschen verkünden und so unklug sie vereiteln, indem sie das Selbstgefühl der Völker nicht schonen, deren Veredlung sie anstreben, und die Drachensaat des Hasses streuen, da wo sie die Früchte der Zivilisation ernten wollen.

Wünschen wir ernstlich die Freiheit und den Frieden, so darf es in unserer Mitte ebenso wenig einen herrschenden Stamm, als einen herrschenden Stand und eine herrschende Kirche geben. Die Zentralisation in Oesterreich ist ein Anachronismus, eine Versün- digung am Geiste der Zeit. Und der Deutsche bedarf dieser politischen Sünde nicht. Er überragt die Mitnationen, auch ohne sich auf's Piedestal des Vorrechts zu stellen; seine moralische Ueberlegenheit bietet ihm dauernde Garantien, als das künstlich gewonnene parlamentarische Ueber- gewicht; denn hinab vom Piedestale des Vorrechtes stößt ihn leicht die rohe Gewalt, aber keine Macht drängt ihn von der Höhe seiner Kultur hinweg. Nicht ein Vormund sei er den Völkern, sondern ein Vorbild; er stelle sich nicht über, oder gegen sie, sondern gehe ihnen entschlossen voran; und die jetzt nur widerstrebend seinen Gesetzen nachkommen, folgen dann freiwillig seinem Beispiele.

Sucht der Deutschösterreicher ein Muster für sein politisches Vor- gehen, so blicke er nach der Schweiz. Sein deutscher Bruder daselbst be- hauptet durch Maß, was er durch Kraft gewann; er verschmähte es, der Gebieter seiner Mitnationen, er wünschte nur ihr Genosse zu sein, er zog den Freundschaftsbund dem Einheitsbande vor, und erreichte so — was wir verfehlen — das mühsam angestrebte Ziel.

Geben auch wir den Völkern das volle Maß schweizerischer Selbstverwaltung. Die ihnen so ängstlich zugemessene Autonomie reizt ihren Appetit, ohne ihn zu befriedigen. Sie ist viel zu groß, wenn man die Völker entnationalisiren, und viel zu klein, wenn man sie befriedigen will, ja sie verfehlt selbst administrativ ihren Zweck, denn das Zwitterding von bureaukratischer und selbstständiger Admini- stration, das Parallellaufen staatlicher und autonomer Organe hat bei uns den Verwaltungsapparat weder einfacher, noch wirksamer gemacht. Ohne die Staatslasten zu verringern, hat es zur Erhö- hung der Lokalsteuern geführt, und rasch dazu beigetragen, die Auto- nomie in jenen zahlreichen Klassen unpopulär zu machen, für welche die Ziffer des Steuerbüchleins der Werthmesser von Institutionen ist. Nur die umfassende Schweizer Autonomie ist wirksam und ökono-

mifch zugleich, und sie wird unzweifelhaft bei uns Platz greifen, sobald
unsere Politiker ihre Ansichten über die Natur des Reiches geklärt
haben, das von ihnen regiert wird. So lange sie Oesterreich, seinem Wesen
und seiner Geschichte entgegen, als einen Einheitsstaat, und dessen
Kronländer als Staatstheile, als Provinzen*) betrachten, werden
sie diesen allerdings nicht die Ausübung von Funktionen gestatten, welche
sie als exklusiv staatliche anzusehen, in der Schule, wie in der Praxis
gelehrt wurden. Erst wenn sie dahin gelangt sein werden, die österreichische
Monarchie als ein Reich, und die Kronländer als dessen Theil=
staaten zu betrachten, werden sie es über sich gewinnen, die staatlichen
Funktionen zu sondern, und einen Theil derselben dem Reiche, und die
anderen naturgemäß den Kronländern zuzuweisen. Nur die Erfüllung der
großen politischen Aufgaben, nur die Wahrung der Macht und des inter=
nationalen Einflusses, sowie der Autorität im Inneren bleibe dem Reiche
vorbehalten; die übrigen staatlichen Funktionen weise man den Ländern zu.

„Imperio imperium, regnis regnum!“ „dem Reiche die
Herrschaft, den Ländern die Selbstregierung!“ Das muß
die Devise eines österreichischen Staatsmannes sein.

II. Gesetzgebung.

Man kann nicht eindringlich genug darauf hinweisen, daß der Hang,
die Verfassungsformen des Nationalstaates nachzubilden, die Krankheit des
konstitutionellen Oesterreichs sei, und daß diese Krankheit in dem Maße
bedenklicher werde, als das nationale Bewußtsein sich lebendiger ent=
faltet; denn während dieses den Völkerregungen täglich mächtigere
Impulse, dem öffentlichen Leben einen stets reicheren Inhalt, und dem
Staatscharakter ein immer individuelleres Gepräge gibt, führt jene
Nachahmungssucht zu einer Politik, welche für die Eigenthümlichkeit
des Staates keinen Sinn, und für die nationalen Regungen keine
Empfindung hat.

Der Hang zu zentralisiren gibt sich bei uns in der Legislation
so ganz ohne Bedenken kund, als ob die zentralistische Gesetzgebung
des konstitutionellen Oesterreichs dieselbe Bedeutung und dieselben
Folgen, wie die des repräsentativen Nationalstaates

---

*) Die Bezeichnung Staat für die österreichische Monarchie ist revolutionär
im schlimmsten Sinne des Wortes, da sie sich nicht nur gegen die Geschichte,
sondern auch gegen das innerste Wesen Oesterreichs auflehnt. Die letzte Akte, in
welcher vor dem Revolutionsjahre 1848 die staatsrechtliche Stellung der einzelnen
Reichstheile ihren offiziellen Ausdruck fand, das Patent vom 4. August 1806, durch
welches Kaiser Franz seinen Völkern die Annahme des österreichischen Kaiser=
titels verkündete, spricht immer nur von den Staaten Oesterreichs, nicht ein
einziges Mal vom österreichischen Staate. An einer Stelle des Patentes wird
die Monarchie als vereinigter Staatenkörper bezeichnet, wodurch den
österreichischen Ländern unverkennbar der Charakter einer Föderation aufge=
prägt wird.

hätte, während doch in der That zwischen ihnen ein wesentlicher Unter=
schied stattfindet.

Im National staate haben Staat und Nation einen
und denselben Mittelpunkt, einen und denselben
Umkreis. Mag durch eine Konstitution die Gesetzgebung zentralisirt,
oder dezentralisirt werden, der Schwerpunkt der Entscheidung kann nie
außerhalb des nationalen Kreises fallen.

Nicht um Vermehrung oder Verminderung politischer Rechte handelt
es sich daselbst, wenn von Zentralisation oder Dezentrali=
sation die Rede ist, sondern um die Art und den Ort ihrer
Ausübung. Wenn somit bei der konstitutionellen Gestaltung eines
solchen Staates die Provinzen ihre Gerechtsame auf den Altar des
Vaterlandes niederlegen, so geben sie dieselben nicht auf, sondern nur
zur gemeinsamen Ausübung an die nationale Gemeinschaft ab.

Im Nationalitätenstaate hingegen fällt das staat=
liche Zentrum wohl mit dem Mittelpunkte eines Volksstammes
zusammen, aber nicht mit denen der anderen Völker, ja er liegt völlig
außerhalb ihres nationalen Kreises. So ist in Oesterreich das Zentrum
des Reiches nur der nationale Mittel= und Schwerpunkt der Deutsch=
österreicher. Von den anderen Völkern hat jedes seinen Schwerpunkt
in seiner Provinz, in dem Lande, wo es heimisch ist. Die Provinzen
haben somit für diese Völker nicht bloß territoriale, sondern auch
nationale Bedeutung. Jedes provinzielle Recht ist für sie
ein nationaler Besitz, der gefährdet ist, sobald er dem Gesammt=
staate anheimfällt, wo er zumeist in fremde Hände geräth.

Wenn beispielsweise der Ober=Oesterreicher ein provinzielles Recht
an den Gesammtstaat cedirt, so gewinnt er es, als Angehöriger der
deutschen Mehrheit, verstärkt im Reichsrathe wieder; wenn aber der
Pole ein provinzielles Recht an die Zentralvertretung abgibt, so legt er
es nicht in nationale Hände, sondern in die Hände der ihm national
ferne stehenden Reichsraths = Majorität, und es erklärt sich hieburch,
warum in Bezug auf Landes=Autonomie, die Deutschen so frugal und
die übrigen Volksstämme so begehrlich sind.

Soll das Selbstbestimmungsrecht nicht illusorisch gemacht wer=
den, soll die österreichische Konstitution für alle Völker eine
Wahrheit sein, dann darf in inneren Angelegenheiten für keines
derselben der legislative Schwerpunkt außerhalb seines nationalen Kreises
liegen, sondern muß stets innerhalb desselben ruhen, was nur im
dezentralisirten Staate möglich ist *).

Die Frage, ob Zentralisation, oder Dezentralisation,
hat somit für die nichtdeutschen Volksstämme Oesterreichs eine hohe
politische und nationale Bedeutung; denn von ihrer Lösung hängt es
ab, ob die Verfassung für sie ein realer, oder ein Schein=Besitz sei,

---

*) Wie den Schwierigkeiten zu begegnen sei, welche durch die Kollision
nationaler Interessen in gemischten Kronländern entstehen, wird später auseinander=
gesetzt werden.

ob ihr Volksthum gedeihe oder verfalle. Nicht blinde Oppositionswuth, nicht Deutschenhaß, sondern der mächtigste aller individuellen und Volks= triebe, der S e l b s t e r h a l t u n g s t r i e b, drängt die Völker zum Kampfe gegen die Zentralisation, welche für sie den T o d bedeutet, nicht den raschen, gewaltsamen, wohl aber den leise heranschleichenden, den Tod durch Verkümmerung. Wenn die Gesetzgebung in den w i c h t i g s t e n Angelegen= heiten dem heimischen Boden entrückt wird, wenn das öffentliche Leben nicht das Spiegelbild des eigenen, sondern das verblaßte, oder verzerrte Bild eines fremden Volksgeistes ist, und die Impulse zu politischer Thätigkeit nur von außen gegeben werden, dann muß ein Volk dahin= siechen und untergehen.

Ist es nicht seltsam, den Völkern eine konstitutionelle Diät zuzu= muthen, welche deren Mehrzahl unausbleiblich zur Entkräftung führt, und das Heil des Reiches darin zu suchen, daß man durch unnatürliches Verrücken aller Schwerpunkte die naturgemäße Bewegung der Nationa= litäten hindert, und diese auf nicht zu berechnende Bahnen, zu regellosem Herumirren drängt?

Es ist ein ebenso vermessenes, wie vergebliches Unternehmen, mit menschlichen Satzungen den Gesetzen der Natur sich entgegenzustellen. Oesterreich ist nicht e i n Staatskörper, sondern ein S y s t e m v o n S t a a t s k ö r p e r n, deren jeder sich um seine eigene Achse dreht. Nicht diese Sonderbewegungen zu stören, ist die Aufgabe österreichischer Regie= rungskunst, sondern dahin zu wirken, daß alle diese Staatskörper ihren gemeinsamen politischen Schwerpunkt im Reiche finden, und unbeschadet ihrer Eigenbewegung, sich auch planetarisch um diesen, als ihren gemein= schaftlichen Anziehungspunkt, bewegen. Die Schweiz wandelt die ihr von der Natur vorgezeichnete Bahn — und gedeiht. Folgen auch wir den Geboten der Natur, und Oesterreich wird nicht minder erstarken. Nur die Z e n t r a l i s a t i o n macht die Völker z e n t r i f u g a l, man b e z e n= t r a l i s i r e Oesterreich, und sie werden z e n t r i p e t a l!

In der bisherigen Auseinandersetzung wurden die Gefahren, welche die Zentralisation in sich birgt, vom n a t i o n a l = p o l i t i s c h e n Standpunkte aus beleuchtet. Nicht minder bedrohlich erscheint die Zentra= lisation, wenn man sie vom rein s p r a c h l i c h e n Gesichtspunkte aus betrachtet.

A c h t Nationalitäten*) sind im Reichsrathe repräsentirt. Die Gleichberechtigung erheischte, daß in allen Sprachen der vertretenen Völker diskutirt und das Gesetz formulirt werde; da aber bei solch' babylonischer Sprachverwirrung eine parlamentarische Verhandlung unmöglich wäre, so gewann, nicht durch den Zwang der Gesetze, wohl aber durch die Gewalt der Umstände, das deutsche Idiom, als das allein zur Vermittlung des Gedankenaustausches geeignete, die Herrschaft in der Diskussion und Gesetzgebung des Reichsrathes.

---

*) Deutsche, Italiener, Rumänen, Polen, Ruthenen, Czechen, Slovenen und Serben (letztere in Dalmatien).

Liegt in diesem, wenn auch nur moralischen Sprachzwange nicht eine Zurücksetzung der Völker? Müssen sie sich nicht gekränkt fühlen, wenn ihre Vertreter beim Eintritte in den Saal, wo der Staatsbürger die höchste Funktion, die des Gesetzgebers übt, ihre Sprachen im Vorsaale zurücklassen, und alle ihre Gedanken und Empfindungen in das Gewand eines fremden Idioms hüllen müssen?

Wäre es nicht viel besser, nach dem Muster der Schweiz die Berathungen im Zentrum nur auf jene Gegenstände zu beschränken, deren gemeinschaftliche Erörterung die Interessen Aller unumgänglich erheischen? Der zwingenden Macht der Nothwendigkeit fügt sich Jedermann. Läßt doch die Diplomatie der stolzesten Nationen im internationalen Verkehre sich die Herrschaft einer Sprache gefallen; aber es verstößt ebensosehr gegen die Billigkeit, als gegen die einfachsten Gesetze der Staatsklugheit, den Anlaß zur Bevorzugung eines Idioms ohne dringendste Nothwendigkeit zu vervielfältigen, die nationale Eifersucht tagtäglich zu wecken, und die leidigen Sprachkonflikte stets von Neuem zu provoziren.

Die Sprachenfrage berührt aber nicht blos eine der reizbarsten Stellen des Nationalgefühls, sondern auch eines der wichtigsten Lebensinteressen der Völker Oesterreich's.

Schon im ersten Abschnitte dieser Schrift wurde bemerkt, daß ein Volk mit seiner Sprache sich hebe, mit ihr verfalle und untergehe. Die Sprache ist, wie der tiefste Forscher derselben, Wilhelm von Humboldt nachweist, „das Organ des Gedankens; durch sie wird erst das Denken." Die nationale Sprache aus irgend einem Gebiete geistiger Thätigkeit verdrängen, heißt somit dem Volke das nationale Organ des Denkens verkümmern. Nun aber ist die Gesetzgebungssphäre eines der wichtigsten Gebiete der nationalen Denkthätigkeit. In der Gesetzgebung nicht minder, als in der Literatur und Kunst entfaltet sich der Geist eines Volkes. Nirgends bekundet er sich lebendiger, vielgestaltiger und tiefeingreifender. Erst im öffentlichen Leben erlangt die Sprache ihre männliche Reife. Wie sie durch die schöngeistige Literatur den Geist und die Anmuth, durch die wissenschaftliche den Ernst und die Tiefe, so erlangt sie durch die Gesetzgebung, durch die Herrschaft im öffentlichen Leben die Würde, die Kraft und den Charakter. Die Sprache eines Volkes aus der höheren Sphäre der Gesetzgebung verdrängen, heißt dieses Volk aus den fruchtbarsten Gebieten nationaler Geistesthätigkeit verbannen, heißt es geistig in's Exil schicken, und seine Sprachheimat zum großen Theile in eine unfruchtbare Oede verwandeln. Jedes Volk, das zum nationalen Bewußtsein erwacht, sucht daher auch, sich vom Joche einer fremden Sprache, sei diese eine todte oder lebende, zu befreien.

Man wendet ein: „Die Gesetze werden ja bei uns aus dem Deutschen in die Sprachen eines jeden Landes übertragen, es treten somit letztere in ihr volles Recht."

Nun, glaubt Ihr, die Uebertragung fremder Gesetze sei das Surrogat nationaler Gesetzgebung? Nicht mühsam und mechanisch an

84

den Sinn gekittet, sondern organisch mit dem Geiste des nationalen
Gesetzgebers verwachsen, muß die Gesetzessprache sein, wenn sie leben
und beleben soll. Ihr könntet eben so gut einem Volke zumuthen, daß
es, jeder selbstständigen literarischen Thätigkeit entsagend, sich auf Ueber=
setzungen beschränke. Charakterlosigkeit und Entartung der Sprache und
des Volkes, das dieser Zumuthung sich fügte, würden die unausbleiblichen
Folgen sein. Ebenso müßten Völker, die auf eine selbstständige Gesetz=
gebung in ihrem Idiome verzichteten, alle Selbstständigkeit und Würde
des Charakters einbüßen, und inmitten eines höheren öffentlichen Lebens,
in welchem kein Tropfen nationalen Blutes fließt, unaufhaltsam politisch,
geistig und moralisch verfallen.

　Und würden die Deutschen all' das gewinnen, was die anderen
Völker verlieren? Mit nichten. Die Versumpfung des öffentlichen
Lebens der zahlreichen Mitnationen müßte auch Stagnation und Siech=
thum des deutschen hervorrufen; denn die durch politische Fäulniß
entwickelten Miasmen wirken verheerend weit über das Gebiet hinaus,
in dem sie sich bilden.

　„Aber die herrschenden Völker anderer Staaten,“
— so werden viele Stimmen laut, — „lassen sich durch solche
Bedenken nicht im Mindesten davon abhalten, sich und
ihrer Sprache die Suprematie zu sichern und die ande=
ren nationalen Elemente allmälig zu absorbiren.“
Das ist wahr, Völker wurden und werden absorbirt. Die Geschichte
verzeichnet solcher Aufsaugungen gar viele; sie lehrt aber auch die
Bedingungen kennen, unter denen sie möglich sind.

　Die Aufsaugung erfolgte allmälig, unbewußt und ohne
Gewaltsamkeit bei Völkern in der Kindheit, deren Nationalbewußt=
sein noch nicht erwacht, und bei greisenhaften, in denen es bereits er=
loschen war; ferner da, wo aus ineinandergeschobenen Völkern durch
körperliche und geistige Kreuzung ein Mischlingsvolk entstand; und
schließlich dort, wo eine Sprachinsel, oder einzelne schmale Sprach=
streifen von den Wellen eines mächtigen nationalen Stromes allmälig
hinweggespült wurden.

　Die Volksassimilirung kann aber auch mit Bewußtsein
und durch Gewalt herbeigeführt werden. Um sie zu ermöglichen,
muß die herrschende Nation die überwiegende Majorität, oder we=
nigstens der ausschließlich berechtigte und wehrhafte Theil der Bevöl=
kerung sein. Das zu absorbirende Volk muß isolirt stehen, oder isolirt
werden, alle Gefäße seines nationalen Lebens müssen unterbunden, die
Laute seiner Muttersprache mit unerbittlicher Härte aus der Schule,
der Kirche und dem Amte verbannt werden. Der Staatskörper muß
überdieß in seinen übrigen Theilen vollkommen gesund und kräftig sein,
um von den inneren Krankheiten, die ein so schwer mißhandeltes Volk
bis zu seinem nationalen Tode durchzumachen hat, nicht im ganzen
Organismus affizirt zu werden.

　Auf diese Weise kann unter begünstigenden Umständen der Unter=

gang eines Volkes nach Generationen herbeigeführt werden. Einen solchen Versuch macht jetzt Rußland. Es weiß wohl, daß es durch sein gewaltsames Vorgehen nicht nur die Widerstands=, sondern auch die Lebenskraft der Polen lähmt, und daß eine Nation, die man unschädlich macht, auch für lange Zeit unbrauchbar wird; aber es verzichtet auf ihre Brauchbarkeit, um ihrer Unschädlichkeit gewiß zu sein. Ihm bleiben ja noch 70 Millionen Unterthanen, um seine ehrgeizigen Pläne zu vollführen.

Sind unsere Verhältnisse auch nur im Entferntesten jenen vergleichbar, unter welchen eine spontane oder gewaltsame Assimilirung möglich ist? Die Deutschen bilden kaum der vierten Theil der gesammtösterreichischen und nur den dritten Theil der zisleithanischen Bevölkerung *), sie sind nicht die ausschließlich Berechtigten und Wehrhaften, unsere Nationalitäten sind in jenem Alter, in welchem die Völker ihr Volksthum am eifersüchtigsten und leidenschaftlichsten wahren, und weit entfernt, isolirt zu sein, stehen sie vielmehr alle, mit Ausnahme der Magyaren, in enger verwandtschaftlicher Beziehung, ja zum großen Theile selbst in geographischem Zusammenhange mit zahlreichen Stämmen der Nachbarländer. Haben Germanisirungsversuche unter solchen Umständen irgend welche Chancen des Erfolges? Und selbst wenn die österreichische Regierung Aussicht hätte, die nationale Widerstandskraft zu brechen, thäte sie wohl daran, dieß zum Ziele ihrer Thätigkeit zu machen? Mit welcher Macht sollte Oesterreich seine europäische Stellung wahren, mit welchen Kräften seinen zahlreichen

---

*) Da selbst namhafte Politiker, wenn sie über das von den Deutsch-Oesterreichern den übrigen Nationalitäten gegenüber zu beobachtende Verfahren sprechen, auf das Vorgehen der herrschenden Nationen in Preußen, Rußland, Frankreich, England und Nord-Amerika hinweisen, so möge dem Leser durch folgende statistische Daten klar gemacht werden, wie sehr die Verhältnisse Oesterreichs von denen der angeführten Länder verschieden seien.

Preußen hatte, nach der Volkszählung vom Jahre 1861, bei einer Bevölkerung von 18½ Millionen Seelen, 16 Millionen deutsche und 2½ Millionen nichtdeutsche Einwohner.

Rußland zählt (nach Buschen), bei einer Bevölkerung von circa 77 Millionen Seelen, 53½ Millionen Russen und 23½ Millionen Richtrussen, welch' Letztere sich auf 15 Nationalitäten vertheilen.

Frankreich hat, nach dem Census vom Jahre 1866, 38 Millionen Einwohner. Von diesen sind 32½ Millionen Franzosen. Die übrigen 5½ Millionen vertheilen sich auf 5 Nationalitäten.

England zählt, bei einer Bevölkerung von 29 Millionen, 22 Millionen Engländer. Die übrigen 7 Millionen sind Kelten (Galen, Kymern und Iren).

Von den 35 Millionen Einwohnern der nordamerikanischen Union sind, nach ungefährer Schätzung, 25 Millionen englischer Abkunft; der Rest ist ein Gemisch von 8 Volksstämmen, darunter 4 Millionen Deutsche und 4 Millionen Neger. Von den Ersteren ist die größere Hälfte schon in der angelsächsischen Bevölkerung aufgegangen; die Letzteren sprechen, mit wenigen Ausnahmen, nur englisch.

In der gesammten österreichischen Monarchie sind 8½ Millionen Deutsche und 26½ Millionen Richtdeutsche, welch' Letztere sich auf 8 Nationalitäten vertheilen, von denen 5 dem slavischen, 1 dem ural-altaischen, und 2 dem romanischen Sprachstamme angehören.

Feinden entgegentreten, wenn es die Majorität seiner Völker lahm gelegt? 8½ Millionen Deutsche mit all ihrer Loyalität und all ihrer Hingebung und Tapferkeit vermöchten allein die Großmachtstellung Oesterreichs nicht aufrecht zu erhalten.

Wenn nun in Oesterreich eine langsame Assimilirung national unbewußter Völker, wie beispielsweise in Frankreich, oder ein gewalt= thätiges Verschlingen selbstbewußter, wie in Rußland, undenkbar sind, so bleibt wohl nichts anderes übrig, als die Nationalitäten ungehemmt, wie in der Schweiz, in allen Sphären ihres nationalen Lebens walten zu lassen. Die Halbheit unserer Politik, welche die Entwicklung der Völker bis zu einem gewissen Grade fördert, um sie dann zu hemmen, muß zum Verderben führen.

Welchen Sinn hat es, den Boden zu düngen, aus dem die Wurzeln eines Volksstammes Nahrung ziehen, und diesen Stamm gleichzeitig daran zu hindern, daß er an seinen Aesten Blüthen und Früchte treibe? Welchen Sinn hat es, in der Schule das Nationalgefühl der Volks= massen groß zu ziehen, und es dann im öffentlichen Leben auf das Empfindlichste zu kränken?

Es ist somit auch vom sprachlichen Standpunkte aus das absolute Gebot einer wahrhaft österreichischen Politik, in der Autonomie der Gesetzgebung und Verwaltung bis an die äußerste Grenze des Statt= haften zu gehen.

„Aber diese Grenze zu bestimmen," — entgegnet man, — „ist eben die große Schwierigkeit. Während die Einen glauben, in der Autonomie bis hart an die Grenze der Personalunion gehen zu müssen, wähnen die Anderen, die von der Dezemberverfassung vorgezeichneten Li= nien der Zentralisation noch enger ziehen zu sollen. Wer mag sich hier als Schiedsrichter aufwerfen, wes= sen Ausspruch ist mit so hohem Ansehen umkleidet, daß er die Marken feststellen und den Streitenden Halt gebieten könnte!"

Der willkürlichen Entscheidung eines Individuums werden sich die Kämpfenden allerdings nicht fügen, wohl aber dem gewichtigen Aus= spruche der Geschichte, die mit der Beredsamkeit der Thatsachen und der Autorität einer vieltausendjährigen Erfahrung spricht. Und sie bedarf zu ihrem Verdikte nicht einer Rückschau auf uralte Zeiten und auf längst dahingeschwundene Nationen. Ihr genügt ein Blick auf die nächste Vergangenheit, ein Blick auf die Gegenwart. Sie weist auf zwei höchst merkwürdige Gemeinwesen hin, in denen während der letzten 80 Jahre in überzeugendster Weise hervortrat, was der Staat als Minimum der Gewalt im Zentrum bedürfe, um seine Macht= stellung und seine Autorität zu sichern. Die Hindeutung auf diese zwei Staaten ist um so belehrender, als in ihnen das Minimalmaß der Zentralgewalt nicht von einem Monarchen, sondern vom Volke selbst festgestellt wurde, und zwar nach Erlebnissen und Erfahrungen, die es überzeugten, daß die zu weitgehende Autonomie, in deren Besitz es bis dahin war, gemeinschädlich sei und enger begrenzt werden müsse. Die zwei Staaten, deren Vorgehen für uns so hohe Bedeutung hat, sind die nordamerikanische Union und die Schweiz. In Ersterer legten sich die einzelnen Staaten des Bundes diese Selbst= beschränkung nach den Erfahrungen eines Dezenniums auf. Männer, die zu den Größten und Weisesten aller Jahrhunderte zählen: Washington, Franklin, Hamilton und Madison riethen, die Verfassung, deren Schöpfer sie waren, im Sinne größerer Zentralisation abzuändern, und machten ihren ganzen Einfluß dahin geltend, daß der Kongreß im Jahre 1788 den losen Staatenbund in einen kräftigen Bundes= staat, in eine Union umwandelte.

Jene erhabenen Charaktere ließen sich durch falsche Scham nicht abhalten, die Fehler ihres Werkes schleunigst zu repariren. Ihr Patrio= tismus überwog ihre Selbstliebe.

Die Schweizer bedurften langedauernder Parteikämpfe und eines gefährlichen Bürgerkrieges, um im Jahre 1848 die zu weit gehende Autonomie der Kantone einzuschränken.

Bei diesen, durch Zeit und Raum so weit von einander getrennten Verfassungsänderungen ist es bedeutungsvoll, daß in beiden Ländern die Autonomie fast dieselbe Umgrenzung fand*).

Wenn nun die, ihre Souveränität so eifersüchtig bewachenden Staaten der nordamerikanischen Union, und die, auf ihre Selbstständigkeit so sehr trotzenden Kantone der Schweizer Eidgenossenschaft, nach ausgiebiger Erfahrung und reiflicher Erwägung, in Bezug auf das Self=Government sich freiwillig einschränkten, wenn so reife und praktische Völker sich selbst: „Bis hieher und nicht weiter!" zuriefen, so werden die Nationali= täten Oesterreichs diesem Vorbilde um so williger folgen, als sie auch aus zahlreichen Beispielen der alten und neuen Zeit ersehen können, wie der Mangel an Mäßigung und Selbstbeschränkung die blühendsten Föderationen, die mächtigsten Staaten= und Städte=Bünde zu verhee= rendem Bürgerkriege und schließlich zum Untergange führte. Um nur ein Beispiel anzuführen, sei hier des uns so nahe liegenden deutschen Bundes gedacht, welcher durch das Ueberwuchern der souveränen Gewalt der einzelnen Staaten, seit Jahrhunderten nicht jene Kraft im Inneren und jenes Ansehen nach Außen besaß, zu welchem die Größe der Nation ihn berechtigt hätte, und der endlich in Strömen vergossenen Bürger= blutes seinen gewaltsamen Tod fand.

Die Schweiz und Nordamerika sind nicht blos nach der einen Richtung hin belehrend, sie zeigen nicht nur, bis wohin man mit der Zentralisation gehen müsse, sondern auch, wie weit man mit der Autonomie gehen könne, ohne den Staat irgend= wie zu beeinträchtigen, oder wohl gar zu gefährden. Denn trotz der großen Autonomie ist sowohl in der Union, wie in der Schweiz

*) Die Umgrenzung ist aus der, Seite 70—73, entworfenen Skizze der Schweizer Verfassung ersichtlich.

das Gleichgewicht zwischen Zentralgewalt und den Regierungsgewalten der einzelnen Staaten und Kantone nicht im mindesten gestört. Seit mehr als 80 Jahren besteht die heutige nordamerikanische Verfassung, und der innere Friede blieb bis zum Jahre 1860 ungetrübt, und selbst der um jene Zeit ausgebrochene Bürgerkrieg ward nicht durch die inneren Fehler der Konstitution, sondern durch das, aus der Kolonialzeit her, ihr soziales und politisches Leben imprägnirende Gift der Sklaverei hervorgerufen. Der Organismus der Union mußte, um sich gesund zu erhalten, dieses Gift ausscheiden und einen Prozeß durchmachen, der unter keiner Staatsform sich ohne gewaltige Krisen hätte vollziehen können. Und daß nach so tiefen sozialen und politischen Erschütterungen die Verfassung, mit Ausnahme jener Bestimmungen, welche die Sklaverei betrafen, unversehrt geblieben, zeigt, wie sehr sie sich erprobt und wie tief sie sich in das Leben der Nation hineingewachsen hatte.

Die Schweizer Verfassung ist seit 21 Jahren in Kraft; sie trat kurz nach Bewältigung eines Aufstandes ins Leben, und trotz der, zu jener Zeit angehäuften Elemente des Haders, ungeachtet des mächtigen Parteigetriebes in den einzelnen Kantonen, ward die Harmonie zwischen der Bundesautorität und den Kantonalregierungen während dieses Zeitraumes nicht einen Augenblick lang getrübt. Bei einer Bevölkerung, welche der österreichischen gleichkommt, bestehen in der nordamerikanischen Union, neben der Bundes-Exekutive und Legislative, sechs und dreißig Staatenregierungen und gesetzgebende Versammlungen mit ausgedehntesten Befugnissen, und in der Schweiz bei einer Bevölkerung, die nur den vierzehnten Theil der österreichischen beträgt, fünfundzwanzig Kantonalregierungen und Legislativkörper, und obschon in normalen Zeiten die Zentralgewalt weder in dem einen, noch in dem anderen Staate ihrer Autorität durch ein stehendes Heer Nachdruck zu geben vermag, ist doch ihr Ansehen und ihre verfassungsmäßige Gewalt unangetastet, und während in Oesterreich die Phrase: „Man kann mit 17 Landtagen nicht regieren," eine stehende ist, kommt nie eine Klage wegen der Fülle von Staatsgewalten über die Lippen eines Schweizer- oder eines amerikanischen Staatsmannes.

Somit kann es in Oesterreich nicht die allzureiche Ausstattung der Landesgewalt sein, welche den immer schroffer werdenden Gegensatz zwischen Gesammt-Staat und Ländern, zwischen Reichsrath und Landtagen hervorruft, sondern muß im Gegentheile der Grund für alle unsere staatsrechtlichen Konflikte in der allzuengherzigen Umschreibung der Autonomie liegen.

In Nordamerika, wie in der Schweiz wurde die Grenzlinie der Autonomie so gezogen, daß jeder einzelne Staat, der sie überschritte, ebensosehr sich, wie der Gesammtheit Schaden brächte. Auch der Zentralgewalt sind zur Erreichung der ihr vorgesteckten Ziele die Mittel so ausgiebig in die Hand gelegt, daß sie zum Hinübergreifen über die Schranken ihrer Befugnisse nicht Anlaß findet. Bei so naturgemäßen, bei so vernünftig gezogenen Scheidelinien ist der Gefahr des Konfliktes möglichst vorgebeugt, sind der Friede und die Harmonie der Staatsgewalten auf das einfachste und sicherste gewahrt. In Oesterreich hingegen, wo die deut= schen Staatsmänner eine weitgehende Autonomie für eine Reichs= kalamität halten und den Völkern in dieser Richtung nur nothge= drungen und widerwillig Konzessionen machten, wurden die Grenzen der Selbstregierung ebenso willkürlich, als enge gezogen. Es kann daher nicht Wunder nehmen, wenn die Grenzstreitigkeiten permanent sind, wenn die sich beengt fühlenden Nationalitäten die gezogenen Schranken stets zu überschreiten, oder zu erweitern suchen, und wenn das während der Reichsraths=Session scheinbar so friedliche Oesterreich, sich in nationale Feldlager verwandelt, so oft man in den Ländern tagt.

Kurzsichtige Politiker betrachten daher auch die Landtage als die Krankheit Oesterreichs. Thörichter Wahn! Nicht Oesterreichs Krankheit sind die Landtage, sondern Oesterreichs Krankensäle, in welchen die an der Zentralisation schwer leidenden Völker klagen und stöhnen. Die Landtage beseitigen, hieße nicht die Krankheit entfernen, sondern den armen Hilfesuchenden das Asyl versperren, und dem Arzte die Gelegen= heit zur Erkenntniß und zur Heilung entziehen.

Wohl fühlt, oder ahnt die deutsche Majorität, wie sehr sie durch die Zentralisation das Selbst=Verfügungsrecht der anderen Völker beein= trächtige; sie sucht daher durch die Wohlthat liberaler Gesetze ihnen für das entgehende Recht reichliche Entschädigung zu bieten. Aber sie vergißt, daß hundert Wohlthaten eine Beleidigung nicht vergessen machen, und daß gute Gesetze allerdings das nützliche, ja nothwendige Mobiliar eines staatlichen Hauswesens bilden, daß aber die verschwen= derischeste Ausstattung mit schönen Möbeln ein Haus nicht wohnlich mache, das in seinen Fundamenten wankt.

Es ist schmerzlich zu konstatiren, daß unsere deutschen Liberalen noch immer nicht zur Einsicht gelangt sind, daß die Verfassung nur ein prekärer Besitz, nur eine Kreatur der Hofgunst sei, so lange die R e ch t s= e i n b u ß e der e i n e n Nationalität zum R e ch t s g e w i n n e der a n d e r e n wird, und daß nur jene Konstitution die Bürgschaft der Dauer in sich trüge, deren Bedrohung zugleich die Gefährdung der Rechte und der nationalen Lebensbedingungen a l l e r V ö l k e r wäre! Das tiefe Miß= trauen in die Stabilität der konstitutionellen Zustände, das bei uns alle Gemüther beschleicht, hat seine Ursache nur darin, daß der Reichsrath nicht auf der breiten Grundlage des Gesammtwillens der österreichischen Nationen ruht. Nicht die Z a h l d e r V o l k s v e r t r e t e r muß vermehrt werden, sondern d i e d e r v e r t r e t e n e n V ö l k e r. Die Verfassungspyramide umkehren, unten die Volksbasis immer schmäler, und oben die Vertretung immer breiter machen, das hieße ihren Zu= sammensturz beschleunigen.

So lange unsere Staatsmänner fragen: „wem sollen wir gerecht werden?" und nicht: „wie sollen wir a l l e n gerecht sein?", so lange die österreichischen Völker keine andere Wahl haben, als Hammer, oder Amboß zu sein, werden bei dem politischen Hämmerungsprozesse Ham=

mer und Amboß einander gleich sehr abnützen und allmälig das zer=
trümmern, was zwischen ihnen liegt — das arme Oesterreich.

„Aber," — rufen ängstliche Politiker aus, — „soll Oester=
reich, das von allen Seiten her bedrohte Oesterreich,
sich bezentralisiren, während die Großstaaten rings=
herum durch Zentralisation, durch Zusammenfassen
ihrer Kräfte sich verstärken?"

Nun, es wurde schon nachgewiesen, daß im homogenen
Nationalstaate die Zentralisation der Staatsgewalt die Konzen=
trirung der Nationalkraft bedeute, daß aber im Nationalitätenstaate
die Zentralisirung die Mehrzahl der Völker in ihren Rechten
verletze, in ihrer Ehre kränke, in ihrer Sprachentwicklung hindere und
daß sie eine Fülle nationaler Kräfte lähme. Staaten, wie Einzelne
stärken sich nur, wenn sie ihre Lebensordnung ihrer Natur gemäß ein=
richten. Es gibt in der Politik so wenig, wie in der Medizin, eine
Panacée, ein absolut stärkendes Mittel. Was den Einen kräftiget, kann
den Anderen entkräften.

Den Aengstlichen möge es zur Beruhigung dienen, daß Alles, was
die Defensiv= und Offensivkraft betrifft, im Bundesstaate der
Zentralgewalt ganz so anvertraut ist, wie im zentralisirten. Alle inter=
nationalen Schutzwaffen sind in ihre Hände gelegt, die geistige Schutz=
waffe: die Diplomatie, die physische: das Heer, die finanzielle:
das Geld, und endlich die volkswirthschaftliche Waffe: das Recht,
die Zölle und den Handel zu regeln.

Zu der ungehemmten Kraftanwendung in Tagen der Gefahr
bedarf jedoch der Staat auch noch des inneren Friedens, der
Wohlfahrt und der Opferwilligkeit seiner Völker. Man
frage die eifrigsten Zentralisten, ob im jetzigen Oesterreich diese wich=
tigsten Machtbedingungen vorhanden seien?

Und welchen Werth hat eine Politik, die nicht für die schlimmen
Chancen berechnet ist? — Für die günstigen war ja auch die Bach'=
sche gut genug.

„Nun, wenn auch keine Gefahren," — bemerken die
sentimentalen Freunde der Zentralisation — „so entstehen doch
zahlreiche Unbequemlichkeiten aus der Verschiedenheit
der Gesetze in den Ländern eines und desselben Reiches,
Unbequemlichkeiten, die man der Bevölkerung erspa=
ren muß."

Es ist merkwürdig, mit welchem Zartgefühle unsere Zentralisten
bemüht sind, jede, selbst die kleinste Unbequemlichkeit von der Bevöl=
kerung ferne zu halten, die möglicherweise die Folge der Auto=
nomie ist, und wie sie mit einem Gefühle ganz entgegengesetzter Art
den Völkern auch nicht eine der Kränkungen ersparen wollen, welche
nothwendigerweise sich im Gefolge der Zentralisation befin=
den. „Es würden Unbequemlichkeiten entstehen," sagt man. Nun, ent=
weder wären diese gering, dann kämen sie nicht in Betracht. Wer gro=

ßen Gefahren entrinnen will, darf kleinen Beschwerden nicht aus dem Wege gehen. Oder die Unbequemlichkeiten würden in der Erfahrung sich als hochgradig erweisen. Dann würden aber auch alle Völker gleich sehr bestrebt sein, sich durch Uebereinkommen von denselben zu befreien. So helfen die Schweizer ähnlichen Uebelständen durch Vereinbarungen (Konkordate) ab. So führten die deutschen Bundesstaaten — Oesterreich mit eingeschlossen — ohne ihre Selbstständigkeit aufzugeben, das neue Handelsgesetz ein.

Weit weniger gegen gleichförmige Gesetze, als gegen die zentralisirte Legislation, gegen die Suprematie der Deutschen, sträuben sich die Völker. Was sie als Diktat der Ersteren zurückweisen, werden sie bereitwillig annehmen, wenn sie als Paciszenten ihr gleichberechtigtes Botum abzugeben haben. All' das Große, das Ihr mit Eurer Zwangseinheit vergeblich anstrebt, wird mit Leichtigkeit durch freie Vereinbarung erzielt werden.

War doch zu keiner Zeit die Besorgniß, daß die Dezentralisation eine bedenkliche Verschiedenheit in der Gesetzgebung und Verwaltung hervorrufen werde, so ungerechtfertigt, als in der unserigen. Der täglich mehr sich beschleunigende physische und geistige Verkehr führt zum rapiden Austausche der Ideen, zum raschen Ausgleiche der Institutionen. Was in der Administration und Legislation eines Staates sich bewährt, wird bald zum Gemeingute Aller. So machen beispielsweise das französische Maß-, Gewichts- und Münz-System, die englische Posttarif- und Zollreform allmälig ihren Weg durch Europa. Internationale Verträge bringen Einklang in die Gesetze der zivilisirten Nationen auf volkswirthschaftlichem und humanitärem Gebiete, ohne Zwang, einzig und allein hervorgerufen durch die Gleichheit der Interessen. Sollte die Einigung, die sich zwischen verschiedenen Staaten vollzieht, nicht mit noch größerer Leichtigkeit zwischen den Volksfamilien eines und desselben Staates zu erzielen sein?

Nachdem wir die Verwaltung und Gesetzgebung im Allgemeinen erörtert, wollen wir nun deren wichtigste Zweige einzeln in Betracht ziehen.

A. Die politische Verwaltung.

Die politische Verwaltung jedes Schweizer-Kantons wird durch Behörden geleitet, die, aus der Volkswahl hervorgehend, in den reinen Demokratien (Uri, Schwyz, Glarus und Unterwalden) der gesammten Wählerschaft, und in den repräsentativen Demokratien der Volksrepräsentanz verantwortlich sind. Die Verwaltungs-Gesetzgebung ist gleichfalls eine kantonale Angelegenheit, und das Volk übt sein Gesetzgebungsrecht entweder unmittelbar in der Versammlung der Landes-

Gemeinde, oder mittelbar durch seine Vertretung, und zwar in einigen Kantonen mit Vorbehalt des Veto, in anderen ohne diesen Vorbehalt.

Die administrative Gliederung, welche je nach den Kantonen variirt, kann hier nicht Gegenstand der Darstellung sein *). Von Bedeutung für uns sind nur die Gemeinden**), in der Schweiz auch Rhoden, Tagwen und Uertene genannt, denen, bei großer Mannigfaltigkeit der Einrichtungen, das Eine gemeinsam ist, daß sie ihre inneren Angelegenheiten autonom ordnen. Nur in Bezug auf Vermögensverwaltung sind sie in vielen Kantonen der Oberaufsicht der Regierung unterworfen.

Die verwaltende Behörde ist der Gemeinderath mit einem Vorsteher (Amman, Syndik oder Präsident genannt) an der Spitze. Der Gemeinderath und der Vorsteher werden von den versammelten Gemeindebürgern gewählt, und legen auch diesen periodisch Rechnung ab.

In einigen Kantonen besorgen die Gemeinden nebst den gewöhnlichen Kommunal-Angelegenheiten, auch noch alle Zweige der administrativen und gerichtlichen Polizei, die meisten Verrichtungen des nicht streitigen Richteramtes, die Vertheilung und Einhebung der Kantonal-Steuern, so daß die administrative Dezentralisation in ihnen vollständig durchgeführt ist.

Die selbstständige Gemeinde ist die politische Volksschule der Eidgenossenschaft. „Vorzüglich in der gewissenhaften Führung der Gemeinde-Angelegenheiten lernt der Schweizer, grundsätzlich und aus Gewohnheit, in der Staatsverwaltung eine strenge Oekonomie beobachten und die Anhäufung von Schulden verabscheuen.“ ***)

Wie wohlgeordnet der Haushalt der Schweizer Gemeinden sei, wird aus der Thatsache ersichtlich, daß schon im Jahre 1849 das Vermögen sämmtlicher Gemeinden in den 7 Kantonen: Bern, Zürich, Waadt, Aargau, St. Gallen, Luzern und Solothurn, mit einer Bevölkerung von circa 1½ Mill. Seelen, fast 200 Mill. Franken betrug, während in dem zentralistischen Musterstaate Frankreich, nach den Angaben des bedeutendsten und maßvollsten der französischen Journale (Journal des Débats, Mai 1847), neun Zehntel der Gemeinden kein Vermögen haben, und in Bezug auf ihren Haushalt sich in dem beklagenswerthesten Zustande befinden. „Mit der Pflasterung und Beleuchtung ist es in den Gemeinden schlecht bestellt,“ sagt das Journal des Débats. „Es gibt Städte mit 50.000 Seelen, deren Straßen bei dem mindesten Regen unpraktikabel werden, so tief ist der Koth.“

Weder in den Kantonen, noch in den Gemeinden der Schweiz

---

*) Lehrreiche Mittheilungen hierüber enthalten folgende Werke:
A. E. Cherbuliez: De la Démocratie en Suisse.
L. Snell: Handbuch des schweizerischen Staatsrechtes.
**) Außer den politischen, Pfarr- und Schul-Gemeinden gibt es auch Bürger- (Patriziats-) Gemeinden. Gegen letztere haben sich in der Neuzeit die demokratischen Bestrebungen gerichtet.
***) Franscini: Neue Statistik der Schweiz. Zweiter Theil, Seite 136.

gibt es einen **Beamtenstand**. Mit Ausnahme der Lehrer und Geist=
lichen, sind nur sehr Wenige der öffentlich Bediensteten lebenslänglich
angestellt. Die Kantonal=Budgets sind daher mit Ausgaben für Pen=
sionen nur sehr wenig belastet.

Wie behaglich sich der Schweizer unter der nicht bureaukratischen
Obhut seiner autonomen Behörden fühle, wurde schon in der Auseinander=
setzung über die Staatsverwaltung im Allgemeinen angedeutet, und wird
speciell in den folgenden Kapiteln nachgewiesen werden, in welchen der
Kultus und **Unterricht**, das **öffentliche Bauwesen** und die
Vorkehrungen zur Förderung der Volkswirthschaft Ge=
genstand der Erörterung sind. Hier seien nur, zur Kennzeichnung
kantonaler Administration, beispielsweise die **Armenpflege** und die
Vorsorge für die öffentliche Sicherheit hervorgehoben.

Die gesammte Schweiz besaß im Jahre 1849 — die Güter
der großen Spitäler nicht eingerechnet — Liegenschaften im Werthe
von circa 60 Millionen Franken, deren Ertragniß ausschließlich zur
Unterstützung der Armen dient. Auf jeden Dürftigen entfiel durchschnitt=
lich ein Kapital von 445 Franken. Alljährlich wurden schon um jene
Zeit von den Kantonen mehr als 5½ Millionen Franken zur Unter=
stützung der Dürftigen verwendet, was eine mittlere Betheiligung jedes
Armen mit circa 40 Franken ergibt. Sämmtliche Wohlthätigkeitsbureaux
des großen zentralisirten Frankreichs nahmen um dieselbe Zeit
im Durchschnitt jährlich circa 13½ Millionen Franken ein, so daß
für jeden Armen sich nur eine Durchschnittsunterstützung von 2½ Fran=
ken ergab.

Daß die Kantone mit Sorgfalt über die Sicherheit der Person
und des Eigenthums ihrer Bürger wachen, zeigt die hiefür alljährlich
verausgabte Summe von 1.974.000 Franken, welche verhältniß=
mäßig um 59% höher ist, als die von Oesterreich für diesen Zweck
verwendete. „Das Eigenthum", sagt Castelar, „ist in der Schweiz besser
als in irgend einem Lande gesichert, obwohl nirgends gleich liberale
Institutionen bestehen."

„Die präventiv polizeilichen Institutionen in der Schweiz sind wohl
dürftig. Bei alldem genießt man in den schweizerischen Republiken einer
Sicherheit der Person und des Eigenthums, welche mit Recht berühmt
geworden ist. In der Schweiz geschieht, wenn Missethaten verübt wer=
den, nicht selten dasselbe, was in den vereinigten Staaten von Nord=
amerika von Tocqueville beobachtet worden ist: „que tout le monde se
croit intéressé à fournir les preuves du délit et à saisir le
délinquent." *)

Um das Ineinandergreifen des Sicherheitsdienstes der verschiedenen
Kantone zu ermöglichen, ist es diesen gestattet, nicht nur unter Zustim=
mung des Bundes Vereinbarungen unter einander zu treffen, sondern
für polizeiliche Zwecke ausnahmsweise auch mit den Regierungen der

*) Franscini: Neue Statistik der Schweiz, II. Band.

Nachbarländer Verträge abzuschließen und in unmittelbaren Verkehr mit deren untergeordneten Behörden zu treten.

Die Fremdenpolizei betreffend, ward dem Bunde die Befugniß eingeräumt, Ausländer, welche die innere oder äußere Sicherheit des Landes gefährden, auszuweisen, und auch in Bezug auf die Sanitätspolizei hat sich der Bund das Recht vorbehalten, bei gemeingefährlichen Seuchen gesundheitspolizeiliche Verfügungen zu treffen.

Was die politische Verwaltung der österreichischen Königreiche und Länder betrifft, so wurden die Gründe für die Nothwendigkeit, sie zu dezentralisiren, schon bei der generellen Besprechung der Staats-Administration vorgebracht, und wird eine spezielle Motivirung bei einzelnen wichtigeren Zweigen derselben in den nächsten Abschnitten stattfinden.

In Bezug auf die Selbstverwaltung der Ortsgemeinden reiht sich Oesterreich den vorgeschrittensten Staaten des Kontinents ebenbürtig an, und in der autonomen Bezirksgemeinde besitzt es eine entwicklungsfähige und für die Regelung der nationalen Verhältnisse höchst werthvolle Institution *).

B. Unterricht und Kultus.

Der fünfte Theil der öffentlichen Gesammtausgaben **) entfällt in der Schweiz auf das Budget des Unterrichts und Kultus. Zwanzig Perzent der Steuern, welche das Schweizer Volk zahlt, werden somit dazu verwendet, die Bildung, die Sittlichkeit und den religiösen Sinn der Bevölkerung zu heben, während in Oesterreich im Jahre 1865 nur 1¼ %, sage Ein ein Viertel Percent der Staatsausgaben auf das Budget des Kultus und Unterrichts entfielen. Aber nicht Oesterreich allein, sondern — mit ehrenvoller Ausnahme Preußens — alle großen Staaten Europa's stehen in Bezug auf den Aufwand für Unterrichtszwecke weit hinter der Schweiz zurück. So werden in Frankreich nur 4½ % der vom Staate jährlich verausgabten Summen dem Unterrichte zugewendet, während die Schweiz für die Erziehung der Jugend beinahe 14 % ihrer Einnahmen verbraucht.

Wenn Oesterreich in Bezug auf den Staatsaufwand für Kultus und Unterricht sich der Schweiz gleichstellen wollte, müßte es jährlich nahezu 44 Millionen Gulden verausgaben, während es für diesen

---

*) Näheres hierüber enthält meine kleine Schrift: Zur Erweiterung der Munizipal-Autonomie.

**) Die Gesammtausgaben der Schweiz betrugen im Jahre 1864 in runder Summe 36., Millionen Franken; hievon entfielen auf Kultus- und Unterrichtszwecke 7.₄ Millionen Franken.

Zweck in's Budget des Jahres 1865 nur wenig mehr als 5¼ Millionen einstellte. *)

Bei einer Bevölkerung von 2½ Millionen Seelen besitzt die Schweiz 7000 Volksschulen, 260 Sekundar-, Real- und Industrieschulen, 47 Gymnasien, 6 Hochschulen (3 Universitäten in der deutschen und 3 Akademien, nach dem Muster französischer Hochschulen, in der französischen Schweiz), und 1 polytechnisches Institut.

Falls das gesammte Oesterreich, mit 35 Millionen Einwohnern, so eifrig die intellektuelle Ausbildung seiner Bürger anstrebte, wie die Schweiz, müßte es 98.000 Volksschulen, 3,640 Sekundar-, Real- und Industrieschulen, 658 Gymnasien, 84 Hochschulen und 14 polytechnische Institute haben. In Wirklichkeit besaß es im Jahre 1865 nur 29,200 Volksschulen (darunter viele Nothschulen in erbärmlichstem Zustande), 134 unselbstständige Unterreal- und 71 selbstständige Realschulen, 236 Gymnasien, 7 Universitäten und 8 technische Akademien. **)

Wie tief beschämend für uns ist diese Parallele und wie belehrend zugleich für die Fanatiker der Zentralisation; denn all' diese glänzenden Resultate verdankt die Schweiz einzig und allein der Einsicht und Sorgfalt ihrer Kantone und Gemeinden. Keine bevormundende Zentralregierung läßt dort ihre Weisheit in Unterrichtsangelegenheiten durch die ganze Schweiz leuchten. Die Kantonalgesetzgebungen erhalten nicht, wie unsere Landtage, Planeten gleich, ihr Licht von der parlamentarischen Zentralsonne. Die Vertreter jedes Kantons sind erleuchtet genug, um Helle in ihrem Staatswesen und in den Köpfen ihrer Jugend zu verbreiten. So lebhaft und allgemein ward durch diese Selbstthätigkeit der Sinn der Bevölkerung für das Erziehungswesen, daß dieses der Lieblingsgegenstand des Gespräches und der Fürsorge aller Volksklassen ist. Im Kanton Zürich allein erhielt der Schulfonds während des Jahres 1854, durch 237 Vermächtnisse den Zuwachs von 138,000 Franken. Im Kanton Graubündten, mit 90,000 Einwohnern, wuchs der Schulfonds in den letzten 10 Jahren um eine halbe Million Franken. Die Stadt Winterthur verausgabt, bei einer Bevölkerung von 6500 Einwohnern, circa 84,000 Franken jährlich für ihre höheren Bildungsanstalten. „Ein wahrhaft einzig dastehendes Vorbild," rufen mit vollem Rechte die österreichischen Schulmänner Beer und Hochegger aus.

---

*) In dieser Summe ist auch alles das mit einbegriffen, was die Kronländer und die hervorragendsten Gemeinden derselben für Kultus- und Unterrichtszwecke verausgabten. Seit dem Jahre 1865 ist wohl eine Besserung eingetreten, und wurden in's Unterrichts- und Kultus-Budget des Jahres 1869 für die westliche Reichshälfte allein circa 5.₉ Millionen Gulden eingestellt (von denen circa 3.₄ Millionen auf das Unterrichtsbudget entfallen); aber wie weit steht selbst diese Summe verhältnißmäßig hinter der schweizerischen zurück.

**) Spezial-Lehranstalten besitzt Oesterreich noch folgende : 3 theologische Fakultäten, 11 Rechts- und 4 Handelsakademien, 6 chirurgische, 4 Montan- und Forstlehranstalten, 1 Landwirthsakademie, 82 theologische Lehranstalten; ferner 16 Hebammen-, 28 Landwirthschafts-, 7 nautische und 5 Bergschulen; dann 3 Militärakademien, 8 Militärspezialinstitute, 8 Schulkompagnien, 9 Militärerziehungshäuser und 4 Kadeteninstitute.

Die hervorragendsten Männer dieses Landes beschäftigen sich seit langer Zeit mit der geistigen Entwicklung der Jugend. Und so kam es auch, daß von der Schweiz die tief gehende Reform des europäischen Erziehungswesens ausging. Der Genfer J. J. Rousseau übte vernichtende Kritik an der Unterrichts- und Erziehungsmethode seiner Zeit, der Züricher Pestalozzi reformirte durch positive Vorschläge die moderne Pädagogik, und die Schweizer Fellenberg, Wehrli und Andere, traten als würdige Nachfolger in die Fußstapfen ihres großen Vorgängers.

Daß es nicht bloßer Zufall ist, wenn in den kleinen autonomen Gemeinwesen der Schweiz für die Volksbildung besser gesorgt wird, als in irgend einem der großen Staaten Europas, beweist die nordamerikanische Union. Die Bundesregierung hat daselbst nichts mit der Unterrichtspflege zu thun; die Einzelstaaten und die Gemeinden tragen ganz allein Sorge für die geistige Nahrung der Jugend, und ihrer Thätigkeit verdankt Nordamerika, dessen Bevölkerung die der österreichischen Monarchie nicht übersteigt, die riesige Zahl von 105.000 Volksschulen, in denen die Schüler nicht bloß den Unterricht, sondern meist auch die Schulbücher und das Schreibmaterial gratis erhalten. Einundzwanzig Millionen Dollars (= circa 42 Millionen Gulden) verausgaben die Staaten der Union jährlich für Schulzwecke. Die Stadt New-York widmet der Volksbildung alljährlich circa 2 Millionen Dollars (= ungefähr 4 Millionen Gulden), somit eine größere Summe, als die, welche im österreichischen Unterrichtsbudget des Jahres 1869 figurirt. *)

Auch ein Blick auf die Bildungsinstitute der deutschen Staaten genügt, um außer Zweifel zu stellen, daß kleine Gemeinwesen für das geistige Wohl ihrer Bürger mehr Sorge tragen, als große; ja, es bedarf zu einem solchen Nachweise nicht einmal eines Hinüberschweifens über unsere Grenzen; denn auch innerhalb Oesterreichs tritt es klar vor

---

*) Die Schulfonde der Unionsstaaten betragen circa 41½ Millionen Dollars (circa 82 Millionen Gulden), und sind in steter und rascher Zunahme begriffen.

Das Vermögen des Schulfonds von 12 Schweizer Kantonen betrug schon im Jahre 1849, 25 Millionen Franken (= 10 Millionen Gulden). Bei dem raschen Wachsthum dieser Fonds überschätzt man das gegenwärtige Vermögen nicht, wenn man es auf 13 Millionen Gulden taxirt.

In Oesterreich haben der Normalschul- und der Studienfonds seit dem Jahre 1844 wenig Zuwachs erhalten, und beträgt ihr Vermögen nicht 20 Millionen Gulden. Wie es jetzt mit den nicht dotirten Fonds für Unterricht, Erziehung und Bildung sich verhalte, welche nach den im Jahre 1848 erschienenen offiziellen „Tafeln der Statistik der österreichischen Monarchie für das Jahr 1844" ein Vermögen von circa 41 Millionen Gulden auswiesen, konnte ich nicht ermitteln, ebensowenig, welchen Beitrag der Religionsfonds der Gesammt-Monarchie, der eine Jahres-Einnahme von circa 5 Millionen Gulden hat, für Unterrichtszwecke leistet.

Das Kirchenvermögen der Schweizer Katholiken wird auf 80 Millionen Franken (= 32 Millionen Gulden Oest. W.), das gesammt-österreichische auf 283 Millionen Gulden geschätzt. Letzteres ist somit verhältnißmäßig um ein Bedeutendes geringer, als das schweizerische.

Augen, wie gedeihlich der Unterricht unter der Obhut der autonomen Körperschaften sich entfalte. Die Stadt Wien hat von 1849—1867, somit innerhalb eines Zeitraumes von 18 Jahren, ihre Ausgaben für Schulzwecke um mehr als das Achtfache erhöht. Ungefähr 88.000 fl. verwendete die Metropole im Jahre 1849 für den Unterricht und circa 763,000 Gulden im Jahre 1867. *) Auch die Provinzial=hauptstädte machen, seitdem sie sich selbst verwalten, rühmliche Anstren=gungen, und ebenso gibt sich in den Landtagen das Bestreben kund, die Kultur in ihren respektiven Ländern bestens zu fördern.

Und dennoch fürchten die österreichischen Politiker mit jener Aengst=lichkeit, die bei uns für Vorsicht gilt, die Kulturinteressen der Monarchie zu verletzen, falls sie das Unterrichts= und Erziehungswesen bezentrali=sirten. Wird auf die glänzenden Resultate der Selbstverwaltung hin=gewiesen, so sind die Widersacher rasch mit der Entgegnung bei der Hand, daß in Oesterreich, bei dem niederen Kulturgrade der meisten seiner Völker, die Autonomie hochzivilisirter Länder unstatthaft sei.

Nun, findet man etwa in Böhmen, Mähren und Galizien, an welche Länder man doch vorzugsweise denkt, wenn von Erweiterung der Autonomie die Rede ist, — nicht hinreichend Männer von Intelli=genz und Bildung, denen man die Kulturentwicklung ihres Volkes mit Beruhigung anheim geben könnte?

„Ja," — wendet man ein — „die Völker sind so weit zurück=geblieben, daß es eines kräftigen Impulses bedarf, um sie vorwärts zu bringen."

Nun, gerade weil die Mehrzahl unserer Nationalitäten in der Kultur zurückgeblieben ist, — und zwar großentheils durch die Schuld der österreichischen Regierung zurückgeblieben ist, — bedarf es, um sie geistig zu heben, einer ebenso verständniß= als theilnahmsvollen Behandlung des Unterrichts= und Erziehungswesens. Und wo ist mehr Verständniß, wo mehr Theilnahme für die Erziehung eines Volkes zu finden? Bei denen, die weder das Land, noch das Volk mit seiner Sprache und seinen Eigenthümlichkeiten kennen, oder in den Köpfen und Herzen jener hervorragenden Männer, welche mit ihrer Nation Eins, die natürlichen Anwälte der nationalen Entwicklung sind, und die aus trauriger Erfahrung wissen, daß ein Volk politisch nur so viel bedeute, als es an Kenntnissen erworben, und an Bildung besitzt.

Wenn irgend eine Angelegenheit zu den inneren eines selbstbewußten Volkes zählt, so ist es die Erziehung, und an der Behandlung dieser Frage zeigt es sich wieder recht auffällig, wie wenig unsere Politiker des großen Unterschiedes zwischen Nationalstaat und Nationalitätenstaat sich bewußt sind.

Die Erziehung der heranwachsenden Jugend ist zunächst eine An=gelegenheit der häuslichen Familie, und, da die Einsicht und die

---

*) Im Jahre 1870 werden nach dem Veranschlage die Ausgaben für Schulzwecke fast 1.400,000 Gulden betragen.

Mittel dieser nicht ausreichen, in zweiter Linie die Aufgabe der großen Volksfamilie. In einem Lande mit einheitlicher Bevölkerung sind Volksfamilie und Staat identisch, und ist dieser somit berechtigt und befähigt, von seinem Mittelpunkte aus das Unterrichtswesen zu ordnen.

Hingegen ist in einem Nationalitätenreiche der Staat nicht Eine Volksfamilie, sondern eine Assoziation von Volksfamilien. Wenn nun der Staat, das ist in dem jetzigen konstitutionellen Oesterreich die deutsche Reichsrathsmajorität, die Unterrichtsangelegenheiten der ganzen westlichen Reichshälfte normirt, so sorgt nicht jede Volksfamilie für ihr eigenes geistiges Gedeihen, sondern diktirt Eine Volksfamilie allen anderen die Gesetze ihrer geistigen Entwicklung. Das ist eine Usurpation, ein Eingriff in fremde Rechte. Wahrlich keine Einzelfamilie würde es zugeben, daß eine benachbarte, und wäre diese noch so hoch gebildet, ihr die Normen der Kindererziehung vorschriebe, wie gern sie auch bereit wäre, ihren freundlichen Rath zu befolgen, und ihr Beispiel freiwillig nachzuahmen.

Nur ein Volk, das in allen seinen Schichten unmündig ist, darf geistig bevormundet werden; Völker, deren gebildete Klassen auf der Kulturhöhe der Zeit stehen, sind der Leitung ihrer hervorragenden Männer zu überlassen. Von keiner Frage werden daher unsere Nationalitäten empfindlicher berührt, als von jener des Unterrichts, und mit ganz besonderer Eifersucht bewachen sie die Volksschule, da in ihr, als der wichtigsten Erziehungsanstalt, die Zukunftssaaten eines Volkes zur Reife gebracht, oder in ihren Wurzeln zerstört werden können.

Ihr sagt: „Wir stellen im Reichsrathe ja nur die Grundsätze des Volksschulwesens fest."

Das ist wahr; aber ist denn die Feststellung dieser Grundsätze im Reichsrathe eine so wichtige Lebensbedingung der Schule und des Reiches, um darob den inneren Frieden zu gefährden?

Wo sind denn die reichsten Fundgruben trefflicher Schulgrundsätze? Etwa in den Gesetzbüchern großer zentralisirter Reiche, oder nicht vielmehr in den legislatorischen Arbeiten jener Länder, wo es eine Fülle selbstständiger Verwaltungsorganismen gibt, und wo die Bürger selbstthätig die Bildung der Jugend unter ihre Obhut nehmen?

Als Staatsmann hätte der Unterrichtsminister an diesen Fundorten nicht die oberflächlich liegenden Schulprinzipien auflesen, sondern aus der Tiefe derselben die Lehre heraufholen sollen: Daß der Wetteifer autonomer Gemeinwesen in Unterricht und Erziehung viel Werthvolleres geschaffen habe, als die Gesetzesschablone großer zentralisirter Staaten, und daß es nicht durch blinden Zufall geschah, wenn in alter, wie in neuer Zeit föderirte Länder vorzugsweise die Kulturstätten der Menschheit waren.

„Aber die Slaven sind kein Kulturvolk," replizirt

man, „ihr Bildungsdrang ist eben so gering, wie ihre Kulturfähigkeit. Das Unterrichtswesen ganz ihren Händen anvertrauen, hieße die Bildung unserer Jugend, und mit ihr die europäische Machtstellung Oesterreichs gefährden."

In diesem oft erhobenen Einwande liegt eine Beschuldigung so schwerer Art, daß man billigerweise Anstand nehmen sollte, sie einem Volke in's Antlitz zu schleudern, ohne dafür vollgiltige Beweise zu haben. Und nicht nur fehlen diese, sondern liegen selbst Beweise des Gegentheils vor.

In Europa bestehen gegenwärtig zwei slavische Staaten: Rußland und Serbien*). Ueber das Unterrichtswesen Rußland's sprechen sich die bewährten österreichischen Schulmänner Beer und Hochegger in ihrem höchst belehrenden Werke: „Die Fortschritte des Unterrichtswesens in den Kulturstaaten Europa's" (3. Band, 1. Abtheilung) in folgender Weise aus:

„Wenn die politischen Reformen in Rußland, welche im Laufe der letzten 10 Jahre die Regierung des jetzigen Kaisers vorgenommen hat, mit Fug und Recht die Aufmerksamkeit der gesammten politischen Welt auf sich gezogen haben, so verdient die Thätigkeit derselben, das gesammte Unterrichtswesen des großen Weltreiches in einer, den Anforderungen und Bedürfnissen der Gegenwart entsprechenden Weise umzugestalten, die unbedingteste Anerkennung der gebildeten Welt. Die Grundsätze, von denen man bei der Organisation der mannigfachsten Lehranstalten ausging, die Normen, welche nach mehrfacher Berathung endgiltig aufgestellt wurden, verdienen in vielfacher Beziehung die Beachtung denkender Schulmänner, und sind als ein Sieg westlicher Kultur zu betrachten. — — — Mit großer Sorgfalt hat man die Schulinstitutionen der hervorragendsten Kulturländer studirt, und meist jene Einrichtungen adoptirt, welche von den bewährtesten Schulmännern unserer Tage befürwortet wurden."

Soviel über Rußland. Hören wir nun, wie der hervorragende deutsche Rechtslehrer Professor Lorenz Stein im fünften Theile seines umfassenden Werkes: „die Verwaltungslehre" sich über das Schulwesen Serbiens äußert:

„Es möge uns hier gestattet sein, . . . einen Blick auf das Bildungswesen eines jungen Staates zu werfen, der mit großer Energie und anerkennungswerthem Verständniß in einer, wir sagen geradezu bewunderungswürdig kurzen Zeit, bei sich ein Bildungswesen entwickelt hat, das, obwohl unter dem Drucke der Verhältnisse schwer arbeitend, dennoch in bedeutsamer Weise den Nachbarländern vorangeht. Das System des serbischen Bildungswesens zeichnet sich dadurch aus, daß es alle Elemente speziell des deutschen Bildungswesens in sich aufgenommen hat, soweit seine Verhältnisse es erlauben. Es besitzt ein,

---

*) Das kaum 80 ☐ Meilen umfassende unwirthliche Gebirgsländchen Montenegro ist nicht beachtenswerth.

ziemlich über das ganze Land ausgebreitetes System der Volks- (Normal-) Schulen für die männlichen und weiblichen Schüler, das System der Gymnasien, mit der Unterscheidung in Ober- und Untergymnasien, die Realschulen und selbst Realgymnasien, dann eine Fachschule für Theologie, endlich eine Akademie, welche den Athenäen entspricht." *)

Nachdem der Verfasser noch mehrere Details angegeben, schließt er mit folgenden Worten:

„Diese Andeutungen werden genügen, um den ersten positiven Schritt, den Deutschland in der Organisation des serbischen Bildungswesens nach dem Orient gethan hat, zu charakterisiren."

Wir sehen hier einen jungen slavischen Staat die geistige Volksentwicklung auf das rühmlichste fördern. Die Serben bedurften keines Vormundes, um ihr Bildungswesen nach deutschem Muster einzurichten. Erscheint es glaublich, daß die ihnen an Kultur und Vertrautheit mit dem deutschen Geiste weit überlegenen Polen und Czechen ihr Schulwesen ohne die Vorsorglichkeit des Reichsraths würden verfallen lassen? Eröffnete nicht der, auf neuen staatsrechtlichen Grundlagen zusammentretende kroatische Landtag seine Thätigkeit mit der Gründung einer Universität? Sich selbst überlassen, werden — wie das Beispiel Serbiens lehrt — die Slaven in ihrer Kultur freiwillig den Spuren des deutschen Genius folgen; denn nicht gegen die deutschen Schulgesetze lehnen sie sich auf, sondern gegen die deutschen Schulgesetzgeber.

„Selbst die Richtigkeit dieser Argumente zugegeben," — entgegnen die Anwälte der Zentralisation, — „ist die unbeschränkte Autonomie im Unterrichtswesen nicht zulässig, weil sie die Deutschen in jenen Ländern, wo sie mit den Slaven gemengt wohnen, und die Minorität bilden, den rohesten Slavisirungsversuchen aussetzen würde. Man malt mit so lebhaften Farben die schmerzlichen Gefühle eines Volkes, das sein dürftiges Idiom gegen ein reiches aufzugeben genöthigt wird, ist aber ganz stumpf gegen die Seelenpein einer hochzivilisirten Nation, welcher eine in den Windeln der Kultur liegende Sprache aufgedrängt wird. Der Hinblick auf das czechische Sprachenzwangsgesetz, bei dessen Nennung schon jedem Deutschen die Zornesader schwillt, sollte hinreichen, um den föderalistischen Gedanken, als einen antinationalen, aus dem politischen Programme eines Deutschen zu verbannen."

Diesen Bemerkungen gegenüber muß man vor Allem fragen: Kam das czechische Sprachenzwangsgesetz im föderirten Oesterreich zu Stande? Ward es nicht im böhmischen Landtage unter Schmerling

---

*) Die Akademie enthält drei Fakultäten: die philosophische, technische und juridische; die medizinische fehlt.

votirt? Seither hat wohl die Dezemberverfassung dem Sprachenzwange vorzubeugen gesucht; aber wahrlich die nationalen Minoritäten bedürfen eines viel kräftigeren Schutzes, als der ihnen durch die Grundrechte geboten ist, und die weiteren Auseinandersetzungen werden nachweisen, daß die Gewähr, welche ein föderirtes Oesterreich gegen den Sprachterroris= mus zu bieten vermag, um vieles sicherer und ausgiebiger sei.

„Die Schulen sind nicht blos Unterrichts=, sondern auch Erziehungs=Anstalten," — bemerken ferner die Gegner der Autonomie — „das Reich hat in denselben Interessen zu wahren, die von denen der Kronländer und der in ihnen vorherrschenden Nationalitäten verschieden sind; das Reich muß wünschen, daß die Schule der heran= wachsenden Jugend, Liebe zum Gesammtvaterlande und zu seinen Institutionen einflöße und sie zu guten Oester= reichern erziehe. Die Nationalen hingegen würden, unbe= kümmert um Oesterreich, nur eifrig bemüht sein, die Kinder zu Czechen, Slovenen u. s. w. zu erziehen. Kann man dem Reiche zumuthen, daß es seine Bildungsanstalten in Brutstätten partikularistischer Gesinnung, und in Herde antiösterreichischer Agitationen umwandeln lasse?"

Wir müssen bei dieser Frage länger verweilen, weil sie einen Punkt berührt, der als Angelpunkt österreichischer Politik zu betrachten ist. Ihre Bedeutsamkeit möge es entschuldigen, wenn wir bei Beant= wortung derselben weit ausholen.

Bevor man daran geht, über österreichische Politik zu sprechen, muß man es sich klar gemacht haben, ob im Partikularismus der Völker Oesterreichs, im Erstarken ihres nationalen Bewußtseins, eine Bürgschaft, oder eine Gefahr für Oesterreichs Zukunft liege. Um sich diese Klarheit zu verschaffen, ist es vor Allem nothwendig, die nationalen Bestrebungen der österreichischen Völker in's Auge zu fassen.

Von den Deutschen abgesehen, welche, als die Paladine der Dezemberverfassung, über jeden Verdacht der Illoyalität erhaben sind, kommen zwei nationale Gruppen in Betracht: die romanische und die slavische. In der romanischen sind die westlichen Romanen, die Italiener, wie bereits im ersten Abschnitte dieser Schrift angedeutet wurde, seit der Lostrennung Lombardo=Veneziens nur von unter= geordneter Bedeutung für unsere Politik. Die Ostromanen (Rumä= nen, Walachen) sind wohl ein nicht zu übersehender Faktor in den Berechnungen österreichischer Politik; aber da das Gros derselben die Länder der ungarischen Krone bewohnt, so beanspruchen sie mehr die Wür= digung der ungarischen, als der zisleithanischen Staatsmänner. Von nicht genug hervorzuhebender Wichtigkeit hingegen sind die Slaven, welche nahezu die Hälfte der Bewohner der Gesammtmonarchie, und die überwiegende Majorität der Bevölkerung in der westlichen Reichshälfte bilden. Nur die Unwissenheit kann ihre Bedeutung leugnen, nur die Leichtfertigkeit sie unterschätzen; die Staatsklugheit gebietet, die Strömungen der öffentlichen Meinung in der slavischen Welt zu erforschen und den Gravitationspunkt ihrer nationalen Interessen zu suchen, da Oesterreich auf's schwerste bedroht ist, sobald dieser außerhalb der Monarchie liegt.

Nun machen sich innerhalb der slavischen Völker darüber, wo der nationale Schwerpunkt ruhen solle, zwei Anschauungen geltend. Nach der einen soll jeder slavische Volksstamm seinen Schwerpunkt in sich selbst, im Mittelpunkte seines nationalen Lebens finden, während nach der zweiten Ansicht allen Slaven ein gemeinsamer nationaler, und politischer Mittelpunkt gegeben werden soll, damit die Einheit der Race auch in der politischen Einheit ihren Ausdruck finde.

Die erste dieser Anschauungen ist die partikularistische, die zweite die panslavistische.

Die Panslavisten gravitiren, dem Gesetze der Schwere folgend, nach dem großen slavischen Reiche, nach Rußland. Dieses ist somit der natürliche Förderer der panslavistischen Idee. Die Partikularisten, deren Bestrebungen sich im engen Stammeskreise bewegen, somit in einem Kreise, der innerhalb der Grenzen Oesterreichs liegt, können, staatsklug geleitet und benützt, dem Bestande der Monarchie mächtige Garantien bieten. Oesterreich ist daher, wenn es seine Interessen begreift, im Gegensatze zu Rußland, der natürliche Beschützer des slavischen Partikularismus.

Der Panslavismus ist bis jetzt nur ein phantastischer Zukunftstraum, eine nationale Utopie, ja er wird häufig nur als Popanz gebraucht, um ängstliche politische Gegner einzuschüchtern. An einer frühern Stelle dieser Schrift wurde bereits hervorgehoben, daß nur die Identität der Sprache ein Volk geistig einige und durch mächtige Sympathien häufig auch zur politischen Einheit führe, während die bloße Verwandtschaft in Sprache und Abstammung keine tiefen Herzensneigungen hervorruft, und auch politisch nur sehr geringe Anziehungskraft übt. Es wurde aber an derselben Stelle auch bemerkt, daß die Race die letzte Rückzugslinie eines hartbedrängten Volkes sei.

Völker wie Individuen gedenken, so lange sie in Wohlstand und Ueppigkeit leben, nur selten ihrer fernen Verwandten; in Noth und Bedrängniß jedoch fühlen sie sich zu ihnen hingezogen, da sie mehr Mitgefühl bei ihnen, als bei Fremden voraussetzen dürfen.

Die romanischen und germanischen Völker, die einen reichen nationalen Besitz, die ihre Geschichte, ihre Literatur und Kunst und ihr öffentliches Leben haben, und die in ihrem Volksthume sich nicht bedroht sehen, haben keinerlei Neigung, ihre fernen Stammverwandten aufzusuchen und ihre Individualität zu Gunsten einer pangermanistischen oder panromanistischen Idee aufzugeben.

Das Auftauchen der panslavistischen Idee, das Hilfesuchen der Slaven bei dem mächtigsten und reichsten Stammesverwandten, bei Rußland, deutet somit entschieden auf Dürftigkeit und Bedrängniß dieser Völker hin.

Wenn nun nationale Dürftigkeit und nationale Be=
drängniß die Quellen des Panslavismus sind, kann dar=
über ein Zweifel obwalten, daß das Verstopfen dieser
Quellen die Lebensaufgabe Oesterreichs sei?

Slavische Volksstämme, die eine kümmerliche Geschichte, eine
bettelarme Sprache, ein inhaltleeres politisches Dasein haben, werden
sie nicht der verführerischen Stimme dessen lauschen, der ihnen eine glor=
reiche nationale Zukunft unter dem mächtigen Czar verheißt? Wird
aber in Oesterreich dafür Sorge getragen, daß diese Völker ihren Sprach=
schatz immer mehr bereichern, daß ihr politisches und nationales Leben
sich stets frischer und freudiger entfalte, so werden die Stimmen jener
propagandistischen Sendlinge, Stimmen in der Wüste bleiben. Nur der
Besitzlose vagabundirt, den Besitzenden knüpfen alle Interessen an seine
Heimat fest.

Noch ist der Panslavismus nur eine Utopie. Der im Slaven
stark ausgesprochene Sinn für Familie und Gemeinde gibt sich auch
als Liebe zur Stammesfamilie kund, und es widerstrebt ihm, das
Eigenleben dieser in der Race aufgehen zu lassen. So lange daher die
slavischen Völker hoffen dürfen, ihre Stammes=Existenz in Oesterreich
durch eigene Kraft fördern zu können, werden sie den Lockungen des
Panslavismus widerstehen. Und sie hoffen dieß; sie rechnen, im
Bewußtsein ihres numerischen Uebergewichtes, auf den Einfluß, der
ihnen, trotz alles Widerstandes, auf die Gestaltung Oesterreichs werden
muß, wenn nicht der Staat den Staatsformen zum Opfer fallen soll.
Und der Ungestüm, mit welchem sie die Aenderung der Verfassung
fordern, ist das sicherste Zeichen ihres Interesses an dem Bestande der
Monarchie. Die Venezianer ereiferten sich während der Schmerling'schen
Verfassungsperiode durchaus nicht, sie blieben dem öffentlichen Leben
fern, und hüllten sich in Schweigen. Sie dachten nicht daran, sich
in einem Staate häuslich einzurichten, den sie jeden Augenblick zu ver=
lassen wünschten. Die Slaven hingegen wollen in ihrer Mehrzahl ein
für sie wohnlich eingerichtetes Oesterreich, weil sie darin dauernd ihren
Sitz aufschlagen wollen. Man könnte fast sagen, daß die Heftigkeit des
Widerstandes, den die verschiedenen slavischen Stämme der Dezember=
verfassung entgegensetzen, der Gradmesser ihrer österreichischen Gesinnung
sei. Die abwechselnd oppositionelle und gleichgiltige Stimmung der Polen
hängt mit ihrem wechselnden Interesse für Oesterreich zusammen, das
je nach der europäischen Konstellation steigt und sinkt. Die Czechen,
welche, falls ihre Nationalität nicht gefährdet ist, unter allen Slaven
das kräftigste österreichische Bewußtsein haben, sind auch die heftigsten
Opponenten.

So lange die Slaven remonstriren und klagen, so lange hoffen
sie. An dem Tage, wo sie zu schweigen beginnen, haben sie zu hoffen
aufgehört, ist in ihnen jedes Interesse für Oesterreich und dessen
Bestand erloschen.

Läßt die Politik unserer Staatsmänner ihnen keine andere Wahl,
als entweder von den Stammesverwandten, den Russen, oder von den

ihnen in Sprache und Blut völlig fremden Deutschen sich absorbiren
zu lassen, so werden sie das Erstere wählen. Die Völker wie die Ein=
zelnen ziehen das Leben in der Fremde dem Tode in der Heimat vor;
ist der Tod jedoch unvermeidlich, so sehnen sie sich darnach, wenigstens im
Kreise der Ihrigen zu sterben. Wenn die Polen und Czechen als solche
in Rußland untergehen, so leben sie doch als Slaven fort, und für
den Verlust der Stammeseigenheit entschädigt sie einiger=
maßen die Erhaltung der Race.

Und wehe Oesterreich, wehe dem Occidente, wenn der Ruf zum
Anschlusse an Rußland durch die ganze slavische Welt geht! Wehe
Europa, wenn es durch die Rivalität der Staaten in sich gespalten,
oder gar in Krieg verwickelt ist, während Rußland das Banner einer
großen nationalen Idee entfaltet, und über die entfesselten Kräfte ur=
wüchsiger Stämme gebietend, seine riesigen Kolonnen nach dem Abend=
land wälzt, um dort die germanische Kultur zu bedrohen!

Man halte das Gesagte nicht für tendentiöse Uebertreibung, nicht für
die Ausgeburt erhitzter Phantasie. Der gewaltigste Mann des Jahrhundertes
hat diese Besorgniß ausgesprochen, und die hervorragendsten Staats=
männer und Publizisten haben ihr Ausdruck gegeben. Es seien hier nur
die Worte eines Autors citirt, der nicht zu den Tagesschriftstellern
zählte, der nicht durch die Brille der Parteileidenschaft, sondern mit
dem freien Blicke des Forschers sah, die Worte des berühmten
Staatsrechtslehrers K. S. Zachariä*):

„Jetzt ist nur noch ein Volk slavischer Abkunft, das russische
übrig, welches seine Selbstständigkeit behauptet hat. Dieses ist aber
schon jetzt zu jener Macht gelangt, welche dem germanischen Europa**)
Gefahr droht, und erwägt man die Gesetze, nach welchen sich die
Bevölkerung eines Landes im Verlaufe der Zeit vermehrt, so eröffnet sich
die Aussicht in die Zukunft, daß die russische Nation mit den ihr ein=
verleibten Stämmen, der germanischen Kultur und Zivilisation dasselbe
Schicksal bereiten wird, welches die römische traf, als die Deutschen
das weströmische Reich überflutheten."

Dieß zu verhindern ist die Mission Oesterreichs, ist die
Kulturaufgabe der Deutschösterreicher. „Raceneinheit" ist die
moskovitische Parole, „Stammessonderheit" sei die öster=
reichische. Unsere Staatsmänner müßten den partikularistischen Sinn
der slavischen Stämme wachrufen, falls er schlummerte; dürfen sie ihn
einschläfern, da, wo er wach ist, und sich so lebendig regt? Durch Germa=
nisirungsversuche erfüllt der Deutsche nicht seine Kultursendung, sondern

---

*) Karl Salomo Zachariä's „vierzig Bücher vom Staate", Heidelberg,
Verlag von C. F. Winter. 1839. 5. Band, Seite 177.
**) Zachariä nimmt germanisch für abendländisch, da nach dem Untergang
des weströmischen Reiches der größte Theil Europa's in den Händen zweier
Nationen war, der Germanen und der Slaven (Sarmaten). Die Germanen theil=
ten sich in Nationen rein germanischer und gemischter Abkunft, in welch' letzteren
sich das deutsche Blut mehr oder weniger mit dem romanischen gemischt hatte, wie
in den Franzosen, Spaniern und Italienern.

weckt er den Haß der Nationalitäten, fördert er die Zwecke Rußland's.
Der Sache Deutschlands und den Interessen Europas dient er nur,
indem er den West= und Süd=Slaven die Pfade der Selbstentwicklung
ebnet, und die Kluft zwischen ihnen und den Russen immer mehr
erweitert. Der Deutschösterreicher muß die Volksstämme, welche seine
Ahnen im Laufe der Jahrhunderte für die abendländische Bildung und
großentheils für die abendländische Kirche gewannen, diesen auch ferner
erhalten. Er muß die Völker, welche er groß gezogen, nun für
mündig erklären, und die Sorgen für ihre inneren Angelegenheiten
ihnen selbst überlassen. Der beste Vormund würde den Dank seines
Mündels verscherzen, wenn er den majorenn Gewordenen noch immer
seiner Autorität zu unterstellen suchte. Nur der mündige, nur der
selbstbewußte Slave wird ein vollbewußter Oesterreicher sein.
In den vom zentralisirten Oesterreich bevormundeten und niedergehal=
tenen Slaven müssen Nationalbewußtsein und Patriotismus
stets Gegensätze bleiben.

„Lasset uns," — sagte Smolka im 1848er Reichstage —
„Polen und Czechen sein, und wir werden gute Oesterreicher werden;
aber Ihr wollt uns gewaltsam zu guten Oesterreichern machen, und
wir bleiben Polen und Czechen." — —

Ich bin auf langem Umwege zur Beantwortung der Frage gelangt,
ob das Reich gestatten könne, daß die Jugend in der Volksschule zu
Czechen, Slovenen u. s. w. erzogen werde. Es ergibt sich aus dem
Gesagten, daß die Schule, indem sie die Herzen der Jugend für ihre
Nationalität erwärmt, in dieselben auch die Liebe zu Oesterreich pflanze.
Der Patriotismus läßt sich nicht, wie das A, B, C, aus der Fibel
erlernen; die heilige Flamme der Vaterlandsliebe wird am häuslichen
Herde angefacht. Setzt sich die Schule mit dem väterlichen Hause in
Widerspruch, dann büßt sie nur ihre Autorität ein, ohne dem Staate
Gewinn zu bringen.

Was in Bezug auf die Autonomie von der Volksschule
gesagt wurde, gilt auch für die Mittelschule.

Steht nicht Deutschland, das viel gegliederte Deutschland, was
den Reichthum und die Mannigfaltigkeit der Lehranstalten, das har=
monische Ineinandergreifen derselben und die Trefflichkeit der Lehr=
methode betrifft, den übrigen Staaten Europa's weit voran? Der
Wetteifer der zahlreichen kleinen Regierungen war es, der die Mittel=
schule so reich gestaltete. Und die durch Mannigfaltigkeit der Methoden
und Einrichtungen hervorgerufene Vergleichung ließ Irrthümer viel
leichter erkennen, als die öde Gesetzesmonotonie, welche das Unter=
richtswesen eines weiten Staatsgebiets in die Zwangsjacke eines
Reglements schnürt. Nicht die zentralisirte Gesetzgebung, sondern die
pädagogische Wissenschaft hat allmälig Einheit in das deutsche Schul=
wesen gebracht, und diese Einheit, die aus der Forschung und Erfah=
rung resultirt, ist, weil geistig geschaffen, auch geistig schöpferisch, wäh=

renb bie bekretirte Einförmigkeit ben probuktiven Kräften beengenbe Schranken setzt.

In ebenso eminenter Weise, wie in Deutschland, sehen wir unter bem Einflusse ber kantonalen Autonomie bie Mittelschule sich in ber Schweiz entfalten.

Auch bie einzelnen Staaten bes nordamerikanischen Bundes, beren Existenz zum großen Theile erst seit Jahrzehnten batirt, haben bas Unterrichtswesen, völlig unbeeinflußt von ber Zentralregierung, in großartiger Weise entwickelt.

3248 Mittelschulen (Academies and grammar-schools) besaß bie Union bereits im Jahre 1840 *), unb wenn bie Amerikaner in Folge ihres berb realistischen Wesens, ihrer aus England überkommenen Vor- urtheile unb bei ber Jugendlichkeit ihres Staats- unb Unterrichtswesens, was Lehrplan unb Lehrmethobe betrifft, gegenwärtig noch sehr hinter ben Deutschen zurückstehen, so werden sie, bei bem allgemeinen Verständnisse bes Werthes höherer Bildung, unb bei ber Munificenz, mit welcher sie Lehr- anstalten gründen unb ausstatten, in nicht allzu ferner Zeit ben vorgeschrit- tensten Staaten Europa's nicht nur nachkommen, sonbern selbst voraneilen.

Welchen Gefahren ber Unterricht im zentralisirten Staate ausgesetzt sei, beweisen Frankreich unb Preußen. In Ersterem wurde bas von Guizot unb Cousin geschaffene treffliche Volksschulgesetz gar balb von ber Zentralisirungssucht ihrer Nachfolger verstümmelt. Unb in Preußen, welches seine trefflichen Schulen nicht seiner Großmacht- stellung, sonbern seine Großmachtstellung ben trefflichen Schulen ver- bankt, ist, wie von Pädagogen konstatirt wird, unter bem Einflusse ber junkerlichen unb muckerischen Regierungsmänner bas Bildungswesen seit längerer Zeit unverkennbar im Rückschreiten begriffen.

Ein so jäher unb allgemeiner Rückgang ist im föberirten Staate kaum möglich. Das Volk wird ba nicht burch bas Genie, ober ben guten Willen eines Einzelnen rasch vorwärts, aber auch nicht ebenso- schnell rückwärts gebrängt. Es gibt ba keine gleichmäßig verbreitete Helle, aber auch keine gleichmäßige Finsterniß, keine Josephinischen Toleranzedikte, aber auch kein Konkorbat. Angestrengte Selbstthätigkeit bringt baselbst bie Völker vorwärts, nicht sprungweise unb ungestüm, sonbern allgemach unb stetig.

Zum Schlusse sind hier noch bie Universitäten zu besprechen, in Bezug auf welche bie Dezemberverfassung bie volle Gesetzgebung bem Reichsrathe vorbehielt. Das Recht hiezu ben Lanbtagen abzutreten, würben unsere beutschen Politiker als ein Attentat auf bie Kultur betrachten; unb boch haben sie für biese Anschauung ebenso wenig bie Erfahrung für sich, als in Bezug auf bie Primar- unb Mittelschule.

Italien war kein Einheitsstaat, als seine Universitäten blühten,

---

*) Siehe Dr. J. E. Wappäu's Hanbbuch ber Geographie unb Statistik von Norb-Amerika.

Holland war eine Föderation, als seine Hochschulen im 17. Jahr=
hunderte alle anderen überstrahlten, und Utrecht und Leyden sich
unsterbliche Verdienste um die Wissenschaft erwarben.

Und nun vollends Deutschland! Neunzehn Hochschulen, neunzehn
ruhmvolle Stätten der Lehre verbreiten das Licht deutscher Wissen=
schaft weit über die Grenzen des Vaterlands! Und verdanken sie ihren
Ruhm etwa der Gesetzeseinheit? Nichts weniger als das! Die Rivalität
der Regierungen und der Wettstreit der Lehrkörper hat die deutschen
Hochschulen auf jene, von anderen unerreichte Höhe gebracht. Gerade
dem Umstande, daß sie sich unabhängig von einander entwickelten, daß
sie nicht durch ein für ganz Deutschland giltiges Reglement, in Unter=
richtskasernen umgewandelt wurden, verdanken sie es, daß sie nicht blos
Pflanzstätten des Wissens, sondern in schlimmen Tagen auch Pflege=
stätten nationaler Gesinnung waren, und sich stets ihre Elastizität und
Frische bewahrten, während im reichen England, welches nur 12 Univer=
sitäten zählt *), die bedeutendsten: Oxford und Cambridge, noch
heute unter dem Drucke der Hochkirche stehen. Der Geist der Zeit
belebt nur die Londoner Universität, und diese wurde im
Jahre 1828 durch liberale Männer auf Aktien gegründet.

Von den 17 Akademien Frankreichs haben nur zwei, die von
Paris und die von Straßburg, die Vollständigkeit deutscher Univer=
sitäten; die anderen enthalten nur 1, 2, höchstens 3 Fakultäten. Und wenn
auch die französische Jugend in diesen Akademien trefflichen Fachunterricht
erhält, so wird ihr doch lange nicht jene mächtige Anregung zu
umfassender Bildung, wie der deutschen. **)

Mit welch' hohem Interesse blickt das Auge auf die deutschen
Hochschulen, deren jede ihre Geschichte und ihre glänzende Epoche hat,
wie theilnahmslos hingegen ruht der Blick auf den französischen Akademien
die sich alle auf einheitliches Kommando in demselben einförmigen Schritte
bewegen.

Die kleine Schweiz verdankt der Selbstthätigkeit seiner Kantone
drei Universitäten im deutschen, und drei Hochschulen
nach französischem Muster (Akademien) im französischen Theile.
Sie hat für je 400,000 Einwohner eine Hochschule, während in
Deutschland auf je 2 Millionen, und in Oesterreich nur auf je 5 Mil=
lionen Einwohner Eine Universität entfällt. Und obschon die Hochschulen
der deutschen Schweiz von kleinen Kantonen (in Basel von einer

---

*) Von denen nur die schottischen sich den deutschen nähern.
**) Daß einsichtsvolle Franzosen dies zugestehen, geht aus folgender Bemer=
kung des namhaften französischen Fachschriftstellers Cournot hervor: „Es ist
unmöglich, bei uns in Städten, die weit mehr Bedeutung als Bonn und Heidel=
berg haben, Universitäten zu organisiren, welche den deutschen glichen, wo
1000 bis 1200 Studenten zusammenströmen, um Theologie, Recht, oder Medizin
zu studiren und dabei gleichzeitig einen Kursus über Philosophie, Philologie und
exacte Wissenschaften zu hören, und wo die berühmtesten Gelehrten sich gerne
niederlassen, weil sie sich angezogen fühlen durch die großen Emolumente, die
ihnen geboten werden. durch reiche Bibliotheken, durch eine bedeutende soziale
Stellung. kurz durch Alles, was sie als Gelehrte und Lehrer fördern kann."

kleinen Stadtgemeinde) legislativ geregelt und administrativ geleitet werden, wirken sie doch im Geiste deutscher Universitäten.

Ebenso zeigt sich in Nordamerika, was kleine, nur auf sich ange= wiesene Gemeinwesen zu leisten vermögen. Seine Einzelstaaten haben das Gebiet der Union mit höheren Unterrichtsanstalten übersäet. 239 Kollegien, Universitäten und gelehrte Fachschulen (Colleges, Universities, and Professional Schools) zählt Nordamerika. Die Universitäten haben allerdings, mit Ausnahme von zweien, welche den deutschen Hoch= schulen analog sind, mehr die Bedeutung unserer ehemaligen philo= sophischen Jahrgänge; aber, mit gelehrten Fachschulen, mit juridischen, medizinischen, technischen und theologischen Lehranstalten in Verbindung stehend, sind sie doch für die höhere Bildung von großer Wichtigkeit.

Eine Eigenthümlichkeit des höheren amerikanischen Unterrichts= wesens ist, daß neben den öffentlichen Instituten zahlreiche höhere Lehranstalten bestehen, welche durch Privatassoziation gegründet, und von den Staaten mit Korporationsrechten ausgestattet, für den Unterricht in den gelehrten Fächern: in der Medizin, Jurisprudenz und Technik Sorge tragen. Wenn auch diese Anstalten nicht als mustergiltig zu betrachten sind, so zeigt doch ihre ersprießliche Wirksamkeit, bis zu welchem Grade der höhere Unterricht die Autonomie vertragen könne, und wie unbegründet die Besorgnisse unserer Politiker seien, daß ohne die Leuchte des Reichsrathes geistige Nacht über Oesterreich hereinbrechen müsse.

Lassen wir die Nationalitäten ungegängelt ihre Wege ziehen, und sie werden sich vom deutschen Geleise nicht allzusehr entfernen. Das deutsche Unterrichtswesen ist kein Treibhausgewächs, das nur unter der zarten Pflege ministerieller Hände gedeiht. Es wurzelt tief im Boden der Erfahrung und reifte langsam an der Sonne der Wissenschaft, und wie die Russen und Serben, werden auch unsere Nationalen ihre Muster in Deutschland suchen, wenn wir ihnen nicht durch Zudringlichkeit deutsches Wesen und deutsches Wissen zum Gegenstande des Widerwillens machen. Die deutsche Kultur hat in Oesterreich keine gefährlicheren Feinde, als ihre gewaltsamen Protektoren!

„Soll also" — fragt man — „die Zentralregierung die Hände ganz ruhig in den Schooß legen, und der Bewegung auf dem Unterrichtsgebiete nur als müßige Zuschauerin folgen?"

Durchaus nicht! Die kleine Schweiz geht uns auch hier mit großem Beispiele voran. Ohne der Selbstthätigkeit der Kantone irgend= wie Schranken zu setzen, behielt sie sich vor, eine Universität und ein polytechnisches Institut auf Bundeskosten zu gründen, und so Muster= lehranstalten zu schaffen *). Die Kreirung einer Universität unterließ sie jedoch bisher, weil die Kantonal=Universitäten und Akademien ihrem Zwecke entsprechen, und sie schuf nur ein polytechnisches Institut, welches

---

*) Auch Washington's sehnlicher Wunsch war es, daß der nord= amerikanische Bund eine Muster-Universität gründe.

sie mit solcher Munifizenz ausstattete, daß es mit den besten Anstalten dieser Art zu rivalisiren vermag.

Dieses Beispiel muß Oesterreich befolgen, aber in jenem großen Style, der seiner Macht und Bedeutung entspricht. Es schaffe höhere Musterlehranstalten jeder Art im Zentrum der Monarchie, es fördere und dotire alle, die Entwicklung der Kunst und Wissenschaft bezweckenden Korporationen, Institute und Sammlungen auf das freigebigste, es konzentrire die ersten Lehrkräfte Deutschlands in Wien, mache die Metropole Oesterreichs zur Pflanzstätte der Kultur für alle seine Länder und Völker, und bilde jugendliche Talente jeder Nationalität auf Staatskosten zu tüchtigen Lehrern für höhere nationale Unterrichts=anstalten heran. So wird, angeregt durch den Wetteifer, und in richtige Bahnen geleitet durch treffliche Muster und ausgezeichnete Lehrer, sich jene Fülle geistiger Thätigkeit entwickeln, welche unsere Bureaukratie nicht nur nicht zu schaffen, sondern selbst nicht zu ahnen vermag. Der Unterrichtsminister, durch kein aufreibendes Verwaltungs=Detail von seiner großen Aufgabe abgelenkt, wird eine viel weniger extensive, aber dafür eine umso intensivere Thätigkeit entfalten und mehr durch das lebendige Beispiel, als durch todte Paragraphe wirken. Der deutsche Geist wird von Wien über das ganze Reich ausströmen, nicht um die nationale Kultur seiner Volksstämme zu überfluthen und zu ersticken, sondern um sie zu befruchten. Und die deutsche Sprache wird, jenen des Alterthums gleich, die Idiome der zu bildenden Völker nicht in Fesseln legen, sondern beschwingen.

Weder der Zuchtmeister unterworfener, noch der Krankenwärter dahinsiechender Völker, sondern der Führer von kräftigen und freien Nationen soll der Deutschösterreicher sein. Das ist seine Kulturmission, das ist sein zivilisatorischer Beruf!

Den kleinen Volksstämmen ihre Sprache rauben, oder sachte und unbemerkt entwenden, das wäre brutale, oder feige Niedertracht.

Was die Kultusangelegenheiten betrifft, so werden diese in der Schweiz, ganz so, wie die des Unterrichts, von den Kantonen geregelt. Selbstverständlich müssen, den Verfassungsnormen entsprechend, die Gewissensfreiheit und die Gleichheit der Konfessionen in der Gesetzgebung und Verwaltung respektirt werden.

Was Oesterreich betrifft, so hat das Konkordat daselbst so eigen=thümliche Verhältnisse geschaffen, daß es geboten erscheint, die gesetzliche Regelung der konfessionellen und interkonfessionellen Beziehungen, das Normiren der Stellung der Kirche zum Staate der Zentralgesetzgebung zu überlassen.

Würden die Kultusangelegenheiten in ihrem ganzen Umfange den Landtagen zugewiesen, so müßte eine bedenkliche Stagnation in diesem Zweige der Legislation eintreten, denn als Reichsvertrag wäre das

Konkordat der Kompetenz der Landtage, und als Norm für die Regelung von Kultusangelegenheiten der Wirkungssphäre des Reichs= raths entrückt.

Die sonstigen Gegenstände der Kultus=Gesetzgebung und Verwaltung, wie beispielsweise die Ernennung und Dotation der Kuratgeistlichen, die Kongrua= und Patronatsfragen, die Verwaltungskontrole des Kirchen= und Pfründenvermögens, die Regelung des Kultusbudgets 2c. gehören zur Kompetenz der Länder.

C. Oeffentliche Bauten.

Auch in diesem Zweige der öffentlichen Thätigkeit haben die sich selbst verwaltenden Kantone der Schweiz den meisten europäischen Staaten den Rang abgelaufen. Es wurde schon an einer früheren Stelle bemerkt, daß sie für ihre Armen und Leidenden und für die lernende Jugend, Paläste bauen. Mit gleich weiser Liberalität sorgen sie für Erleichterung des Handels und Verkehrs durch Herstellung ausgezeichneter Kommunikations= wege. Bis in die Gletscherhöhen führen sie treffliche Straßen, kein Vicinalweg ist verwahrlost, und um Eisenbahnen anzulegen, haben kleine Kantone und Gemeinden sich mit Schulden belastet. Wie sehr die Schweiz an Sorgfalt für die Herstellung gemeinnütziger Bauten ihre konti= nentalen Nachbarn übertreffe, zeigt ein Blick auf die Kantonalbudgets, in welche für diesen Zweck jährlich im Durchschnitte mehr als 8 Millionen Franken eingestellt sind, somit verhältnißmäßig eine dreimal größere Summe, als in Oesterreich, und eine zweimal so große, als in Preußen.

Den glänzendsten Beweis dafür, daß auch diese Ueberlegenheit ihren Grund in der Selbstverwaltung habe, liefert Nordamerika, in welchem, ohne alles Hinzuthun der Zentralregierung, durch die Privat= thätigkeit und die Sorgfalt der Einzelstaaten, Eisenbahnen *) in der Gesammtlänge von 8.500, und Kanäle in der Länge von 800 deutschen Meilen gebaut wurden, während im vorgeschrittensten Lande Europa's, in England, die Länge der Eisenbahnen im Jahre 1865 nicht mehr als 2882, und die der Kanäle nur 624 deutsche Meilen betrug.

Die Herstellung und Erhaltung der Bundesstraßen der Schweiz besorgen, wie schon an einer früheren Stelle bemerkt wurde, ebenfalls die Kantone, aber nach Angabe und unter Kontrole der Bundesbehörde.

In Oesterreich gehören schon jetzt das Landeskommunikationswesen und alle Bauten, welche Landeszwecken dienen, in den Wirkungskreis der Landtage, und nichts wird dem hinderlich entgegen stehen, daß auch das Reich seine Bauten (mit Ausnahme der militärischen) durch die Länder ausführen und erhalten lasse, selbstverständlich auf seine Kosten, nach seiner Angabe und unter seiner Oberaufsicht.

*) Die 720 deutsche Meilen lange Pacific=Bahn, welche zum großen Theile Einöden durchzieht, ist der einzige Schienenweg, dessen Anlage von der nord= amerikanischen Bundesregierung unterstützt ward.

D. Handel, Ackerbau und Gewerbe.

Bei der Regelung des internationalen Handels und Verkehrs, welche zu den Bundesaufgaben zählt, entschied sich das kleine Schweizerland für das System des Freihandels, und rief mit männlicher Entschlossenheit die ausländischen industriellen Nebenbuhler zu unbeschränkter Konkurrenz auf seinen Markt. Es vertraute hiebei der Tüchtigkeit, der Bildung und dem Fleiße seiner Bürger, deren Kraft es entfesselt und zum industriellen Wettkampfe befähigt hatte; und obgleich es von der Weltverkehrs= straße, dem Meere, entfernt, und von großen schutzzöllnerischen Staaten umschlossen ist, obgleich es an den wichtigen Hilfsstoffen der Industrie, an Kohle und Eisen Mangel leidet, gelang es ihm doch, durch angestrengte und klug geleitete industrielle und kommerzielle Thätigkeit, nicht nur die Mitbewerbung im Innern des Landes ohne Nachtheil zu ertragen, sondern auch seinen Fabrikaten überall auf dem Weltmarkte Geltung zu verschaffen. Außer England hat kein europäischer Staat verhältnißmäßig so zahlreiche Handelsverbindungen und eine so treffliche Konsularvertretung, wie die Schweiz, und ihre Ausfuhrtabellen weisen nach, daß sie durch ihre Gewerbs= und Handelsthätigkeit alle europäischen Kontinentalstaaten überflügelt. So hatten die im Jahre 1858 ausge= führten Schweizer Erzeugnisse verhältnißmäßig einen fast vierfach größeren Werth, als die österreichischen Export=Artikel im Jahre 1866, und einen dreimal größeren, als die im Jahre 1868*) aus Oesterreich ausgeführten Gegenstände. Sie überstiegen ferner verhält= nißmäßig um 60% an Werth die Ausfuhrartikel des Zollvereins (im Jahre 1858), und um 26% die Frankreichs (im Jahre 1863).

Die Förderung des Binnen=Handels und Verkehrs, der Industrie und des Ackerbaues ist — die Leitung des Post= und Telegrafenwesens ausgenommen — der Kantonal=Gesetzgebung und Verwaltung anheimgegeben; doch hat die Bundesverfassung dafür Sorge getragen, daß kein Schweizerbürger in seinem Besitzrechte, im Han= del und Verkehre, oder in der Ausübung seines Gewerbes durch etwaige pfahlbürgerliche Engherzigkeit und Exklusivität irgendwie beschränkt werde. Die oberste Bundesbehörde ging bei der Leitung jener volkswirthschaftlichen Institute, die ihrer Obhut anvertraut sind, den Kantonen mit gutem Beispiele voran**), und diese blieben hinter der Bundesregierung an Einsicht und Liberalität nicht zurück, und brachten durch zweckentsprechende Gesetze, Lehranstalten und Einrichtungen die

---

*) Wohl dem besten Exportjahre, das die Handelsgeschichte Oesterreichs kennt.
**) Die Beförderung eines einfachen Briefes durch die ganze Schweiz kostet vier, die eines rekommandirten sechs Neukreuzer, die eines Lokalbriefes un= gefähr Einen Neukreuzer. Für die Beförderung einer einfachen Depesche durch die ganze Schweiz sind seit 1. Jänner dieses Jahres zwanzig Neukreuzer zu entrichten.

112

Bodenkultur, den Handel und die Industrie auf eine hohe Stufe der Entwicklung. Drei Ackerbauschulen*), mehr als vierzig landwirthschaftliche Armen = Erziehungsanstalten (Institute, welche der Schweiz eigenthümlich sind), dreißig landwirthschaftliche und Gartenbauvereine, welche von den Kantonen subventionirt werden**), verbreiten nützliche Kenntnisse auf diesem wichtigen Gebiete ökonomischer Thätigkeit.

Auch die Gewerbepolizei und ·die Gewerbs= (besonders Fabriks=)Gesetzgebung sind Gegenstand kantonaler Thätigkeit und Sorgfalt.

Kaum irgendwo auf dem Kontinente beschäftigte man sich so eifrig, wie in der Schweiz, mit der Regelung der Arbeitszeit und der Kinderarbeit in den Fabriken, mit der Sorge für eine den Sanitäts= anforderungen entsprechende Einrichtung der Fabrikslokale und mit der Errichtung von Fabriksschulen. Das Züricher Fabriksgesetz vom 24. Oktober 1859, das Resultat wiederholter Prüfungen und eingehender Berathungen, kann in Bezug auf seine Bestimmungen als mustergiltig angesehen werden.

Auch für industrielle Fachschulen hat die Schweiz ausgiebig gesorgt. Ferner sehen wir daselbst Sparkassen, Versicherungs= Anstalten und Banken, blos durch Kantonalgesetze normirt, in Fülle bestehen und segensreich auf alle volkswirthschaftlichen Zweige wirken.

Wie weit die Schweiz uns in dieser Beziehung voran ist, soll hier nur durch einige Beispiele nachgewiesen werden. Die kleine Republik hat doppelt so viel Sparkassen, als die westliche Hälfte Oesterreichs***). Die Zahl der Einleger in die Sparkassen übersteigt verhältnißmäßig um mehr als das Fünffache die unserer Reichsraths= länder, und ein Schweizer legt durchschnittlich drei= und ein halbmal so viel Sparpfennige zurück als ein Oesterreicher.

Banken besaß die Schweiz im Jahre 1866, bei einer Bevölkerung von 2½ Millionen Seelen, 66 mit einem eingezahlten Kapitale von 82 Millionen Franken = 32.800.000 fl. ö. W., während die gesammte österreichische Monarchie mit einer Bevölkerung von 35 Millionen gegenwärtig, einschließlich aller in der letzten Sturmperiode kreirten Banken, deren 32 mit einem eingezahlten Kapitale von zirka 260 Millionen Gulden öst. Währ. aufzuweisen hat. Die Schweizer Banken greifen somit, mit Rücksichtnahme auf die Bevölkerungsverhält= nisse, dem Handel und der Industrie ihres Landes mit einer um 56% höheren Summe unter die Arme, als die österreichischen. †)

---

*) Allerdings nur niedere. Doch wird jetzt beantragt, daß der höhere landwirthschaftliche Unterricht einen Zweig der Lehrthätigkeit des polytechnischen Instituts um so mehr bilden solle, als die Forstkultur ohnedies in den Kreis seiner Unterrichtsgegenstände einbezogen ist.

**) Das große Oesterreich zählt deren nur 48.

***) Die statistischen Daten zur Beurtheilung der ungarischen Länder stehen mir nicht zu Gebote.

†) Diese statistische Zusammenstellung fand im April dieses Jahres statt.

Zwei und zwanzig der angeführten Schweizer Bankinstitute sind Zettelbanken mit einem Notenumlauf im Betrage von 9½ Millionen Franken, und während die österreichische Regierung, ungeachtet des Bankprivilegiums, das Reich mit Papiergeld überfluthete und schwere volkswirthschaftliche Kalamitäten heraufbeschwor, verstanden es die Kantone, trotz der Freigebung der Zettelbanken, durch zweckmäßige Gesetze ihre Bürger vor jenem wirthschaftlichen Ungemach zu wahren.

Was das Eisenbahnwesen der Schweiz betrifft, so berücksichtigte das Bundesgesetz vom Jahre 1852 gleichzeitig die Autonomie der Kantone und die Gesammtwohlfahrt des Landes.

Es ertheilte das Recht der Eisenbahn-Konzession den Kantonen und behielt dem Bunde nur die Genehmigung und das Recht des Bahnankaufes vor. Die übrigen Bestimmungen des Gesetzes haben nur den Zweck, engherzigen Kantonen den etwaigen Widerstand gegen Führung von Eisenbahnen durch ihr Gebiet unmöglich zu machen, den Eisenbahnverwaltungen das Gestatten des Anschlusses anderer Bahnen als Pflicht aufzuerlegen, ferner die technische Einheit des Eisenbahnwesens, so wie den Post- und Telegrafendienst des Bundes zu sichern.

Vierzehn Jahre nach Erlaß dieses Gesetzes, im Jahre 1866, war es schon der Thätigkeit und Opferfreudigkeit der Gemeinden und Kantone gelungen, die Schweiz, trotz der großen Terrainschwierigkeiten, mit einem Eisenbahnnetze zu bedecken, dessen Gesammtlänge verhältnißmäßig die der Bahnen jedes der großen europäischen Kontinentalstaaten übertrifft, so beispielsweise dritthalbmal die Länge des österreichischen Bahnnetzes. *)

Mit gleicher Rührigkeit sind die praktikablen Wasserstraßen dem Verkehre nutzbar gemacht, und werden die Seen der Schweiz von achtzig Dampfschiffen durchfurcht.

So in jeder Beziehung von den Kantonalbehörden auf das Einsichtsvollste gefördert, entwickelt sich in diesem Gebirgslande jene Fülle und Mannigfaltigkeit des volkswirthschaftlichen Lebens, welche die Bewunderung der Kenner hervorrief. Zeugnisse hiefür sind der offizielle Bericht John Bowring's an das englische Parlament, das Werk W. Baers über die Industrie der Schweiz ꝛc. ꝛc.

Wenn nun so Rühmliches durch die Selbstthätigkeit winziger Kantone vollbracht wird, sollten die Kronländer Oesterreichs, von denen Einzelne den Umfang und die Einwohnerzahl stattlicher Königreiche haben, wirklich in all diesen Dingen der Vormundschaft der Zentralgewalt bedürfen?

Angesichts der Mannigfaltigkeit der nationalen und Kultur-Verhältnisse, der Verschiedenheit, ja nicht selten des Gegensatzes in der Konfiguration und Beschaffenheit des Bodens, im Klima und in der Volksdichte der österreichischen Länder, und im Hinblick auf die hiedurch

---

*) Doch wollen wir hier nicht verhehlen, daß in neuester Zeit, in Folge mancher Uebelstände, sich das Bestreben kundgibt, durch ein Konkordat in das gesammte Eisenbahnwesen mehr Einheit zu bringen.

entstehenden zahlreichen Varietäten in der Agrikultur, im industriellen Schaffen, kurz im ganzen volkswirthschaftlichen Leben, muß man bei ruhiger Erwägung wohl zugeben, daß eine, den Verhältnissen sich anschmiegende lokale Regelung der Land= und Forstwirthschaft, der Montan=Industrie *) und der gewerblichen Thätigkeit im Allgemeinen segenbringender als eine zentrale sei, vorausgesetzt, daß — wie in der Schweiz — durch Reichsgrundgesetze jede engherzige Beschränkung und jede Beeinträchtigung der Gewerbefreiheit unmöglich gemacht wird.

Auch die Ordnung des Sparkassen=, Versicherungs= und Bankwesens kann innerhalb reichsgesetzlicher Schranken ohne Bedenken der Thätigkeit der Kronländer anheimgegeben werden.

Selbst das Freigeben der Zettelbanken, nach Herstellung der Valuta und nach Erlöschen des Bank=Privilegiums, ließe sich befürworten, wenn vorher durch ein Reichsgesetz Kautelen festgestellt würden, welche denen des amerikanischen Gesetzes vom 30. Juni 1864 analog sind **).

Daß das Handels= und Wechselrecht in der ganzen westlichen Reichshälfte einheitlich und somit die ganze Handelsgesetzgebung dem Zentralparlamente anheimzugeben sei, darüber sind meines Wissens alle nationalen Parteihäupter einig.

Auch in Bezug auf Eisenbahnen scheint es in Oesterreich, bei der ungleichen Kapitals= und Kreditsvertheilung, zur Verhinderung allzugroßer Verschiedenheit der Anlagekosten, sowie aus mannigfachen, militärischen, technischen, administrativen, national=ökonomischen und polizeilichen Gründen, geboten, die Gesetzgebung, Konzessionirung und Kontrole im Allgemeinen, wie bisher den Zentralbehörden zu überlassen; nur sollte es den einzelnen Ländern unbenommen bleiben,

---

*) Von Letzterer wären jene Zweige des Bergbaues auszunehmen, welche vom Staate monopolisirt werden.

**) Siehe: Die Finanzen und die Finanzgeschichte der Vereinigten Staaten von Amerika. Von Dr. Karl Freiherrn von Hock. Seite 731 — 743.

Die Hauptbestimmungen dieses Gesetzes, so weit sie die Zettelbanken betreffen, sind folgende:

„Jede Bank, welche Papiergeld ausgeben will, hat bei dem Vereinigten Staaten=Schatzamt einen entsprechenden Betrag von Vereinigten Staaten=Schuldobligationen zu deponiren und erhält dagegen 90 Perzent des Betrages in Bankzetteln."

„Der Betrag von Bankzetteln, welche überhaupt von allen Banken des Bundes ausgegeben werden dürfen, ist auf 300 Millionen Dollars festgesetzt. Diese 300 Millionen werden unter die einzelnen Staaten, je nach ihrer Einwohnerzahl und nach ihrem Handelsverkehr, vertheilt."

„Jede Zettelbank ist gesetzlich verpflichtet, stets 25 Perzent ihrer Bankzettelausgabe in Regierungs=Tresorscheinen oder Metallgold liegen zu haben."

„Die Geschäfte und die Finanzlage einer solchen Bank werden vierteljährlich durch Regierungskommissäre untersucht."

Durch diese Kautelen ist für ein einheitliches Papiergeld gesorgt und in wirksamer Weise der Ueberfluthung des Reiches mit Banknoten, sowie der Schädigung der Notenbesitzer vorgebeugt.

die Bewilligung zum Baue jener Eisenbahnen zu ertheilen, deren Führung durch kein gesammtstaatliches, wohl aber durch das Interesse des Landes geboten ist; doch müßten die Länder sich hiebei innerhalb der reichsgesetzlichen Schranken halten und die Genehmigung der Zentralbehörde einholen.

E. Das Justizwesen.

Die Justiz-Gesetzgebung ist in der Schweiz bezentralisirt. Die Politiker dieses Landes kennen wohl die zahlreichen Gründe, welche in der Justizgesetzgebung zu Gunsten der Zentralisation sprechen; sie verhehlen sich nicht, daß die Gesetzgebung im Mittelpunkte des Staates, an welcher die hervorragendsten Legisten sich betheiligen, Vollendeteres zu schaffen vermöge, als der nur aus wenigen und minder erfahrenen Fachmännern sich zusammensetzende Vertretungskörper eines kleinen Kantons; aber sie sind sich ebenso darüber klar, daß in einem Lande mit Einwohnern verschiedener Sprache und Nationalität, aus den schon auseinandergesetzten Gründen, die einheitliche Gesetzgebung überaus gefährlich sei *).

Sie beschränkten daher mit großer Einsicht die gemeinsamen Berathungen im Zentrum auf jene Gegenstände, deren gemeinschaftliche Erledigung unumgänglich nothwendig ist. Die etwaige minder vollendete Beschaffenheit der, aus den Berathungen kleiner Kantone hervorgegangenen Gesetze, und die hieraus entstehenden Unbequemlichkeiten und Nachtheile beachteten sie wenig, Angesichts der durch eine Zentralgesetzgebung heraufzubeschwörenden Gefahren.

Uebrigens ist die Rechtswissenschaft ein aufgeschlagenes Buch, und vermögen die Kantone auch nicht schöpferisch aufzutreten, so sind sie doch in der Lage, das Gute fremder Gesetzgebungen aufzunehmen. Und die Thatsache, daß die Gesetze in der Schweiz, in Holland, Belgien und Deutschland den Rechtsbedürfnissen der dortigen Bevölkerungen genügen, ist der beste

---

*) Wie empfindlich die Nationalitäten in Bezug auf ihre Sprache auch in der Schweiz seien, bewies mir eine Versammlung von hervorragenden Männern aus der französischen Schweiz, die während meines Aufenthaltes daselbst im September 1865 in Genf stattfand, und zwar aus folgender Ursache: Die Bundesbehörde, von der ihr verfassungsmäßig eingeräumten Befugniß Gebrauch machend, errichtete ein polytechnisches Institut in Zürich, eine wahre Musteranstalt, welcher Lernbegierige aus allen Theilen nicht nur der Schweiz, sondern ganz Europas zuströmen, und obschon daselbst auch in französischer Sprache gelehrt wird, so hat das Institut dadurch, daß es in einer deutschen Stadt etablirt ist, und die Mehrzahl der Studirenden Deutsche sind, einen vorwiegend deutschen Charakter angenommen, so daß die französische Sprache in den Hintergrund gedrängt wurde. Der Empfindlichkeit über die, wenn auch nur durch die Verhältnisse hervorgerufene untergeordnete Stellung der französischen Sprache und der französischen Lehrer gab jene Versammlung lebhaften Ausdruck, und es wurde der Beschluß gefaßt, dahin zu streben, daß durch Zusammenwirken der französischen Schweizer ein ähnliches Institut in der südlichen Schweiz gegründet werde. Liegt in dieser Thatsache nicht eine wichtige Lehre für unsere Staatsmänner?

8 *

Beweis der legislatorischen Befähigung kleiner Gemeinwesen. Sind doch in der letzten Zeit aus den Berathungskörpern kleiner deutscher Staaten musterhafte Gesetze hervorgegangen, wie beispielsweise die hannover'sche Zivilprozeßordnung, das sächsische bürgerliche Gesetz= buch; haben doch die meisten großen Juristen Deutschlands ihren Ent= wicklungsgang in kleinen Staaten gemacht, und war es das kleine, föderirte Holland, von wo die moderne Rechtsphilosophie ihren Ausgang nahm.

Die Schweiz betreffend, sagt Emminghaus im 2. Bande seines trefflichen Buches: „Die schweizerische Volkswirthschaft" Folgendes:

„Unter den neueren Kodifikationen der Schweiz findet man Arbeiten „so ausgezeichneter Art, daß man durch ihre gründliche Prüfung über „manche Bedenken, die man noch gegen die Kodifikation überhaupt haben „mag, völlig beruhigt wird."

„Das Aargauer bürgerliche Gesetzbuch und die Züricher „Zivil=Gesetzgebung, denen das Luzerner Gesetz vielleicht nicht nach= „steht, sind Rechtsbücher, wohl werth, von der Jurisprudenz der gebildeten „Welt gekannt und geachtet zu werden."

Uebrigens haben die praktischen Schweizer es sich ermöglicht, die ihnen in irgend einer Sphäre nöthig erscheinende Einheit des Gesetzes, oder Gleichmäßigkeit der Administration, ohne Beeinträchtigung ihrer Autonomie, auf dem Wege freier Vereinbarung zu erzielen. Solche Vereinbarungen, die sie Konkordate nennen, werden in Konferenzen erzielt, zu denen Delegirte der theilnehmenden Kantone zusammentreten. In so kleinen Versammlungen, die fast einen diplomatischen Charakter haben, tritt das sprachliche Moment nicht hervor, und kommen selbst schwierige Fragen zur Erledigung.

Auf dem Wege des Konkordates sucht man jetzt in der Schweiz auch das erwachende Bedürfniß nach einem einheitlichen Handels= und Obligationen=Rechte zu befriedigen, wie dies aus dem ebenso lehr= als umfangreichen Berichte des Bundesrathes vom Jahre 1867 hervorgeht *).

Man wird gegen eine ähnliche Dezentralisation in Oesterreich den Einwand erheben, daß in den Kronländern gemischter Nationalität, die bei uns die große Mehrheit bilden, mit der Verlegung der Legis= lation in die Landtage die Schwierigkeiten nicht behoben wären, da man doch in zwei Sprachen würde diskutiren und Gesetze geben müssen.

---

*) „Nachdem die, bei Erstattung des letzten Berichtes noch rückständig gewesenen Kantone auf das Kreisschreiben vom 28. Februar 1866, betreffend die Einführung eines schweizerischen Handelsgesetzbuches, geantwortet hatten, konnte am 13. Dezember 1867 die erste Konferenz der Kantonsabgeordneten zusammentreten."

„Hier brachten nun die Abgeordneten von Bern einen neuen Antrag ein, dahin gehend, daß von einem speziellen Handelsrecht als überflüssig und unpopulär abgesehen, dagegen auf die Bearbeitung eines allgemeinen schweizerischen Obligationenrechtes, in welchem auch die Bestimmungen über spezifisch kaufmännische Verhältnisse aufzunehmen wären, angetragen werden möchte."

Nun, bei der Diskussion in den zwei Landessprachen *), deren die große Mehrzahl der Abgeordneten kundig ist, sind die Schwierigkeiten, wie die Erfahrung zeigt, nicht unüberwindlich, wohl aber bei der Verhandlung in acht Idiomen, deren jedes, mit Ausnahme des deutschen, der Majorität der Abgeordneten unbekannt ist. Die Deutschen hätten den Vortheil, daß in den Kronländern, wo sie mit den Slaven gemischt wohnen, bei der Vertrautheit der Letzteren mit dem deutschen Idiome, der deutsche Gesetzestext durch die gemischte Berathung an Schärfe und Klarheit nichts einbüßen würde.

Der wichtigste Einwand gegen das Verlegen der Justiz=Gesetzgebung in die Landtage ist wohl der, daß in der Schweiz das Sondergesetz= gebungsrecht der Kantone historisch sei, und daß in Folge ererbter Gewohnheit die unangenehmen Folgen desselben vom Volke minder lebhaft empfunden werden, während bei uns, in der westlichen Reichs= hälfte, der Verlust der Gesetzeseinheit, welche sich in die Gewohnheiten der Bevölkerung hineingelebt hat, auf das schmerzlichste berühren müßte.

Das muß zugegeben werden; aber, wie es scheint, gibt es ein Auskunftsmittel, welches, ohne die Autonomie der Kronländer zu ver= letzen, eine Konformität der in Rede stehenden Gesetze herbeizuführen geeignet wäre.

Eine aus den hervorragendsten Legisten der zisleithanischen Reichs= länder gebildete Zentral = Gesetzgebungs = Kommission hätte alle in diese Sphäre der Legislation gehörigen Gesetzentwürfe auszuarbeiten. Diese Entwürfe müßten von einem, aus Abgeordneten jedes Landtages beste= henden Ausschusse einer erneuerten Berathung unterzogen werden. Das Operat desselben wäre von den Landesregierungen den betreffenden Land= tagen vorzulegen, welch' letztere dieses höchst wahrscheinlich unverändert, oder doch nur mit solchen Veränderungen annehmen würden, welche durch die Rücksicht auf die nationalen und Landes=Verhältnisse geboten sind, Aenderungen, die den Gesetzen mehr zum Vor= als zum Nachtheile gereichen müßten. Ist es doch von den Rechtslehrern anerkannt, daß die Nationalität nicht bloß auf die Einzelbestimmungen, sondern nicht selten auch auf die leitenden Prinzipien der Gesetzgebung von Einfluß sei.

Was die Justiz=Verwaltung und Pflege anbelangt, so ist schon vom theoretischen Standpunkte aus nicht anzunehmen, daß in kleinen Gemeinwesen für sie nicht ganz so gut Vorsorge getroffen werden könne, wie in großen. Und die Praxis sowohl in der Schweiz, als auch anderswo gibt vielfache Belege dafür, daß kleine Länder hierin sogar großen Staaten den Rang abgelaufen haben. Schon gegen Ende des 16. und im Anfange des 17. Jahrhunderts, während die Gefängnisse der übrigen Staaten in ihren Einrichtungen noch den Stempel der Barbarei trugen, waren es die niederländischen Generalstaaten und die deutschen Städte=

---

*) Nur die zwei kleinen Kronländer Schlesien und die Bukowina werden von drei Nationalitäten in beträchtlicher Anzahl bewohnt.

Republiken Hamburg und Lübeck, welche in Bezug auf einsichtsvolle Behandlung der Gefangenen mit leuchtendem Beispiele vorangingen. Der mächtige Anstoß zur Reform des Gefängnißwesens gegen Ende des vorigen Jahrhunderts ward von einem Einzelstaate der damals noch sehr jungen nordamerikanischen Union gegeben. Das pennsylvanische System der Einzelhaft, anfangs in seiner ganzen Strenge, später in der von Anburn gemilderten und schließlich in der vom Irländer Crafton kombinirten Weise, erhielt die Zustimmung der hervorragendsten Männer der Wissenschaft und Praxis. Auch in neuerer Zeit zeigt es sich in auffälliger Weise, daß auf dem europäischen Kontinente vorzugsweise kleine Länder es sind, welche die rühmlichsten Anstrengungen machen, um ihre Gefängnisse im Geiste der Wissenschaft und der Humanität einzurichten. So kam das Anburn'sche System in den Kantonen St. Gallen und Genf, in Belgien und Toskana, und das irische System im Kanton Aargau, in Holland und Oldenburg zur Anwendung.

Die große Sorgfalt der Schweizer Kantone für die Justizpflege findet auch in den Ziffern ihrer Budgets einen prägnanten Ausdruck. Vergleicht man ihren Aufwand für die Rechtspflege mit dem Oesterreichs, so ergibt sich, daß sie verhältnißmäßig um 22·6 % mehr verausgaben als Letzteres, daß sie somit für die Befriedigung des Rechtsbedürfnisses ihrer Bürger, für die humane Behandlung und die sittliche Besserung ihrer gefallenen Mitmenschen mehr Fürsorge treffen, als dieser Großstaat.

Es ist wohl eine Schattenseite der Schweizer Justizpflege, daß sie sich in Händen von Richtern befindet, die nicht für die Lebensdauer ernannt, sondern nur für eine bestimmte Zeit gewählt werden und nicht selten rechtsungelehrt sind. Doch sagt der genaue Kenner und unparteiische Beurtheiler der Schweiz, Emminghaus, „daß er sehr verwickelte Prozesse verfolgt und in den gerichtlichen Entscheidungen große Kenntniß des Rechtes und große Klarheit und Einfachheit des Ausdruckes gefunden habe."

Ueber das Prozeßverfahren in der Schweiz bemerkt derselbe Autor Folgendes: „Für den inneren Handel von großer Bedeutung und von großem Vortheile ist das im Allgemeinen prompte und rasche Prozeßverfahren und die Seltenheit der Verschleppung selbst großer und verwickelter Prozeßsachen, ohne daß hiebei Rechtsverkürzungen, oder Rechtsverletzungen in der Schweiz häufiger vorkämen, als anderwärts. Endlich wird man über Parteilichkeit in der Schweizer Rechtssprechung kaum je klagen hören, was umsomehr sagen will, da die Richter, ihrer ganzen bürgerlichen Stellung nach, häufig genug nicht außer dem Verkehrsleben, sondern mitten darin stehen." — — — „Sie (die Richter) wissen es, daß hier der Ruf der Gewissenhaftigkeit und Gerechtigkeit mehr wiegt und längere Dauer hat, als die Gunst Einzelner."

In Oesterreich, wo die Richter von der Krone ernannt werden, hätte bei der föderativen Umgestaltung des Reiches nur jene Aenderung Platz zu greifen, daß die Besetzung der Richterstellen nicht über

Vorschlag des Reichs-Justizministers, sondern der Justizchefs der einzelnen Kronländer stattfände.

Für die Bundes-Rechtspflege ist in der Schweiz durch Einführung eines Bundesgerichtes Sorge getragen.

Dieses entscheidet — wie schon (Seite 73) bemerkt wurde — als Zivilgericht, bei Zivilstreitigkeiten zwischen den Kantonen unter einander, zwischen den Kantonen und dem Bunde, so wie zwischen diesem und Privaten, oder Korporationen; ferner als Strafgericht bei Vergehen und Verbrechen gegen das Völkerrecht und den Bund, sowie bei solchen, die Ursache oder Folge von Unruhen in den Kantonen sind, durch welche Bundesintervention veranlaßt wird; schließlich als staatsrechtliches Forum bei Verletzung der durch die Bundesverfassung garantirten Rechte.

In Oesterreich ist wohl für die richterliche Entscheidung über analoge zivilrechtliche Streitigkeiten, dann über Beschwerden der Staatsbürger wegen Verletzung der ihnen durch die Verfassung gewährleisteten Rechte, endlich über sträfliche Verletzungen der Verfassung durch Minister, mittelst der verfassungsmäßigen Institutionen des Reichsgerichts und des Staatsgerichtshofes, Vorsorge getroffen. Doch müßte im föderirten Oesterreich, als Bürgschaft gegen reichsfeindliche Bestrebungen, nach dem Muster der nordamerikanischen Bundesgerichte, eine entsprechende Anzahl von Reichsgerichtshöfen, mit einem Reichsobergerichte im Zentrum eingesetzt werden *), denen die Kompetenz über alle Streitigkeiten auf dem Reichsgesetzgebung vorbehaltenen Rechtsgebiete, dann über alle gegen die Sicherheit des Reiches gerichteten strafbaren Handlungen zustünde.

Selbstverständlich bliebe es auch der gemeinsamen Gesetzgebung vorbehalten, Strafbestimmungen gegen Verletzungen des Völkerrechtes und gegen Ueberschreitungen der Reichsgesetze zu erlassen, mögen diese auf dem Wege der Presse, oder in sonstiger Weise stattfinden.

F. Die Finanz-Gesetzgebung und Verwaltung.

Die Kosten der Bundesverwaltung werden durch das Erträgniß der Zölle, der Regalien **), der Bundesstaats-Domänen und Fonds gedeckt; nur falls dieses nicht ausreicht, wird es durch die jährlichen Beiträge ergänzt, welche von den Kantonen, nach einer für je 20 Jahre aufgestellten Skala, zu leisten sind. Das Hereinbringen dieser Beiträge und der Kosten der autonomen Verwaltung ist ausschließlich eine häusliche Angelegenheit der Kantone. Sowohl die Steuergesetzgebung, als auch die Steuerverwal-

---

*) Siehe §. 1, 2 und 3 des 3. Artikels der nordamerikanischen Verfassung.
**) Der Post- und Telegrafen-Verwaltung, des Pulver- und Zündkapsel-Erzeugungs-Monopols.

tung ist diesen völlig anheimgegeben, und wir sehen in den ver=
schiedenen Kantonen die verschiednartigsten Besteuerungs=Modalitäten.
So bestehen in sechs Kantonen nur indirekte Steuern, während in
den übrigen meistens eine Vermögens= und Einkommensteuer, eine
Erwerb= oder Personalsteuer, und in der französischen Schweiz
auch eine Grundsteuer eingehoben wird. Zu den indirekten Auflagen
zählen: Das Salzregal, die Verzehrungs=, Dienstboten= und Luxus=
steuer, die Abgabe von Wirthschaften, die Stempel=Mutations=, Nieder=
lassungs= und Bürgerrechts=Gebühren.

. Die Kantone sind in ihren Ausgaben so haushälterisch und nehmen
die Steuerkraft ihrer Bürger so schonend in Anspruch, daß den
Schweizern unter allen europäischen Staatsbürgern sowohl
absolut, als relativ die geringsten Staatslasten auferlegt sind.
In England entfallen im Durchschn. auf den Kopf jährl. Steuern 23 fl. Oe. W.

„ Frankreich „ „ „ „ 17 fl. 50 kr.
„ der westlichen Hälfte Oesterreichs „ „ 11 fl. 50 kr.
„ Preußen entfallen im Durchschn. auf „ „ 8 fl.
„ der Schweiz „ „ „ „ 5 fl. 80 kr.

Und wie die Belastung der Schweizer Bürger die geringste,
so ist auch die Verwendung der Steuern die produktivste in ganz
Europa. Wir wollen hier nicht den Vergleich mit allen europäischen
Staaten durchführen; es sei, als uns zunächst berührend, eine Parallele
zwischen der Schweiz und Oesterreich gezogen.

Die fruchtbringenden Staatsausgaben verhalten sich bei
uns zu den unfruchtbaren, wie 1.₁₅ zu 1, in der Schweiz, wie
2.₇₅ zu 1. Daß eine so geringe Belastung der Steuerträger und
eine so nutzbringende Verwendung der Abgaben den Schweizern eine
größere Wohlhabenheit sichern, eine bessere leibliche Pflege,
bessere Kleidung und Wohnung und eine kräftigere Ernährung
gestatten, als den meisten Völkern Europas, ist selbstverständlich.
„Wissen Sie," sagte Castelar letzthin in seiner berühmten Rede, „wie
hoch sich der Bruttoertrag des Bodens in der kleinen Schweiz beläuft?
Auf 1500 Millionen Franken *)." ... Die Hektare Landes (1 Hektare
= circa 1.₇ Wiener Joch) hat dort einen Werth, der hier unmöglich ist,
und an den Ufern des Genfer See's ist sie mit 50,000 Franken
bezahlt worden. ... „Dort hat der Arbeiter vor seinem schneeweißen
Häuschen einen Rasenplatz, und er lebt nicht, wie der Arbeiter in
Paris, durch die Haußmann'sche Zerstörung vertrieben, außerhalb der
Stadt in einer Art von Zelten; er lebt inmitten der freien Natur,
behäbig und so zu sagen reich, weil in den letzten fünf Jahren der Arbeits=
lohn sich bedeutend gehoben hat."

Es könnten noch viele Daten angeführt werden; um aber die Leser
nicht zu ermüden, sei hier nur als schlagendster Beweis die mittlere

---

*) In Oesterreich belief er sich, nach Czoerning's Angaben, zur Zeit, als
es noch die reichen italienischen Provinzen besaß, auf 2037 Millionen Gulden.
Im Verhältniß zur Schweiz sollte er sich auf mehr als das Vierfache, nämlich
auf circa 9000 Millionen Gulden stellen.

Lebensdauer in der Schweiz und in anderen europäischen Staaten nebeneinandergestellt.

Das durchschnittliche Lebensalter betrug

in Preußen,	im Durchschnitte	d. J. 1816—1849,	25	Jahre	6	Monate
„ Oesterreich *)	„	„	„	„	26	„	4	„
„ Sardinien	„	„	„	„	28	„	6	„
„ Baiern	„	„	„	„	32	„	9	„
„ Frankreich	„	„	„	„	33	„	—	„
„ Belgien	„	„	„	„	33	„	2	„
„ der Schweiz	„	„	„	„	34	„	3½	„

Aus den hier mitgetheilten Daten geht unzweifelhaft hervor, daß die Kantonal=Regierungen in ihrer Finanzgebarung mit größerer Einsicht und Besonnenheit vorgehen, als die Regierungen großer zentralisirter Staaten, und die Frage tritt nun an uns heran: Kann in Oesterreich, falls dessen föderative Umgestaltung stattfinden sollte, den Kronländern in finanzieller Beziehung eine eben so große Autonomie eingeräumt werden, wie in der Schweiz den Kantonen?

In Bezug auf die Normirung der indirekten Steuern muß diese Frage unbedingt verneint werden. Die indirekten Abgaben, welche den weitaus überwiegenden Theil der Staats=Einnahmen bilden, haben bei uns eine so große fiskalische und volkswirthschaftliche Bedeutung, daß eine einheitliche Regelung derselben unumgänglich nöthig ist; und es gibt auch in der That keine politische oder nationale Partei, welche die Dezentralisirung derselben in ihr Programm aufgenommen hätte.

Anders verhält es sich mit den direkten Steuern. Daß jedes Kronland die Kosten seines eigenen Haushaltes mittelst selbstbemessener und durch seine Exekutiv=Organe hereinzubringender Abgaben decke, ist ein Postulat des Föderativstaates. — Fraglich ist nur, ob jener Theil der Gesammtstaats = Ausgaben, der nicht im Erträgnisse der indirekten Steuern seine Deckung findet, durch Beitragsquoten **) gedeckt werden solle, die nach einer bestimmten (periodisch zu revidirenden) Skala jährlich für die Kronländer zu bemessen sind, oder ob alle für die Zwecke des Gesammtstaates zu entrichtenden Steuern, die direkten, wie die indirekten, im Mittelpunkte des Reiches bemessen und überall von Reichsbeamten eingehoben werden sollen? Die erste Methode ist die im Schweizer Grundgesetze vorgeschriebene, und bietet den Vortheil der Einfachheit und Billigkeit; die zweite, in der nordamerikanischen Föderativ=Verfassung adoptirte, beugt Konflikten bei der Quotenbestimmung

---

*) Aus einer Mittheilung des Statistikers Dr. Glatter (Neue freie Presse vom 15. April d. J.) ist ersichtlich, daß die mittlere Lebensdauer, nach einer neuen Durchschnittsberechnung, sich für Oesterreich noch unerfreulicher herausstelle. Während diese in Preußen auf 26½ Jahre stieg, sank sie in Oesterreich auf 24½ Jahre herab. Nur Rußland zeigt mit 19½ Jahren ein noch ungünstigeres Verhältniß.

**) Das Quotensystem fand, wenn ich nicht irre, vor Jahren einen Vertheidiger im jetzigen Handelsminister.

vor und gewährt dem Gesammtstaate größere Sicherheit. Bei der Entscheidung dieser wichtigen Frage in Oesterreich werden die Argumente für und wider die eine, wie die andere Methode einer sorgfältigen Erwägung vom sachlichen und politischen Standpunkte bedürfen. Kein Einzelner darf es wagen, ein bestimmtes Urtheil darüber auszusprechen. Nur sei es hier gestattet, die Aufmerksamkeit auf den wichtigen Umstand hinzulenken, daß in Nord-Amerika seit dem letzten Bürgerkriege die Einhebung der Bundessteuern durch Bundesbeamte nicht ohne Gefahr für die dortigen Institutionen ist. Vor der Empörung der Südstaaten wurden die Kosten der Bundesverwaltung, im Betrage von 60—70 Millionen Dollars, zum größten Theile durch das Erträgniß der Zölle und des Ländereien-Verkaufs hereingebracht. Die einzige zeitweilig ausgeschriebene direkte Bundesabgabe war eine Grundsteuer von geringem Betrage, welche ganz so, wie in der Schweiz, auf die einzelnen Staaten nach einem gewissen Maßstabe repartirt, durch diese eingehoben und an den Bundes = Schatz abgeliefert wurde. Außer den bei den Zoll-manipulationen Betheiligten, gab es somit nur wenige Bundes-Steuer = Beamte. Seitdem aber, in Folge der inneren Wirren, jährlich direkte und indirekte Steuern in riesigem Betrage einge-hoben werden, hat sich die Zahl der Bundesbeamten und mit ihr die amtliche Schreiberei enorm gesteigert. Wie Hock in seinem vor-trefflichen Werke: „Die Finanzen und die Finanzgeschichte der vereinigten Staaten von Amerika" angibt, fällt, nach einer (März 1867) im Repräsentantenhause gemachten Bemerkung, der Bundesregierung fast der dreizehnte Theil des gesammten Papier-verbrauches der Union zur Last; die Zahl der Unionsbeamten schätzt Hock auf 30,000. Werden noch die Beamten der einzelnen Staaten, Grafschaften und Gemeinden hinzu gezählt, so ergibt dieß eine bureau-kratische Ueberfülle, welche der eines europäischen Beamtenstaates be-denklich nahe steht. Und dieses Beamtenheer ist der Freiheit und der öffentlichen Moral um so gefährlicher, als in den vereinigten Staaten, sobald ihr abtretender Präsident einen Nachfolger von anderer politischer Richtung findet, alle Bediensteten des Bundes den Schützlingen der siegenden Partei ihren Platz einräumen müssen.

Es kann daher nicht Wunder nehmen, wenn die Angestellten das Amt, in dessen prekärem Besitze sie sind, auf jede rechtmäßige und unrechtmäßige Weise zu ihrem Vortheile ausbeuten. Unterschleife, Bestechungen, unredliche Handlungen aller Art sind an der Tages-ordnung, und die öffentliche Moral ist so lax geworden, daß man an der Zukunft der nordamerikanischen Institutionen verzweifeln müßte, wenn nicht glücklicherweise die föderative Organisation der Verbreitung des morali-schen Kontagiums vom Zentrum in die Peripherie hindernd entgegen-träte. Einen erfreulichen Gegensatz zu diesen betrübenden Zuständen bieten die Erscheinungen des öffentlichen Lebens in der Schweiz, wo das Prinzip der Selbstverwaltung konsequenter durchgeführt ist, als in irgend einem Staate der Welt, und wo die öffentliche Moral sich unbefleckt erhalten hat.

Die Wehrkraft der Schweiz.

Die militärische Widerstandsfähigkeit der Schweiz gehört strenge genommen nicht in den Kreis der hier beabsichtigten Darstellung. Anlaß zu ihrer Besprechung gibt nur die weitverbreitete Ansicht, daß dieses Land sein finanzielles und wirthschaftliches Emporblühen der ihm gewähr-leisteten Neutralität verdanke, da jene völkerrechtliche Garantie seinen Bewohnern die Sorge für ihre Wehrhaftigkeit und die unproduktiven Ausgaben für militärische Zwecke erspare. Diese Ansicht ist eine ganz irrige. Die Schweizer haben zu werthvolle physische und moralische Güter erworben, um deren Erhaltung dem Zufalle und dem guten Willen ihrer Nachbarn anheimzustellen, und sind viel zu praktischen Sinnes, um nicht den Schutz, welchen Verträge einem schwachen und wehrlosen Volke bieten, nach seinem realen Werthe zu tariren. Weit entfernt, die Ver-theidigung ihres Landes zu vernachlässigen, widmeten sie ihr vielmehr stets die vollste Aufmerksamkeit, und wenn sie dabei ihr Budget nur wenig belasteten und ihre Finanzquellen nicht gleich anderen Staaten erschöpften, so danken sie dieß nicht den Verträgen, sondern ihrem klugen haushälterischen Sinne. Dieser ermöglichte es ihnen, die Militärmacht, trotz sorgfältiger Schonung des Geld- und Menschen-Kapitals, auf eine Höhe zu bringen, welche verhältnißmäßig die jedes anderen europäischen Staates überragt, und ihr Wehrsystem so trefflich auszubilden, daß sie auf dem für den Defensivkrieg so geeigneten Boden ihres Landes, selbst einem mächtigen Gegner zu trotzen vermögen. Die dritthalb Millionen Schweizer können bei Ausbruch eines Krieges, innerhalb eines Zeitraumes von vierzehn Tagen, 180.000 Mann wohl-ausgerüstet in's Feld stellen *). Dabei verausgaben sie für ihr Hee-reswesen jährlich im Durchschnitte nicht mehr als circa 6½ Millionen Franken (= 2.600.000 Gulden österr. Währung). Das gleichfalls neutrale Belgien stellt, bei einer nur doppelt so großen Bevölke-rung, jährlich das Fünffache ins Militärbudget ein, und ist im Kriegs-falle außer Stande, mehr als 100.000 Mann dem Feinde entgegen zu stellen.

Die österreichische Armee müßte, um der schweizerischen an Stärke und Kostenaufwand verhältnißmäßig zu gleichen, auf dem Kriegsfuße einen Effektivstand von dritthalb Millionen Mann aufweisen. Dabei dürfte der Heeresaufwand im Frieden jährlich nicht mehr als circa 37 Mill. Gulden in Anspruch nehmen. In Wirklichkeit vermochte Oester-reich zur Zeit des Krieges im Jahre 1866 nur 407.000 Mann, also nicht den sechsten Theil der berechneten Zahl in's Feld zu stellen, und belastet es sein bedeutend reduzirtes Kriegsbudget noch immer jährlich mit der Ziffer von circa 75 Millionen Gulden, also mit dem Doppelten

*) Daß diese 180.000 Mann nicht blos auf dem Papiere stehen, bewies der Sonderbundskrieg, in dessen Kämpfen, obschon das Wehrsystem damals noch weniger entwickelt war, und zwei Kantone sich neutral verhielten, fast 140.000 Mann einander gegenüber standen.

jener Summe, die nach dem Schweizer Systeme zu verausgaben wäre.
Selbst unsere neue Heeresorganisation erzielt nur die Kriegsstärke von
800.000 Mann, somit verhältnißmäßig ein Drittel jener Heeresmacht, welche es bei Annahme der Schweizer Wehrverfassung mit der
Hälfte der Kosten ermöglichen würde.

Das vielgepriesene und bei den jetzigen Heereseinrichtungen als
Muster dienende Preußen vermochte während des Jahres 1866 in Gemeinschaft mit seinen Alliirten nur circa 437.000 Mann aufzubieten,
somit nicht ganz ein Drittel der nach Schweizer System erreichbaren
Heeresstärke, und dabei verschlingt der Friedensetat der Armee das
Dreifache jener Summe, welche er bei Adoptirung der Schweizer Einrichtungen beanspruchen würde.

Die Eidgenossenschaft steht somit den anderen kontinentalen Staaten
Europa's militärisch ebenso, wie politisch und ökonomisch voran.

Oesterreichische Experimental-Politik.

Wir haben bis jetzt den Nationalitätenstaat en miniature, die
Schweiz, in's Auge gefaßt; werfen wir nun einen Blick auf das große
Nationalitätenreich, auf die österreichische Monarchie, die im Jahre 1848
gleichzeitig mit dem kleinen Nachbarlande sich zu rekonstruiren begann.
Von den einundzwanzig Jahren, die seitdem verflossen, entfielen mehr als dreizehn auf das absolutistische, und nur der
Rest auf das konstitutionelle Regime, und während der kurzen
Dauer des Letzteren rief die Produktivität unserer Staatsmänner nicht
weniger als fünf Verfassungen in's Leben*), von denen zwei,
die Konstitution vom 25. April 1848 und die vom 4. März
1849, unbefleckt durch die Berührung mit der sündhaften Welt das
Zeitliche segneten, und die dritte, das Diplom vom 20. Oktober,
rasch dahin schied, um seither als gespensterhafter Schatten ihre Nach-
folgerinnen zu umschweben. Die vierte in der Reihenfolge, das
Februarpatent, entschlummerte sanft nach vierjährigem siechen
Dasein, und die letzte, deren Kraft sich jetzt erproben soll, bietet
dem Beschauer alle Symptome der Lebensschwäche dar.

Die konstitutionelle Aera gab den Völkern Oesterreichs auch
nicht einen Tag des inneren Friedens und der Befriedigung. Im
raschen Wechsel der Verfassungen war nichts dauernd, als das Mißbe-
hagen und der Zweifel. Die Beklommenheit wollte nicht von den
Gemüthern weichen. Kein frischer, freier Athemzug erweiterte die Brust
der Völker, so beengt fühlten sie sich durch Institutionen, welche die

---

*) Von der Kremsierer Verfassung kann hier nicht die Rede sein, da sie
nur ein Entwurf blieb.

Formen des Staatskörpers nicht schmiegsam umkleideten, sondern gewaltsam umschnürten.

Die Lenker unserer Geschicke gingen mit hergebrachten staatsrechtlichen Anschauungen an die Neugestaltung der Monarchie. Durch die Großmachtstellung Oesterreichs verleitet, blickten sie bei seiner Konstituirung nach anderen Großstaaten hin und verfielen in den Wahn, daß es, wie diese, nur als Einheitsstaat erstarken könne. Sie vergaßen, daß nur die Aehnlichkeit der ethnischen Verhältnisse und der inneren politischen Gliederung, einen Schluß auf die Zweckmäßigkeit analoger Einrichtungen gestatte, und sei die räumliche Ausdehnung der Staaten noch so verschieden. Das wäre ein seltsamer Naturforscher, der einen Elefanten studirte, um durch Erforschung desselben die Lebensbedingungen eines Haifisches zu ergründen, da beide — Großthiere sind. Wahrlich, die kleinste Forelle im Gebirgsbächlein gäbe ihm richtigeren Aufschluß.

Von falschen Prämissen ausgehend, und so zu falschen Schlußfolgerungen gelangend, wandelten unsere Staatslenker seit 21 Jahren stets auf Irrwegen, wurden sie der Reihe nach die Opfer ihrer Verirrungen, und ist nun auch Oesterreich nahe daran, diesen als Opfer zu fallen.

Bach trat, mit Kenntnissen und Talenten wohl ausgestattet und von liberalen Absichten geleitet, in's Ministerium; aber er gehörte der Wiener Schule an, jener Schule von Staatsmännern, die Oesterreich nur aus der Perspektive der Residenz kennen, und denen der josefinische Gedanke, die Staaten Oesterreichs in einen österreichischen Staat umzuwandeln, als politisches Ideal vor Augen schwebt. Und er ging an die Verwirklichung dieses Ideals mit einer Kühnheit, welche die seines erhabenen Vorbildes noch überbot; aber während dem großen Kaiser die Zentralisation nur das Mittel war, um seine hochherzigen Pläne, unbeirrt von ständischem Egoismus, zu verwirklichen, war seinem engherzigen Nachahmer der Einheitsstaat der Zweck, für den er die großen Ideen der Zeit schonungslos hingab. War es denkbar, daß dem mehr schematisirenden, als organisirenden Talente Bach's gelingen werde, was dem reformatorischen Geiste Josef's mißlang? War es glaubhaft, daß der kleine Nachtreter den Völkern abtrotzen werde, was der edle Monarch den Ständen nicht abzuringen vermochte? Bach hatte wohl zur Erhaltung des Einheitsstaates mächtige Schutzmittel aufgeboten: ein stehendes Heer von Soldaten, ein sitzendes Heer von Beamten, ein knieendes Heer von Priestern, und ein schleichendes Heer von Denuncianten; aber vergeblich! Zwei Tage: der Tag von Magenta und der von Solferino reichten hin, um das Werk eines Dezenniums zu vernichten. Der viel verschriene Staatsmann sah die fata morgana des absoluten Einheitsstaates seinem Blicke entschwinden, als er ihnen am nächsten zu sein glaubte, und stand plötzlich enttäuscht und vereinsamt inmitten der politischen Wüstenei, die er geschaffen.

Bach war vom Hause aus konstitutionell gesinnt, aber dämonisch von einer falschen Idee berückt, gerieth er bald auf die Bahnen der Zwangs

126

herrſchaft. Der Irrthum im leitenden Gedanken führt in der Politik meiſt zum Unrechte, ja ſelbſt zum Verbrechen; denn es iſt unmöglich, der Natur des Staates Zwang anzuthun, ohne ſich an den Völkern zu verſündigen. Warb nicht Joſef II. durch ſeinen zentraliſtiſchen Ungeſtüm von Gewaltthat zu Gewaltthat gedrängt, bis er endlich erſchöpft niederſinkend, mit gebrochenem Herzen ſeinen Irrthum geſtand? Mündeten nicht ſeit Bach alle zentraliſtiſchen Verfaſſungswege in die Gürtelſtraße des Ausnahmszuſtandes? Wenn Bach unter den Staatsmännern der neuen Aera zu den verwerflichſten Mitteln griff, ſo geſchah dies, weil er Oeſterreich am gründlichſten verkannte, und daher am gründlichſten zentraliſirte.

Seine Nachfolger, die Schöpfer des Oktoberdiploms, zum großen Theile Männer aus den Provinzen, kannten dieſe aus eigener Anſchauung, und hatten daher eine richtigere Anſicht von deren Bedeutung und von der ſtaatsrechtlichen Stellung, die ihnen im konſtitutionellen Oeſterreich werden müſſe; aber junkerlich, wie ſie waren, fehlte es ihnen an Verſtändniß für die Freiheitsbedürfniſſe der modernen Welt. Ihr Werk, das Oktoberdiplom, war in Titel, Form und Inhalt ſo abſonderlich, daß es der Bevölkerung faſt nicht wie eine Schöpfung der Gegenwart, ſondern wie eine Reminiscenz aus alter Zeit erſchien. Die Seltſamkeit der äußeren Erſcheinung und die Dürftigkeit des konſtitutionellen Inhalts ließen die in ihm hervortretende, wahrhaft öſterreichiſche Staatsidee nicht zur Geltung kommen. Doch iſt, bei dem ſteten Hinweis der Nationalitäten auf das Oktoberdiplom, nicht zu verkennen, daß es Keime in ſich barg, welche, in fruchtbaren Boden einer modernen Verfaſſung gelegt, die reichſten Früchte hätten tragen können. Aber der Erbe der Oktoberverlaſſenſchaft, der von der öffentlichen Meinung auf den Miniſterſitz getragene Staatsmann eröffnete ſeine Thätigkeit damit, daß er dieſe Keime niedertrat, anſtatt ſie zeitgemäß zu entwickeln. Schmerling, wie Bach, der Wiener Schule angehörig, unterſchied ſich von dieſem nur durch den Weg, nicht durch das Ziel. Wie ſein einſtiger Miniſter-Kollege auf abſolutiſtiſchem, ſo hoffte er auf konſtitutionellem Pfade die Völker Oeſterreichs in's Kanaan des Einheitsſtaates zu führen.

Als kluger Politiker konnte er über die Art des Vorgehens nicht im Zweifel ſein. Er mußte, daß, mit Ausnahme der Deutſchen, die Völker Oeſterreichs dem zentraliſtiſchen Gedanken abhold ſeien, und daß eine aus der Volksmehrzahl hervorgegangene Reichsraths-Majorität ſein Verfaſſungswerk ſchonungslos in Trümmer ſchlagen würde. Er mußte ſomit vor Allem darauf bedacht ſein, künſtlich eine parlamentariſche Majorität zu ſchaffen, die ſeinen politiſchen Anſichten zuſtimmend, ihm als feſter, unerſchütterlicher Phalanx das Zurückweiſen jedes feindlichen Angriffes ermögliche. Sein Hauptaugenmerk war daher auf die Wahlordnungen gerichtet. Und in der That erſann er dieſe mit einer Feinheit, der man die Anerkennung nicht verſagen darf. Nie wurden parlamentariſche Rechte mit größerer Eleganz und Gewandtheit aus den Taſchen der Majorität in die der Minorität hinein eskamotirt. Durch überaus geschickte Wählergruppirungen verstand es Schmerling, den Deutschen, welche nur ein D r i t t h e i l der zisleithanischen Bevölkerung bilden, die Mehrheit im Reichsrathe zu erringen. Von den Deutschen erwartete er kräftige Unterstützung, theils wegen der Hegemonie, die ihnen aus ihrer Majorität erwuchs, theils weil der liberalen deutschen Bureau= kratie, den deutschen Juristen und Professoren, welche ein stattliches Kontingent von Abgeordneten zu liefern hatten, der Einheitsstaat als Ideal erschien, und der Dualismus, wie der Föderalismus, tief widerstrebte.

Nur der unmittelbare Eintritt der ungarischen Abgeordneten hätte seine Einheitspläne zu durchkreuzen vermocht; denn ein Wahlgesetz, welches den Deutschen in einer g e s a m m t ö s t e r r e i ch i s ch e n Vertretung die Majorität hätte sichern können, war selbst bei der durchdachtesten Wahl= gruppirung nicht zu ermöglichen; aber Schmerling rechnete mit Sicherheit auf das Fernbleiben der zähe an ihrem Rechte festhaltenden Magharen, die er erst später durch allmälige Isolirung zum Eintritt in den Reichsrath hoffte nöthigen zu können.

Um aber selbst für den äußersten Fall Vorsorge zu treffen und sich gegen die etwa anstürmenden Nationalen völlig sicherzustellen, wußte er als geschickter politischer Stratege die Februarverfassung so einzurichten, daß sie den Gegnern weder innerhalb, noch außerhalb des Parlamentes eine haltbare Angriffs= oder Vertheidigungsposition bot, während sie die Regierung zur Defensive, wie zur Offensive gleich sehr befähigte. Er stattete den Reichsrath mit parlamentarischen Rechten nur dürftig aus und schwächte dessen Einfluß auf den Gang der Staatsgeschäfte dadurch ab, daß er im Februarpatente über die Ministerverantwortlichkeit schweigend hinwegging. Er gab durch §. 13 der Regierungsgewalt einen Spielraum, wie im absoluten Staate, indem er ihr die Mittel bot, die Verfassung durch die Verfassung zu eludiren. Die a u ß e r p a r l a m e n = t a r i s ch e n Waffen zum Schutze gegen Uebergriffe der Regierung: das V e r e i n s = und V e r s a m m l u n g s r e ch t, die P r e ß f r e i h e i t u. s. w. wurden den österreichischen Staatsbürgern gar nicht, oder nur sehr abge= stumpft in die Hände gegeben.

Schmerling sah ganz wohl ein, daß die nur durch eine e r k ü n = s t e l t e M a j o r i t ä t aufrecht zu erhaltende Z e n t r a l i s a t i o n mit w a h r h a f t l i b e r a l e n I n s t i t u t i o n e n nicht vereinbar sei. Sein Plan war somit ebenso schlau entworfen, als geschickt und konsequent in der Verfassung durchgeführt. Der scheinkonstitutionelle Apparat leistete auch anfangs ganz treffliche Dienste. Die Majo= rität folgte unbedingt den Winken ihres Herrn und Meisters, ja sie war oft plus royale que le roi, schmerling'scher, als Schmerling. Und nicht nur dießseits, sondern auch jenseits der Leitha lächelte dem Staatsminister das Glück. Er hatte mit richtiger Erkenntniß alle seine Kräfte zunächst in Siebenbürgen konzentrirt, dessen s ä ch s i s ch e Vertreter als Verstärkung des deutschen Elements ihm sehr nützlich waren, und dessen r u m ä n i s ch e ihm nicht unbequem werden konnten, da sie im Reichsrathe national isolirt blieben und überdieß sich nicht allzustolzer Unabhängigkeit erfreuten. Der Tag, an welchem die Siebenbürger in

den Reichsrath traten, war auch der festlichste seiner ministeriellen
Thätigkeit. Doch der Verfall seiner Macht sollte nur zu bald eintreten!
Er war außer Stande, das Verfassungsleben zu vertiefen, da jedes
neue konstitutionelle Recht zum gefährlichen Angriffsmittel seiner nationalen
Gegner wurde, und er vermochte es auch nicht auszubreiten und den
Reichsrath durch neue Zuzüge aus Ungarn und Kroatien zu verstärken. Er
vermochte dieß nicht, wahrscheinlich wollte er es auch nicht. Ihm mußte
davor grauen, durch Heranziehen der ungarischen Slaven die föderalistische
Partei im Reichsrathe zu verstärken und die Vertreter von $8\frac{1}{2}$ Millionen
Deutschen denen von 16 Millionen Slaven gegenüberzustellen, ohne diesen
in den Magyaren ein Gegengewicht zu geben. Er hoffte den zähen Wider=
stand der Letzteren durch gleiche Zähigkeit zu überwinden. Er glaubte
warten zu können, und stand wartend stille; aber die öffentliche Meinung
wurde des Harrens bald müde und drängte ungestüm vorwärts. Der
Reichsrath fühlte sich beengter, seitdem er als weiterer figurirte. Das
Mißverhältniß zu den Völkern, die er repräsentiren sollte, trat nun
viel greller hervor, und die leeren Bänke erinnerten ihn nur zu oft daran,
daß er ein Rumpfparlament sei. Seine Bedeutungslosigkeit und seine
Ohnmacht erschienen ihm stets demüthigender, und die Gefahren, welche
der §. 13 in sich schloß, immer beunruhigender. Auch außerhalb der
Volksvertretung wurde die Dürftigkeit der politischen Rechte täglich
schmerzlicher empfunden, und gestaltete sich die Lage um so bedrohlicher,
als der politische Stillstand auch zur volkswirthschaftlichen
Stagnation geführt hatte. Eine immer größere Kluft trennte die öffent=
liche Meinung und die parlamentarische Majorität von Schmerling.
Der Boden unter seinen Füßen wankte, und da er auch von oben nicht
mehr gehalten ward, mußte er stürzen.

Sein Werk, das Februarpatent, konnte ihn nicht lange überdauern;
denn es war unsittlich in der Grundlage, gleißnerisch im
Wesen. Unsittlich in der Grundlage, weil es sich auf Wahlord=
nungen aufbaute, in denen die Majorität ihrer legitimen Rechte
beraubt wurde, gleißnerisch im Wesen, weil es unter konstitutionellen
Formen die Willkür barg.

Das Scheitern des mit so großem Raffinement angelegten Schmer=
ling'schen Planes zeigte, daß die Zentralisation in Oesterreich
ebensowenig durch Scheinkonstitutionalismus zu erlisten,
als durch Absolutismus zu ertrotzen sei.

Der Besitzergreifer des Schmerling'schen Portefeuilles, der Staats=
minister der Sistirungsperiode, unterschied sich nicht minder
durch Charakter, als durch Anschauungen von seinem Vorgänger. Wäh=
rend uns in Schmerling eine scharf ausgeprägte staatsmännische Phy=
siognomie entgegentritt, bietet Belcredi nur vage, verschwommene
Contouren dar. War jener des Zieles und der Wege sich klar bewußt,
so steuerte dieser ohne Kompaß auf stürmisch bewegter See. Ohne
positiven und schöpferischen Geist vermochte er nur ein negatives Pro=
gramm zu entwerfen, wagte er es wohl die Februar=Verfassung zu
sistiren, aber nicht sie abzuändern. Sein Vorleben in der Provinz und

die Anfichten feiner Standesgenoffen weckten in ihm föderaliftifche Anfchauungen, feine vieljährigen bureaukratifchen Gewohnheiten machten ihn zentraliftifch befangen, die Lage der Dinge nöthigte ihn zum Paktiren mit dem Dualismus, und fo abwechfelnd von Standes= neigungen, Amtsgewohnheiten und den politifchen Anforderungen des Tages hin= und hergebrängt, kam er nie zu einem feften Entfchluffe, verdarb er es gründlich mit den Deutfchen, ohne fich warme Anhänger in Ungarn, oder in den Reihen der Nationalen zu verfchaffen. Als er nach der Kataftrophe von Königgrätz das Rechtsgefühl und die Lang= muth der Deutfchen durch Einberufung des außerordentlichen Reichsrathes auf eine zu harte Probe ftellte, fegte ihn der aus den Landtagen heranbraufende Sturm von feinem Minifterfitze hinweg.

Wenn Belcredi auch nichts Pofitives fchuf, fo hatte feine Exiftirung doch eine große hiftorifche Bedeutung, da fie es dem jetzigen Reichskanzler ermöglichte, mit einer an öfterreichifchen Staatsmännern ungewohnten Entfchloffenheit und Gewandtheit die öfterreichifche Ver= faffungsfrage durch den Ausgleich mit Ungarn zu vereinfachen. Der ordentliche Reichsrath wurde einberufen, um die mit Ungarn getroffene Vereinbarung zu genehmigen und die Verfaffung zu revidiren. Er unterzog fich beiden Aufgaben mit gleich großem Eifer und fchuf, nach= dem er das Werk Beuft's acceptirt hatte, fein eigenes: die Verfaf= fung vom 21. Dezember.

Niemand wird diefer die Anerkennung verfagen, daß fie von einem frifchen, modernen Geifte durchweht fei und in Bezug auf freiheit= lichen Inhalt den beften kontinentalen Verfaffungen fich anreihen dürfe; aber andererfeits wird auch kein Unparteiifcher leugnen wollen, daß fie, weit entfernt, den inneren Frieden herzuftellen, die Kluft zwifchen den Deutfchen und den anderen Nationalitäten nur erweitert und die Erbitterung der Gemüther nur noch gefteigert hat.

Es laffen fich aus diefen Thatfachen nur zwei Schlüffe ziehen: Entweder, daß Oefterreich als Nationalitätenftaat in gar keine Ver= faffungsform, oder daß es in keine zentraliftifche Verfaffungs= form gezwängt werden könne.

Daß der erfte Schluß keine Berechtigung habe, erfehen wir aus dem Beifpiele der Schweiz, welche unter viel ungünftigeren Macht= Verhältniffen fich als freier Nationalitätenftaat zu einem der blühendften Gemeinwefen Europas entwickelt hat. Es erübrigt fomit nur der Schluß, daß man Oefterreich nicht als zentralifirten Ver= faffungsftaat aufbauen könne.

Die Refultate der Dezembergrundgefetze geftatten hierüber keinen Zweifel mehr. Den Mißerfolg Bach's konnte man dem Abfolutismus, die Niederlage Schmerling's dem Scheinkonftitutionalismus aufbürden; das Mißlingen der Dezember=Verfaffung jedoch läßt den Zentraliften keinen Troft, keine Ausflucht. Der Bauriß wurde von der Volksvertretung felbft entworfen, und der Bau nach diefem Plane von ihr ganz allein aus= geführt; das konftitutionelle Baumaterial ward mit großer Sorgfalt ausgefucht und nach den erlernten ftaatsarchitektonifchen Regeln gewif=

9

fenhaft aneinander gefügt. Wenn nun das Gebäude trotz alledem
der Mehrzahl derer, die es beherbergen soll, völlig unwohnlich erscheint,
so kann der Fehler kaum anderswo, als im falschen Bauplane
liegen.

Wie konnte auch ein Bauplan richtig sein, der nur auf die
Wünsche und Bedürfnisse einer Wohnpartei Rücksicht nahm, unbe=
kümmert darum, ob das projektirte Gebäude auch den anderen
Parteien bequem und genehm sei?

Die Dezembergrundgesetze hätten in einem anderen Staate, dessen
innerste Natur der Zentralisation nicht widerstrebt, die Grundlage eines
freien und glücklichen Gemeinwesens bilden müssen. Bei uns jedoch waren
sie nur dazu angethan, den bestehenden staatsrechtlichen Konflikt noch
zu verschärfen, und zwar nicht trotz, sondern gerade wegen des in ihnen
klar sich aussprechenden Liberalismus, gerade ob der Fülle von Rechten,
die sie der Volksvertretung einräumen; denn je schärfer ausgeprägt die
Formen sind, in welchen ein falscher Grundgedanke zum Ausdrucke
gelangt, desto klarer treten auch seine Fehler hervor, desto rascher und
verderblicher seine Folgen. Je imposanter in Oesterreich eine zentralistische
Verfassung aufgebaut und je reicher mit liberalen Ornamenten sie
geschmückt ist, desto gefährlicher und desto gefährdeter ist sie. Im arm=
seligen Baue der Februarverfassung waren die begünstigten Deutschen
so kümmerlich untergebracht, daß die außenstehenden Nationalitäten
wenig Ursache zum Neide hatten. Die parlamentarische Majorität war
von geringem Einflusse; an der Spitze der Verwaltung standen großen=
theils Männer aus der Bureaukratie, ohne scharf ausgeprägten politi=
schen und nationalen Charakter, und die Freiheit war allen Völkern auf das
knappeste zugemessen. Im prächtigen Gebäude der Dezemberverfassung
hingegen sind die Bevorzugten in höchst beneidenswerther Weise unter=
gebracht. Unter der Herrschaft der jetzigen Grundgesetze diktirt die
deutsche Reichsrathsmajorität der westlichen Reichshälfte ihre Gesetze,
stehen die Männer dieser Partei an der Spitze der Regierung, geben
sie der ganzen inneren und äußeren Politik ihre nationale und politische
Färbung. Eine so ausgesprochene Herrschaft des deutschen Elementes
über die anderen, ein so vollständiges Besitzergreifen der Rechte der
Volksmajorität durch die Vertreter der Volksminorität muß die Natio=
nalitäten auf das Tiefste erbittern; und da den Erbitterten das
ganze konstitutionelle Arsenal geöffnet ward, so ist es ganz natürlich,
daß sie die ihnen gebotenen Waffen gegen eine Verfassung kehren, welche
sie in ihren Rechten kränkt, in ihrer nationalen Existenz bedroht.

Wenn Regierung und Reichsrathsmajorität nicht rasch Umkehr
machen, werden die durch die Freiheit entfesselten Kräfte sich immer
heftiger gegen den Bestand Oesterreichs kehren, werden die Nationali=
täten jedes ihnen eingeräumte Recht, mit ihrem Hasse vergiftet, als
Pfeil gegen das Reich schnellen und der Regierung keine andere Wahl
lassen, als entweder müßige Zuschauerin zu bleiben, während die Freiheit
den Staat unterminirt, oder dafür Sorge zu tragen, daß der Staat
die Freiheit untergrabe. Und so wird im Kampfe um die Form gar
bald das Wesen zu nichte werden, ja, gar bald; denn immer kürzer

wird die den zentralistischen Experimenten eingeräumte Frist. Das Bach'sche Regiment dauerte ein Dezennium, dem Februarpatente waren nur vier Lebensjahre gegönnt, und zweifelsohne sind der Dezemberverfassung die Tage der Existenz noch knapper zugemessen. Ganz natürlich; der Bach'sche Absolutismus entwaffnete Alle und konnte Alle ungestraft verletzen, so lange ihm die Gewalt nicht von außen her entrissen ward. Der Schmerling'sche Scheinkonstitutionalismus mußte viel schneller erliegen; denn, gab er auch den Völkern nur stumpfe Waffen in die Hand, so ersetzte doch die Quantität der Bewaffneten bald die Qualität der Waffen. Und nun gar die Dezemberverfassung, wie lange noch kann sie ihr Dasein fristen? Sie bedroht mit der einen Hand die Nationalitäten und reicht ihnen mit der anderen auf das freigebigste alle konstitutionellen Defensiv= und Offensivmittel, die Preßfreiheit und die Jury, das Vereins= und das Versammlungsrecht; sie bietet ihnen überdies durch die neue Heeresorganisation Gelegenheit, ihre ganze männliche Bevölkerung militärisch auszubilden und sie im gegebenen Momente als trefflich geschulte Soldaten in die Cadres unserer Feinde einzureihen. Muß ein so naives Spielen mit der Gefahr nicht rasch zu einer Katastrophe führen? Das Bach'sche Vorgehen war, vom konstitutionellen Standpunkte aus betrachtet — verbrecherisch; das jetzige ist von jedem Gesichtspunkte aus, als thöricht zu bezeichnen. Und der Erfolg krönt nicht selten politische Verbrechen, aber niemals politische Thorheiten!

Die Schmerling'schen Wahlordnungen und die Deutsch-Oesterreicher.

Eine der schlimmsten Folgen des verfehlten architektonischen Planes war, daß der schwere Quaderbau der Dezemberverfassung auf jenem Sumpfboden der Schmerling'schen Wahlordnungen aufgeführt werden mußte, der kaum das leicht gezimmerte Februarpatent zu tragen vermochte, daß somit dem Gebäude ein um so rascherer Einsturz droht, je massiver und gediegener das Material ist, aus dem es konstruirt wurde.

Die Politiker der neuesten Aera, indem sie die westliche Reichshälfte, im Widerspruche mit den Wünschen der Völker=Majorität, rekonstruirten, mußten sich ebenso, wie der Schöpfer des Februarpatents, auf eine künstlich geschaffene parlamentarische Mehrheit stützen, und somit das Gruppenwahlsystem beibehalten. Aber, während der klug berechnende Schmerling keinen Augenblick darüber in Zweifel war, daß die Herrschaft einer Schein=Majorität sich nur durch eine Schein=Konstitution aufrechterhalten lasse, gaben sich unsere jetzigen Regierungsmänner der staatsverderblichen Illusion hin, daß eine wahrhafte Verfassung und eine fiktive Mehrheit, daß die Freiheit und das Unrecht, die Dezembergrundgesetze und die Februar=Wahlordnungen vereinbar seien.

Die Wahlgesetze, als die fundamentalen Bestandtheile einer jeden Verfassung, sind von wesentlichem Einflusse auf das gesammte öffentliche Leben eines Staates. Da die Wähler nur gleichgesinnten Bewerbern ihre Stimmen geben, so drücken sie dem gesetzgebenden Körper und indirekt auch der Gesetzgebung ihr politisches und nationales Gepräge auf. Die Fälschung der Wählermajoritäten durch die Künsteleien eines Wahlgesetzes ist daher ein den Konstitutionalismus schwer bedrohender Vorgang. Die ganze Legislation wird dadurch in ihrem Wesen alterirt; denn die Gesetze bringen anstatt des Geistes der **Volksmajorität**, den der **Minorität** zum Ausdrucke.

Man motivirte wohl diese schwere Versündigung am Rechte mit der Nothwendigkeit, den Gebildetsten bei den Wahlen einen Vorzug einzuräumen. Aber diese Bevorzugung fand in einer Weise statt, welche den Anforderungen der Gerechtigkeit und allen Regeln politischer Klugheit Hohn sprach.

Nichts gefährdet, wie der berühmte Staatsrechtslehrer **Zachariä** mit Recht bemerkt, die Fortdauer eines **Völkerstaates** so sehr, als wenn seine Verfassung mit der **relativen Macht** der einzelnen unter dem Vereine begriffenen Theile im Widerspruche steht.

Und nach dem Ausspruche **John Stuart Mill's**, der in seinem klassischen Werke: „**Ueber die Repräsentativverfassung**," für die Bevorzugung der Gebildeten beim Ertheilen des Stimmrechts plaidirt, „**darf man die Mehrertheilung der Stimmen unter keinen Umständen so weit treiben, daß die, welche dadurch bevorzugt werden, oder die Klasse, zu der sie gehören, mit Hilfe dieses Stimmenzuwachses den ganzen Ueberrest des Gemeinwesens überstimmen.** Der Unterschied zu Gunsten der Erziehung ist dadurch kräftig empfohlen, daß er die Gebildeten gegen die Klassenherrschaft der Ungebildeten schützt; **aber er muß genau dort aufhören, wo er anfangen würde, sie in den Stand zu setzen, die Klassengesetzgebung zu ihren Gunsten auszuüben.**"

Dieß die Worte eines Mannes, dem nach **Buckle's** Ausspruch eine Jury der größten Denker Europa's den ersten Platz unter den lebenden Forschern einräumen würde *).

Hat man bei unseren Wahlgesetzen so weise Maß gehalten? Diese Frage soll hier durch Ziffern beantwortet werden:

In **Mähren** beispielsweise sind **drei Viertheile** der Bevölkerung **Slaven**, während auf die **Deutschen** nur **ein Viertel** entfällt, und in den jetzigen mährischen Landtag wurden **sechs und sechzig** Abgeordnete der **deutschen**, und nur **vier und dreißig** der **slavischen** Partei gewählt. Somit haben diejenigen, welche **drei Viertheile** der Bewohner ausmachen, nur **ein Drittheil** der Vertretung im Landtage, während die Deutschen, welche **ein Viertel** der Population bilden, **zwei Drittheile** der mährischen Vertretung besitzen.

---

*) Siehe: Henry Thomas Buckles Essay: „Mill on liberty".

In Dalmatien entfallen auf die Slaven 87 % und auf die Italiener nur 13 % der Einwohnerschaft, und nichts desto weniger bilden Letztere im dalmatinischen Landtage die Majorität, und ist die slavische Bevölkerung zu politischer Nullität verurtheilt.

So grelle Mißverhältnisse und der innere Friede können im konstitutionellen Staate für die Dauer unmöglich neben einander bestehen *); und wenn es nicht Zweck der Verfassung ist, die Mehrzahl der Staats=bürger mit Neid, Haß und Ingrimm zu erfüllen, darf den Nationalitäten das Ertragen so schwerer Unbill nie und nimmer zugemuthet werden.

Es ward bisher dargethan, daß die zur Durchführung der zen=tralistischen Idee angewandten Mittel mit der Gerechtigkeit im Wider=spruche standen, ja im Widerspruche stehen mußten, da naturwidrige Staats=Einrichtungen ihr prekäres und kümmerliches Dasein nur durch das Unrecht fristen. Es läßt sich aber auch nachweisen, daß diese unsittlichen Mittel, diese ungerechten Wahlgesetze den beab=sichtigten Zweck nur in höchst unverläßlicher Weise erfüllen.

Um dieß klar zu machen, muß vorausgeschickt werden, daß es vorzugsweise vom Resultate der Landtagswahlen in Böhmen und Mähren abhängt, ob die Deutschen oder die Slaven im Reichsrathe die Majorität erlangen, ob deutsche oder slavische Hände die Geschicke Oesterreichs leiten. Schmerling richtete daher in den Wahlstatuten das Hauptaugenmerk auf jene zwei Kronländer. Aber wie vorsorglich er auch in den städtischen und ländlichen Wahlbezirken Böhmens und Mährens auf die Deutschen Bedacht nahm, so konnte er doch bei der großen Uebergahl der Slaven daselbst, keine andere Wirkung erzielen, als daß Deutsche und Czechen einander nahezu das Gleichgewicht hielten. Er trug daher ernstlich dafür Sorge, daß die böhmischen und mährischen Großgrundbesitzer, bei deren Mehrzahl er deutsche Gesinnung voraussetzte, in den betreffenden Land=tagen das entscheidende Gewicht in die Wagschale legen. Da der Groß=grundbesitz sowohl in Böhmen, als auch in Mähren mehr als den vierten Theil der Gesammtzahl der Deputirten in den Landtag entsendet, da er ferner, mit Ausnahme der Fideikommißbesitzer, alle seine Abgeordneten als Ein Wahlkörper und in Einem Akte wählt, so gelangen ausschließlich Angehörige seiner Majorität als ein fest geschlossener Phalanx in den böhmischen und mährischen Landtag, und sichern der Partei, der sie sich anschließen, das Ueber=gewicht nicht nur in der Landesgesetzgebung, sondern auch die weitaus überwiegende Vertretung im Reichsrathe.

Und da es, wie schon bemerkt wurde, von der Nationalität der Reichsraths=Abgeordneten der genannten Länder abhängt, ob die Deutschen oder die Slaven die Majorität im Reichsrathe erlangen, so ruht das Schicksal der Deutsch=Oesterreicher und des Gedankens, welcher der Verfassung zu Grunde liegt, in den Händen der böhmischen und mährischen Großgrundbesitzer.

**) Der Aufstand in Dalmatien ist die blutige Exemplifikation dieses Satzes.

Doch das wäre das Schlimmste nicht. Weit schlimmer ist, daß gegen die Erwartungen Schmerling's auch im Großgrundbesitze Böhmens und Mährens die nationalen Parteien an Zahl einander nahe kommen, und daß die Mehrheit im Schooße desselben von wenigen Stimmen abhängt, welche zu gewinnen, für jede eben am Staatsruder befindliche Partei ein Leichtes ist.

So wählten die Großgrundbesitzer unter Belcredi, zur Zeit der Einberufung des außerordentlichen Reichsrathes, nur czechisch Gesinnte in den böhmischen und mährischen Landtag, während wenige Wochen später unter Beust, als einige Stimmen des Großgrundbesitzes durch hohe Einflüsse für die deutsche Partei gewonnen waren, ausschließlich deutsche Kandidaten aus der Wahlurne hervorgingen. Hätten die Czechen damals sich zur Wahl in den Reichsrath entschlossen, so würde dieser mit seiner slavischen Majorität einen eben so frappanten Wechsel der parlamentarischen Szenerie, wie die Landtage, geboten haben.

Somit entscheidet das Votum einiger Edelleute darüber, ob die Herrschaft im böhmischen und mährischen Landtage, und folgeweise die im Reichsrathe, den Deutschen, oder den Slaven zufalle. Es bedarf nur der Schwenkung weniger Kavaliere, und alle Künste des Wahlgesetzes sind zu Schanden gemacht, alle Vortheile der Zentralisation werden zu nichte. Ein kaum merklicher Wechsel in der politischen Strömung der höheren Regionen, ein leichter Hauch in der Hof-Atmosphäre, und die deutsche Hegemonie ist umgeblasen, wie ein Kartenhaus, und die Slaven bemächtigen sich des zentralistischen Apparates, der geschaffen wurde, um sie niederzuhalten, und üben dann Vergeltung an jenen, die ihn so schön vorsorglich aufgebaut.

Welch' eine Politik, die das Schicksal der Deutschen, ja der Monarchie in die Hände einiger Junker legt, welch' eine Staatsweisheit, für die es nur ein heute gibt, kein gestern und kein morgen, keine Erfahrung und keine Voraussicht! — — —

Und das sind nur die Gefahren, durch welche die Stellung der Deutschen unter dem Schutze des Gruppenwahlsystems jeden Augenblick bedroht werden kann. Um wie Vieles noch würden die Chancen der Deutschen sich verschlimmern, wenn, bei Aufrechterhaltung der Dezemberverfassung, die Wahlordnungen eine Abänderung im Geiste der Zeit erführen. Und sie werden diese Abänderung gar bald erfahren; denn weder das Gruppenwahlsystem, noch die jetzigen Wahlbeschränkungen sind aufrecht zu erhalten in einer Zeit, wo Amerika Neger zur Wahlurne zuläßt, wo in England das Wahlrecht immer weiter ausgedehnt wird, und fast in ganz Europa demokratische Wahlgesetze bestehen, wo Frankreich und der norddeutsche Bund allgemeines Stimmrecht besitzen, und in unserer östlichen Reichshälfte ein überaus niedriger Zensus festgestellt ist. Immer ungestümer werden die vom Wahlrechte ausgeschlossenen Volksmassen, Einlaß verlangend, an den Pforten des Parlamentes pochen, und die Deutschen, falls sie nicht jene Allianz mit den Feudalen eingehen wollen, die sie den Slaven so sehr zum Vorwurf machen, werden nachgeben müssen, und da sie nur ein **Drittheil** der Bevölkerung bilden, sich anstatt wie bisher, in **prekärer Majorität**, künftighin in **unzweifelhafter** und **permanenter Minorität** befinden und durch traurige Erfahrung zur Einsicht gelangen, daß die zentralistische Verfassung nicht der Schild der Deutschen, sondern die Waffe sei, welche jeder Mehrheit zum beliebigen Gebrauche gegen die Minderheit in die Hand gegeben ist, gleichviel, ob sie eine **germanische** oder eine **slavische** sei*).

Wenn somit die Deutschen nicht die flüchtigen und problematischen Vortheile des Moments, sondern die dauernden und wahren Interessen der Zukunft im Auge behalten, müssen sie **in der Zentralisation ihre gefährlichste Gegnerin erblicken.** Und es wäre ein Akt **vorausfichtiger** Politik, den Mitnationen **heute** jene föderativen Einrichtungen als **Begünstigung** zu gewähren, die man vielleicht schon **morgen** als **Konzession** für sich würde in Anspruch nehmen müssen.

Die Föderation und der Schutz der nationalen Minoritäten **).

Man sagt: „**Das Aufgeben der Zentralisation würde nicht nur nutzlos, sondern selbst schädlich**

*) Der Feuereifer der zentralistischen Wortführer könnte durch Nichts so rasch abgekühlt werden, als wenn die Slaven anstatt der Föderation „**die Dezemberverfassung und das allgemeine Stimmrecht**" auf ihre Fahne schrieben.

) Folgende Tabelle möge dem Leser das numerische Verhältniß der nationalen Minorität zur nationalen Majorität in den gemischten Ländern **approximativ vor Augen stellen.

Land	Die dasselbe bewohnenden Nationalitäten	Name der, in der Minorität befindlichen Nationalität	Numerisches Verhältniß der nationalen Minorität zur nationalen Majorität des Landes
Böhmen	Deutsche, Czechen	Deutsche	wie 2 : 3
Mähren	do. do.	do.	„ 1 : 3
Galizien	Polen, Ruthenen	Polen	fast „ 1 : 1
Steiermark	Deutsche, Slovenen	Slovenen	„ 1 : 2
Kärnten	do. do.	do.	„ 1 : 3
Krain	do. do.	Deutsche	„ 1 : 11
Küstenland	Italiener, Slovenen	Italiener	„ 1 : 2
Dalmatien	do. Serben	do.	„ 1 : 7
Tirol	do. Deutsche	do.	„ 2 : 3
Schlesien	Deutsche, Polen, Czechen.	Polen, Czechen	fast „ 1 : 1 (60% der Minorität sind Polen)
Bukowina	Deutsche, Ruthenen, Rumänen	Deutsche	wie 1 : 9. (Von dem Reste der Bevölkerung entfällt die größere Hälfte auf die Ruthenen.)

fein. Die Föderation könnte den Uebelständen abhel=
fen, wenn die Sprachgrenzen mit denen der Pro=
vinzen zusammenfielen, wenn man durch die Auto=
nomie dieser auch die der Nationalitäten zu sichern
vermöchte; da aber in den meisten Ländern der
Monarchie die Völker gemischt wohnen, so würden
die nationalen Minoritäten durch die föderative
Gliederung nur dem verstärkten Drucke der Majo=
ritäten ausgesetzt werden. Und sollen die Deut=
schen ihre in der Minorität befindlichen wackeren
Stammesgenossen in Böhmen und Mähren der Ver=
gewaltigung durch jene czechische Majorität preis=
geben, die in der kurzen Zeit ihres Regimentes
ihnen das Sprachenzwangsgesetz auferlegte?"

Es wurde eben nachgewiesen, wie prekär der Schutz sei, welchen
die jetzige Verfassung den Minoritäten der gemischten Landtage im
Allgemeinen, und den Deutschen insbesondere zu gewähren vermag.

Weit größere Sicherheit bietet unter gewissen Cautelen die Föde=
ration, welche den in die Minorität gedrängten Nationalitäten gegen
die Uebergriffe der jeweiligen deutschen oder slavischen Reichsraths=
Majorität dadurch Schutz verleiht, daß sie der Kompetenz der
Länder all' jene inneren Angelegenheiten zuweist, deren gemeinsame
Regelung nicht unbedingt durch das Reichsinteresse geboten ist. Damit
jedoch der Kriegsschauplatz nicht vom Reichsrathe in die Landtage verlegt
werde, und das Hegemoniegelüste nicht um Vieles gehässiger und gewalt=
samer in jedem einzelnen Kronlande hervortrete, müssen der nationalen
Minorität allerorts ausreichende Garantien gegen den Druck der Majorität
geboten werden.

Obenan in der Reihe dieser Garantien stünde ein sorgfältig aus=
gearbeitetes Nationalitätengesetz. Der Reichsrath, der mit rühm=
lichem Eifer die konfessionellen Minoritäten durch ein interkonfessionelles
Gesetz unter seinen Schutz nahm, hat es bisher unterlassen, die noch
tiefer in das Staatsleben eingreifenden nationalen Verhältnisse durch
ein internationelles Gesetz *) in gerechter und dauernder Weise
zu regeln.

Wohl spricht die Verfassung vom 21. Dezember im §. 19 der
Grundgesetze die nationale Gleichberechtigung aus; aber während bei
den anderen grundrechtlichen Bestimmungen auf ein bestehendes, oder
auf ein zu erlassendes Gesetz hingedeutet wird, sucht man in diesem
Paragraphe vergeblich nach einem solchen Hinweise. Vage Zusicherungen
haben aber keinen Werth; die Nationalitäten bedürfen genau umschrie=
bener Rechte; denn nur die Grenzen bestimmen die Größe eines Besitzes,
und nur die genaue Umschreibung derselben schützt sie vor den Ein=
griffen der Willkür.

---

*) Es wird hier das Wort „internationell" gebraucht, weil das Wort
„international" nach dem Sprachgebrauche ein andere Bedeutung hat.

In einem solchen Gesetze müßte die Gleichberechtigung der Sprachen jedes Kronlandes in Schule, Kirche, Verwaltung, Justiz und Gesetzgebung so klar und unzweideutig normirt werden, daß die nationalen Minoritäten vor jedem Uebergriffe der Majoritäten völlig sicher gestellt wären. Der größte Nachdruck wäre auf Bestimmungen zu legen, welche zur Sicherung der nationalen Minoritäten in den Landtagen dienen; denn ohne diesen ausgiebigen Schutz in der Gesetzgebung wird der nationale Friede nie hergestellt, gibt es in Oesterreich nur herrschende und unterdrückte Völker.

Und die Minoritäten müßten in den Stand gesetzt werden, sich selbst zu schützen. Die Vertheidigungsmittel den Majoritäten anvertrauen, hieße Festungsmauern durch eine feindliche Besatzung hüten lassen.

„Wie kann nun dieser Schutz geboten werden?"

Auf zweierlei Art. Die Eine bestünde darin, daß in den gemischten Kronländern das nationale Zweikammersystem eingeführt würde, daß man beispielsweise in Böhmen eine deutsche und eine czechische Kammer bildete. Das Zweikammersystem ist fast in allen konstitutionellen Staaten aus politischen Gründen adoptirt, es wäre somit gar nicht absonderlich, es in Ländern mit gemischter Bevölkerung aus nationalen Rücksichten einzuführen. Wenn den Häuptern der großen Adelsgeschlechter eine gesonderte Vertretung eingeräumt ist, warum sollte sie nicht für eine ganze Nationalität in Anspruch genommen werden?

Wenn hier gleichwohl das Zweikammersystem nicht empfohlen wird, so geschieht dies aus keinem anderen Grunde, als weil es in Oesterreich nicht minder gefährlich ist, den parlamentarischen Kontakt der Völker absolut zu verhindern, als ihn ohne Noth zu vervielfältigen. Die Nationalitäten völlig von einander ferne halten, hieße sie gänzlich einander entfremden, und das Wiedererwachen gegenseitigen Wohlwollens unmöglich machen *).

Weit empfehlenswerther erscheint die zweite Art, den nationalen Uebergriffen vorzubeugen, welche darin besteht, daß die Vertreter in den gemischten Landtagen wohl gemeinsam berathen, aber gesondert in nationalen Kurien abstimmen, und daß nur jene Gesetze, respektive nur jene Gesetzes-Bestimmungen als angenommen zu betrachten sind, für welche die Majorität in jeder Kurie gestimmt hat **).

---

*) Auch der Umstand würde der Ausführung hindernd in den Weg treten, daß die zwei kleinen Länder Schlesien und die Bukowina, je von drei Nationalitäten bewohnt werden.
**) Ich habe das Kuriatvotum schon vor zwei Jahren in einem Nationalitäten-Gesetz-Entwurfe vorgeschlagen, der privatim politischen Freunden mitgetheilt und vom Journale: „Die Politik." im Auszuge veröffentlicht wurde. Ich ersehe aus den Blättern, daß diese meine Idee jetzt in czechischen Kreisen Zustimmung findet.

138

Ist das Kuriatvotum im Prinzipe angenommen, dann muß festgestellt werden, ob es bei allen Abstimmungen, oder nur bei jenen stattfinden solle, durch welche über Fragen von nationalem Interesse entschieden wird.

Wichtige Gründe sprechen für Letzteres. Es kann, wie wir aus trauriger Erfahrung wissen, dem Gemeinwesen nicht frommen, wenn man die natürlichen Verhältnisse ohne dringende Nothwendigkeit verrückt und politische Parteibildungen durch eine scharfe nationale Scheidung permanent verhindert. Die politische Klugheit erheischt somit, daß in allen Fragen, bei denen die Parteien nicht nach nationalen, sondern nach politischen, ökonomischen, Standes-, Berufs- oder lokalen Interessen sich scheiden, gemeinsam (viritim) abgestimmt werde.

Es ist allerdings sehr schwierig, durch ein Gesetz festzustellen, welche Fragen nationale Interessen berühren; aber man kann mit Recht behaupten, daß das Gebiet der Schul- und Sprach-Gesetzgebung der Haupttummelplatz nationaler Leidenschaften und Herrschergelüste sei. Die Kuriatabstimmung hätte somit in Schulfragen und bei Bestimmungen jedes Gesetzes stattzufinden, welche auf Sprache Bezug haben. Ferner müßte das Kuriatvotum bei allen Abänderungen der Landesverfassung und des Landes-Wahlgesetzes Platz greifen. Doch hätte das Kuriatvotum selbst da, wo es zur Anwendung gelangt, nur dann stattzufinden, wenn die nationale Minorität es verlangt.

Hoffentlich wird diese Abstimmungsweise, nach wieder hergestelltem inneren Frieden, allmälig ganz außer Uebung kommen und das bloße Vorhandensein der empfohlenen Cautel ihre Anwendung mit der Zeit überflüssig machen. In der Schweiz bedarf es einer solchen Vorsichtsmaßregel nicht. Man hat eben dort in einer langen Schule der Erfahrung jedes nationale Recht achten gelernt, das fremde, wie das eigene.

Sollte in jenen Kronländern, wo das gegenseitige Mißtrauen der Volksstämme ein tiefgehendes ist, wie beispielsweise in Böhmen und Mähren, die nationale Minorität sich mit einem beschränkten Kuriatvotum nicht zufrieden geben, so könnte man dieses auch bei Abstimmungen über andere Fragen zugestehen, aber nur, falls drei Viertheile der nationalen Minorität es verlangen. Dieses Zugeständniß sollte jedoch vorläufig nur für eine kurze, genau zu bestimmende Zeit gemacht werden, nach deren Ablauf die Reichsgesetzgebung auf Grundlage gemachter Erfahrungen über dessen Fortdauer zu entscheiden hätte.

In ähnlicher Weise wie in den Landtagen, müßte auch in den Vertretungs- und Verwaltungs-Körpern gemischter Orts- und Bezirksgemeinden, bei Entscheidungen über Schul- und Sprachfragen und bei Ernennung von Lehrern curiatim abgestimmt werden*).

---

*) Auch im Landesschulrathe und in den Schulräthen gemischter Bezirks- und Ortsgemeinden müßte der Minorität das Kuriatvotum gesichert werden.

Die föderativen Einrichtungen mit der Beigabe des Kuriatvotums gestatten einerseits der nationalen Majorität jedes gemischten Kronlandes, ihre häuslichen Angelegenheiten selbstständig zu ordnen, und hindern sie andererseits daran, die in der Minorität befindlichen Hausgenossen hiebei irgendwie in ihren nationalen Interessen zu schädigen. Das Kuriatvotum macht die Geschicke der Nationalitäten unabhängig von den Wechselfällen der politischen Parteien, es stellt die Minorität und die Majorität in den Landtagen, bei Entscheidungen über nationale Fragen, als gleichberechtigte Paciszenten neben einander. Es ist die Schutzwehr der Schwachen, der feste Schild, mit dem jede Nationalität sich selber deckt.

Doch der Schutz in der Gesetzgebung allein ist nicht ausreichend; auch in der Verwaltung muß die nationale Minorität vor Uebergriffen möglichst sichergestellt werden.

Damit die aus der nationalen Majorität hervorgegangene Regierung eines autonomen Kronlandes nicht durch ihre Verwaltungsorgane die besten nationalen Sicherheitsgesetze illusorisch mache, wären vor Allem die Bezirke in sprachlich gemischten Kronländern möglichst national zu arrondiren, und ihre autonomen Rechte bedeutend zu erweitern. Ich habe in meiner kleinen Schrift: „Zur Erweiterung der Munizipalautonomie" *) einen detaillirten Entwurf veröffentlicht, der sich seiner Zeit der Zustimmung der verschiedensten Parteiorgane zu erfreuen hatte. Ich muß die Leser, was die Motivirung und das Detail betrifft, auf diese Schrift verweisen, und will hier nur die Grundzüge des Planes mittheilen:

„Der Bezirk bildet in politisch-administrativer Beziehung ein Ganzes: „die Bezirksgemeinde."

„Dieser Bezirksgemeinde ist außer der ihr gesetzlich zugewiesenen Thätigkeit, unter Auflassung des gegenwärtigen politischen Bezirksamtes, die ganze politische Administration des Bezirkes zu übertragen, so daß sie in politicis die erste Instanz ist. Sie hat, unter Solidarhaftung, die Steuereinnahme und Steuerverwaltung im ganzen Umfange des Bezirkes zu besorgen, und eventuell die auf den Bezirk entfallende Steuerquote auf die Ortsgemeinden desselben umzulegen. In ihr und durch sie ist für die Geschäfte des nicht streitigen Richteramtes, in Verlassenschafts-, Waisen- und Kuranden-Angelegenheiten zu sorgen; somit ist auch die Führung des kumulativen Waisenamtes an sie zu übertragen. Ebenso sind das Kirchen-, Schul- und Armenwesen, die Geschäfte der Konskription, der Rekrutirung und alle sonstigen, in das Bereich der politischen Verwaltung und zur Ausübung der Lokalpolizei gehörigen Funktionen an die Bezirksgemeinde zu übertragen" **).

*) Wien, Wallishausser'sche Buchhandlung (Joseph Klemm) 1868.
**) Falls die Bezirksgemeinden für die Ausübung dieser Funktionen zu klein befunden würden, könnte man mehrere Bezirksgemeinden zu einer Kreisgemeinde zusammenlegen.

„Entsprechend dem Mehrbetrage der hieraus erwachsenen Verwal=
tungsauslagen, wird die von dem Bezirke an den Staat zu entrichtende
Steuer ermäßigt."

„In der Ausübung ihrer Funktionen ist die Bezirksgemeinde
streng zur Einhaltung der Reichs= und Landesgesetze verpflichtet."

„Das berathende, beschließende und die Verwaltung überwachende
Organ der Bezirksgemeinde ist die Bezirksvertretung."

„Die Bezirksvertretung wählt:

1. Aus ihrer Mitte den engeren Ausschuß zur Kontrolirung
der Verwaltung.

2. Das verwaltende und vollziehende Organ der Gemeinde, den
Bezirksmagistrat, und seinen Vorstand, den Bezirksver=
weser."

„Zur Ueberwachung, sowohl der autonomen, als auch der
übertragenen Thätigkeit der Bezirksgemeinde steht an der
Spitze des Bezirkes ein von der Krone ernannter Bezirks=
präsident, welcher das Organ der Regierung in der Bezirksver=
waltung ist. Ohne selbst zu administriren, hat er die pünktliche
Ausführung der Gesetze und der behördlichen Anordnungen zu über=
wachen, die Interessen des Staates zu wahren, die Autorität der Regie=
rung aufrecht zu erhalten, ungesetzliche Beschlüsse der Bezirks= und Ge=
meindevertretungen, sowie gesetzwidrige Akte der Magistrate hintanzuhalten,
und ebenso die fehlerhafte Anwendung der Gesetze zu verhindern" *).

„Zur Präsidentenstelle wird, womöglich, ein Mann berufen, der
im Bezirke angesessen ist und ebenso sehr das Vertrauen der Krone,
wie die Achtung der Bevölkerung genießt" **).

Auf diese Weise wäre ohne Beeinträchtigung der Staats= und
Landes=Interessen die Verwaltung in den Bezirksgemeinden Männern
anvertraut, welche, der Sympathie der Bevölkerung sich erfreuend, in der
Administration allen gehässigen Uebergriffen der nationalen Majorität
einen Damm entgegensetzen würden.

Damit es auch ein Forum zur Austragung nationaler
Streitigkeiten gäbe, wäre im Zentrum des Reiches ein Schieds=
gerichtshof einzusetzen, in welchen jede Nationalität aus ihrer Mitte
in gesetzlich vorgeschriebener Weise eine gleiche Anzahl von Schiedsrichtern
und Stellvertretern zu wählen hätte.

Im Entscheidungsfalle würde das Schiedsgericht sich konstituiren,
indem je zwei Schiedsrichter jeder Nationalität, welcher die streitenden
Parteien angehören, zusammenträten, und sich als Obmann einen
Schiedsrichter beigesellten, der einer neutralen Nationalität angehört.
Bei Stimmengleichheit gäbe das Votum des Obmanns den Ausschlag.

---

*) Der Bezirkspräsident stellt den Zusammenhang zwischen den vom
Volke gewählten, und den von der Regierung ernannten Verwaltungs=Beamten
her, und bildet so den verbindenden Ring in der Kette der Administration.

**) Da diese Umgestaltung nur allmälig stattfinden kann, so wäre vielleicht
bis zum Zeitpunkte der durchgeführten Reform, den Bezirksgemeinden in Bezug
auf die von der Regierung einzusetzenden politischen Bezirksbeamten, das
Recusationsrecht einzuräumen.

Das nationale Schiedsgericht hätte über Klagen von Individuen, Korporationen und Gemeinden wegen Verletzung der ihnen verfassungs= mäßig zustehenden nationalen Rechte zu urtheilen, ferner bei Kollisions= fällen in den national gemischten Landtagen und kleineren Vertretungs= und Verwaltungskörpern darüber zu entscheiden, ob eine Frage als solche zu betrachten sei, bei welcher ein Kuriatvotum stattzufinden habe oder nicht. Seinen Entscheidungen wäre nöthigenfalls der Vollzug durch Reichs=Exekution zu sichern.

Alle diese Bestimmungen zum Schutze der nationalen Rechte müßten einen integrirenden Bestandtheil der Verfassung bilden.

Wären die Minoritäten vorerst in der bisher angegebenen Weise sichergestellt, dann könnten auch die Majoritäten ohne Gefahr in ihre legitimen Rechte eingesetzt werden, und zeitgemäße Wahlstatuten an die Stelle der Schmerling'schen Wahlordnungen treten. Die in ihrer Auto= nomie nicht mehr bedrohten Länder werden ebenso wenig, wie die Kantone der Schweiz, oder die einzelnen Staaten Nordamerika's, sich gegen direkte Wahlen in's Zentral = Parlament sträuben. Außer den vom Volke unmittelbar in's Abgeordnetenhaus zu wählenden Depu= tirten müßte, analog den obgenannten Föderativstaaten, jedes Land, ob groß oder klein, aus der Mitte seines Landtages eine gleiche Zahl von Vertretern in's Herrenhaus entsenden, welches dadurch auch zum Länderhaus würde *). Dieses Länderhaus hätte nicht blos für die Wahrung des föderativen Charakters der Monarchie, sondern auch für die Sicherheit der Deutschen hohe Bedeutung; denn von den siebzehn Kronländern der westlichen Reichshälfte sind acht**) ausschließlich oder überwiegend deutsch; ihre Vertreter würden daher vereint mit den Repräsentanten der hohen Adelsfamilien ein ausreichen= des Gegengewicht gegen die etwaige Präponderanz der Slaven im Abge= ordnetenhause um so mehr bilden, als nach den Bestimmungen des zu erlassenden Wahlgesetzes, aus den Landtagen gemischter Länder eine proportionale Zahl von Vertretern jeder heimischen Nationa= lität ins Länderhaus zu entsenden wäre.

Vergleichen wir nun die Stellung der Völker im föderativ kon= struirten Reiche mit jener im zentralisirten, und fragen wir uns dann, welche die vortheilhaftere sei.

Halten wir Umschau im Reichsparlamente des zentralisirten Oester= reichs, so sehen wir heute den Widerstand der Nationalitäten gegen die deutsche Majorität. Sind einst die Wahlgesetze im demokratischen Sinne abgeändert, dann begegnen wir der Renitenz der Deutschen gegen die slavische Uebermacht. Und werfen wir einen Blick auf die Zustände in den Landtagen und Ländern, so tritt uns vollends ein Jammerbild ent= gegen, ein chaotisches Gewirre, eine tief erschreckende Unnatur der Zustände!

---

*) Die Ernennung von Herrenhaus=Mitgliedern für die Lebensdauer müßte künftighin unterbleiben.
**) Tirol, Vorarlberg, Salzburg, Oesterreich ob der Enns, Oesterreich unter der Enns, Schlesien, Steiermark, Kärnten.

Aus Böhmen und Mähren ertönt der Klageruf der czechischen Majorität gegen die Herrschaft der deutschen Minorität. In Galizien setzen sich die Ruthenen gegen die Suprematie der Polen zur Wehre. In Steiermark und Kärnten grollen die Slovenen wegen Zurücksetzung von Seiten der deutschen Majorität. Dafür üben sie reichlich Vergeltung an den Deutschen in Krain. Im Küstenlande und in Dalmatien kämpft die slavische Mehrheit gegen den von der italienischen Minderheit ausgeübten Druck, während in Tirol die Italiener sich gegen die Herrschaft der Deutschen sträuben. Kurz, wohin wir das Auge richten, erblicken wir Zwietracht und Hader, den Krieg Aller gegen Alle, die Verdüsterung nicht blos der politischen, sondern auch der bürgerlichen und sozialen Verhältnisse. Und wie in den Provinzen durch die aufgedrängte Reichsverfassung das Gelüste zur Secession vom Reiche, so erwacht allgemach in den unterdrückten Nationalitäten jedes Kronlandes der Drang zum Ausscheiden aus demselben. Ist es denkbar, daß Oesterreich so fortbestehe?

Wie ganz anders müßten die Dinge sich im föderirten Oesterreich gestalten. Im Zentrum würde durch Ueberweisung des größten Theiles der inneren Angelegenheiten an die Länder die feindliche Berührung der Nationalitäten möglichst hintangehalten, und den etwaigen Uebergriffen der Slaven im Abgeordnetenhause durch das Länderhaus Schranken gesetzt. In den Landtagen wäre, bei Aufrechthaltung der größten Autonomie, durch das Kuriatvotum der Unterdrückung der Minorität wirksam vorgebeugt. Die nationale Arrondirung der Bezirke hielte Sprach-Konflikte möglichst hintan, und in jenen Bezirks- und Orts-Gemeinden, deren gemischte Bevölkerung administrativ nicht zu trennen ist, wäre die nationale Minorität gleichfalls durch das ihr in den lokalen Vertretungs- und Verwaltungskörpern eingeräumte Kuriatvotum in den Stand gesetzt, jeden Angriff auf ihre nationalen Rechte abzuwehren. Ferner wäre durch das Recht der Bezirksgemeinden, ihre Funktionäre und Beamten selbst zu wählen, auch in der Exekutive eine Barrière gegen Ausschreitungen der Majorität errichtet, und ermöglichte schließlich das nationale Schiedsgericht die friedliche und unparteiische Austragung nationaler Streitigkeiten.

Entzöge man durch Institutionen, wie die eben angedeuteten, dem Völkerhader den Boden, dann würde unser öffentliches Leben gar bald gesunden. Wenn die nationalen Interessen von der jeweiligen parlamentarischen Majorität unabhängig sind, werden bei den Wahlen nicht mehr wie jetzt, Stamm und Sprache, sondern das politische Bekenntniß das Schiboleth sein, wird die Nationalität sich nicht mehr wie ein Keil zwischen die Anhänger einer und derselben politischen Partei hineinschieben. Gibt es doch kein untrüglicheres Symptom unseres politischen Siechthums, als die Permanenz unnatürlicher Partei-Allianzen und Gegnerschaften, das Hineingedrängtwerden Aller in falsche Positionen, wo der Freund den verwundenden Pfeil abschnellt gegen die Brust des Freundes, und politische Gegner, Schulter an Schulter stehend, in denselben Reihen kämpfen.

Einwendungen gegen die föderative Umgestaltung Oesterreichs.

Man wendet, wenn von der föderativen Umgestaltung Oesterreichs die Rede ist, gewöhnlich ein, daß das
große Oesterreich nicht nach dem Muster der kleinen
Schweiz konstituirt werden könne. Die Schweiz sei in
Folge der ihr zugesicherten Neutralität von Außen her
nicht bedroht. Die Kantone und deren Bevölkerung haben
nicht die zentrifugale Richtung der Kronländer und
Nationalitäten Oesterreichs, und Letzteres bedürfe
überdies als großes Reich einer größeren Konzentration der Regierungsgewalt, als die kleine Nachbarrepublik.

Alle diese Einwendungen sind völlig haltlos; denn die Nachbar-
Staaten des Schweizerlandes tragen nicht minder Gelüste nach seinen
Kantonen, als die Oesterreichs nach dessen Kronländern. Und ist Letzteres
etwa bedrohter und gefährdeter, weil es eine Großmacht ist?

Die Verträge von 1815 würden die Schweiz vor dem Bruche
der gewährleisteten Neutralität während eines europäischen Krieges
ebenso wenig schützen, als sie Oesterreich vor dem Verluste von Provinzen wahrten; und in der That haben die Schweizer sich militärisch so
eingerichtet, als ob diese Verträge gar nicht existirten.

Was das zentrifugale Streben betrifft, so müßte es in den
schweizerischen Kantonen und Völkern hervortreten, sobald man sie nach
österreichischem Muster regierte, und würde es in Oesterreich gar bald
aufhören, wenn man ihm Einrichtungen wie die der Schweiz gäbe;
denn die zentrifugale Tendenz, die Neigung zum Abfalle, entsteht in
einem Volke, wenn die Verwaltung seiner werthvollsten nationalen
Güter in fremden Händen liegt; und das ist im zentralisirten
Staate der Fall. Hingegen haben die Völker nicht die mindeste Ver-
anlassung, aus einem Reiche zu scheiden, unter dessen Aegide sie selbstthätig für ihr nationales Gedeihen sorgen, wie ihnen dies der Föderativstaat ermöglicht.

Bei der Behauptung, daß dem großen Staate eine konzentrirtere
Regierungsgewalt, als dem kleinen, Noth thue, verwechselt man offenbar
den Machtapparat mit dem Machtumfange, und anstatt zu sagen:
Die Zentralgewalt eines großen Staates bedürfe im Vergleiche zu der eines
kleinen der proportionalen Verstärkung aller Machtmittel,
stellt man den irrigen Satz auf, daß sie der Erweiterung der
Macht- und Kompetenz-Sphäre bedürfe.

Es wäre einfältig, zu behaupten, daß Oesterreich, als Großmacht,
keiner stärkeren Heeresmacht, und keines größeren diplomatischen Auf-
wandes, als die Schweiz, bedürfe. Es wäre aber nicht minder
thöricht zu sagen, daß Oesterreich, weil es eine Großmacht ist, keine

so weit gehende Autonomie, wie die Schweiz, zugestehen könne. Hängt denn seine europäische Stellung wirklich davon ab, daß die Schulgrundsätze im Reichsrathe, und bei Leibe nicht in den Landtagen berathen werden, oder daß die, über ein Vergehen oder ein Verbrechen verhängte Strafe in allen Kronländern, wie mit dem Zirkel gleich bemessen sei?

Die Gesetze der politischen Statik gelten im Großen ganz so, wie im Kleinen. Das beweist die nordamerikanische Union, deren Flächeninhalt jenen Oesterreichs fünfzehnmal übersteigt, und deren Bevölkerung der unserigen an Zahl gleichkommt, und wo die Staatsgewalten einander ganz gut das Gleichgewicht halten, obgleich die Kompetenzvertheilung zwischen der Zentralregierung und den Regierungen der einzelnen Bundesstaaten der schweizerischen ganz analog ist.

Eine ebenfalls sehr häufige Behauptung ist die, daß föderative Einrichtungen sich wohl für die Republik, aber nicht für die Monarchie eignen.

Auch diese Behauptung ist ganz und gar unrichtig. Die monar- chische Regierungsform wäre nur dann ein Hinderniß, wenn die Rechte der Krone durch föderative Institutionen, oder wenn letztere durch erstere beeinträchtigt würden. Aber keines von beiden ist der Fall, wenn, wie dies selbstverständlich ist, die Bundeseinrichtungen der monarchischen Regierungsform angepaßt werden.

Daß die Krone im Bundesstaate an ihren Rechten keine Einbuße er- leide, geht daraus hervor, daß in diesem, ganz so, wie in zentralisirten Ländern Alles, was die Sicherung seiner internationalen Stellung betrifft, in den Händen der Zentralgewalt ruht, daß somit die wichtigsten Kron- rechte: das Verfügungsrecht über die gesammte Wehrkraft, das Recht Krieg zu erklären, Frieden zu schließen und internationale Verträge einzugehen, geradeso im Mittelpunkte ausgeübt werden, wie im zentralisirten Staate. Auch im föderirten Oesterreich wird es die Krone sein, welche die Richter einsetzt, die Beamten ernennt, das Begnadigungsrecht und das Recht des absoluten Veto übt. Der Unterschied würde nur darin liegen, daß die Krone einen größeren Theil des Gesetzgebungsrechtes, als bisher, mit den Landtagen, anstatt mit dem Reichsrathe theilen müßte; da aber $^{17}/_{17}$ ein Ganzes, bilden, und der Kaiser von Oesterreich Nichts von dem verlieren würde, was er an den König von Böhmen oder an den gefürsteten Grafen von Tirol abgäbe, so würden seine Kronrechte hiebei nicht die mindeste Schmälerung erfahren.

Ebenso wenig werden die Zwecke des Bundesstaates durch die monarchische Spitze vereitelt. Die Völker sträuben sich ja nur gegen die Bevormundung durch eine fremde Nationalität und wünschen föderative Einrichtungen, um ihre häuslichen Angelegenheiten im eigenen Hause zu ordnen, und das können sie im monarchischen Bundesstaate eben- so gut, wie im republikanischen.

Die innere Sicherheit des Föderativstaates ist sogar in der

Monarchie weit besser gewahrt, als in der Republik; denn in letzterer, wo die leitenden Behörden der Bundestheile nicht von der Bundesregierung ernannt, sondern vom Volke gewählt sind, findet der Gesammtstaat die Bürgschaft für die Unterordnung der Theile nur im Bewußtsein dieser, daß ihr Wohl mit dem seinen identisch sei. Falls ihnen dieses Bewußtsein abhanden kommt, stehen der Zentralbehörde nur die Mittel der Gewalt zur Verfügung. Die Monarchie hingegen besitzt im Rechte der Krone, die Gesetze zu sanktioniren, die wichtigeren Verwaltungsmaßregeln zu genehmigen und die Beamten zu ernennen, ein verfassungsmäßiges Korrektiv gegen etwaige Ausschreitungen des Partikularismus.

Daß der gedeihliche Bestand des monarchischen Bundesstaates möglich sei, bestätigt auch die Erfahrung. Der deutsche Nordbund ist eine monarchische Föderation, und hat seit der kurzen Zeit seines Bestandes den Nachbarstaaten hinreichend Respekt eingeflößt. Das Frankfurter Parlament, an welchem hervorragende Staatsrechtslehrer und Männer von unzweifelhaft monarchischer Gesinnung sich betheiligten, war im Jahre 1848 bestrebt, den lockeren deutschen Staatenbund in einen monarchischen Bundesstaat umzuwandeln. — England steht jetzt zu den drei großen Kolonien in Australien, am Kap der guten Hoffnung und in Kanada im Verhältnisse einer ganz lockeren Föderation, und die Königin Viktoria theilt das Gesetzgebungsrecht in diesen überseeischen Ländern mit fünf Parlamenten, deren jedem eine abgesonderte verantwortliche Regierung gegenübersteht. Als dasselbe England im Streben, die Machtsphäre der Zentralgewalt auszudehnen, die autonomen Rechte seiner nordamerikanischen Besitzungen im Jahre 1774 zu schmälern versuchte, verlor es den schönsten Kolonialbesitz, den je ein Reich besaß, während es jetzt in den sich selbst Gesetze gebenden und sich selbst verwaltenden Kolonien nicht im entferntesten von einer zentrifugalen Tendenz bedroht ist.

Und was Oesterreich betrifft, so war es von jeher ein Staatenkomplex, ein föderatives Reich, und stand es als solches stets in der vordersten Reihe der europäischen Mächte.

Bis zur Annahme des österreichischen Kaisertitels durch Franz II. im Jahre 1804 hatten die österreichischen Regenten keinen Gesammttitel als Herrscher ihrer Erblande. Kaiser waren sie nur als die gewählten Regenten Deutschlands. So konnte Maria Theresia während der ersten Regierungsjahre, als ihr Gemal Franz I. noch nicht die römische Kaiserkrone trug, im diplomatischen Verkehre nur als Königin von Hungarn, oder als Königin von Hungarn und Böhmen titulirt werden. Um den österreichischen Länderkomplex zu bezeichnen, sprach man von den österreichischen Erblanden, von der österreichischen Hausmacht.

Noch in der ersten Hälfte des vorigen Jahrhunderts bestanden in Wien nicht weniger als acht Verwaltungszentralstellen, und zwar sechs Hofkanzleien: die ungarische und siebenbürgische, die böhmische (für Böhmen, Mähren und Schlesien),

die niederösterreichische (für Oesterreich unter und ob der
Enns), die innerösterreichische (für Steiermark, Kärnten und
Krain) und die oberösterreichische (für Tirol); ferner der
italienische Rath (für das Mailändische) und die niederländischen Rathsbehörden und Tribunale (für den
belgischen Besitz). Jedes Land hatte seine Verfassung, seine eigene
Vertretung und Verwaltung, seine Gewohnheiten, seine Landrechte und
seine Zolllinie. Die direkten Steuern wurden von den Landständen
votirt, vertheilt und eingehoben. Die Justizpflege lag heimischen Richtern
ob, die theils von den Ständen gewählt, theils von der Krone ernannt
wurden. Die Rekrutenbewilligung, die Werbung und Aushebung der
Kriegsmannschaft, und in Friedenszeit auch die Verpflegung und Dis-
lozirung derselben innerhalb des Landes, fand durch den Landtag und
durch die autonomen Landesbehörden statt. Wegen der so wichtigen
staatsrechtlichen Frage der Thronfolge mußte Karl VI. mit den Ständen
jedes Landes einzeln unterhandeln.

Nur nach außen trat Oesterreich als Einheit auf; seine Diplomatie
war einheitlich; seine Armee, wenn auch aus Kontingenten der
einzelnen Länder gebildet, war im Kriege eine einheitliche,
und die von den Landtagen votirten Kontributionen für gemeinsame
Zwecke floßen in einen gemeinsamen Säckel. Rechnet man
hiezu die Kronprärogative, welche der Regent in jedem seiner
Erblande besaß, so zeigt sich, daß, obgleich die Beziehungen der Erblande
zu einander, staatsrechtlich nicht geordnet waren, dennoch im
Mittelpunkte des Reiches ungefähr das konzentrirt war, was im modernen Bundesstaate verfassungsgemäß der Zentralgewalt zugewiesen ist.

Und wie locker auch das Band war, welches die Bestandtheile
Oesterreichs umschlang, so vermochte doch Maria Theresia, die bei ihrem
Regierungsantritte einen leeren Reichssäckel und eine höchst unzulängliche
Heeresmacht vorfand, einer Koalition entgegen zu treten, welche von
Frankreich, Preußen, Spanien, Sardinien, Neapel, Baiern, Sachsen und der
Churpfalz gebildet ward, und rang die muthige Kaiserin sieben Jahre
lang mit dem größten Feldherrn der Zeit um eine kleine Provinz, während
im Jahre 1859 ein Feldzug von ungefähr sieben Wochen genügte,
um dem zentralisirten und dadurch in seinem Inneren zerrütteten
Oesterreich eine seiner schönsten Provinzen zu entreißen, und im Jahre
1866 sogar ein siebentägiger Kampf hinreichte, um ihm die
Verzichtleistung auf Venezien und auf die Stellung in
Deutschland aufzunöthigen.

Die staatskluge Maria Theresia reorganisirte wohl Oesterreich
im Geiste der Zeit und suchte größere Einheit in die Gesetzgebung,
und mehr Gleichförmigkeit in die Verwaltung zu bringen. Aber sie
war hiebei stets dessen eingedenk, daß sie nicht einen Staat, sondern
ein Reich beherrsche. Sie schonte mit weiblicher Feinfühligkeit die
Nationalgefühle und das provinzielle Bewußtsein, und jede Reform,
die sie unternahm, ließ sie als eine spezielle Wohlthat für jedes ihrer
Erblande erscheinen. „Aus dem besonderen Bedürfnisse des bestimm-

ten Landes," sagt Perthes *), „zu einer bestimmten Zeit und aus
der besonderen, durch Zusammensetzung und Geschichte des Landes eigenthümlich bestimmten Natur der Kräfte, welche das Bedürfniß befrie-
bigen konnten, gingen bis zum Tode Kaiser Franz I. die Anordnungen
hervor, durch welche Maria Theresia ihren deutschen Erblanden eine
neue Einheit und der Regierung neue Macht verschaffen wollte."

Sie beschränkte mit großer Einsicht diese ihre Anordnungen auf
jene Lande, in denen sie Erfolg versprachen, und zog das mailändische
Gebiet, Ungarn und die Niederlande nicht in den Kreis derselben. Bei
ihren Umgestaltungen ging sie kaum je weiter, als für ihre Zwecke
unbedingt nöthig war. So entzog sie den Landtagen nicht das
wichtigste der konstitutionellen Rechte, das der Steuerbewilligung **),
aber sie erwirkte durch den Dezennalrezeß von den Ständen die
Bewilligung der Kontributionen zur Erhaltung der Armee für zehn
Jahre im Vorhinein. Sie ließ die Landesregierung, eine halb
ständische, halb landesfürstliche Behörde, mit administrativen und richter-
lichen Funktionen wohl fortbestehen, beschränkte sie aber auf judizielle
Thätigkeit und übergab die Landesverwaltung einer ausschließlich
landesfürstlichen Behörde (anfangs Deputation, später Reprä-
sentation, und schließlich Gubernium benannt). Sie beseitigte
nicht den ständischen Ausschuß, sondern beschränkte nur seine
Verwaltungsthätigkeit. Sie zog den ständischen Domestikalfonds
nicht ein, ließ aber die Steuern immer reichlicher in die landesfürstliche Kammer fließen.

Schonend und sachte wollte die einsichtsvolle Regentin ihre Völker
verbrüdern ***), ihre Staaten in ein föderatives Reich, aber
nicht in einen Staat umgestalten.

„Sie hatte," sagt Perthes, „Verständniß für die geschichtlich über-
lieferte Sonderung der Erblande, und für die Berechtigungen der
Gemeinden und Korporationen; aber es sollte die böhmische, die tirolische
und die steirische Besonderheit, es sollten die Städte, die Dörfer, die
Ritter und Prälaten sich von einem Bewußtsein ihres gemeinsamen
Vaterlandes, von einem österreichischen Gesammtgefühle durchdringen."

Ihr großer Sohn Josef II. hatte schon seit 1765 als Mitregent
auf die Staatsgeschäfte Einfluß genommen, und durch seinen Ungestüm
wiederholt Konflikte mit der besonnenen Kaiserin herbeigeführt, Konflikte,
in welche der Briefwechsel zwischen Mutter und Sohn einen tiefen
Einblick gestattet †).

---

*) Politische Zustände und Personen in Deutschland zur
Zeit der französischen Herrschaft, 2. Bd.: die deutschen Länder des
Hauses Oesterreich. Gotha 1869.
**) Nur das Recht, die Kontributionen (die direkten Abgaben) zu
votiren, hatten die Stände. Die Regelung der Kameraleinkünfte (der Regalien
und indirekten Steuern) war von ihrer Zustimmung nicht abhängig.
***) Das Wort Verbrüderung ward von Maria Theresia selbst gebraucht.
So sagte sie bei der Promulgation des Strafgesetzes, daß nichts billiger sei,
„als daß zwischen verbrüderten Erblanden unter einem nämlichen
Landesherrn ein gleiches Recht festgestellt werde."
†) Es waren schwere Seelenkämpfe, welche Maria Theresia als Mutter
und Regentin während Josef's Mitregentschaft durchzumachen hatte. So schrieb

148

Er hatte den Thron kaum bestiegen, als er mit der ihn charakterisirenden Hast daran ging, Oesterreich nach seinem Plane umzugestalten. Ungleich seiner Mutter, begnügte er sich nicht damit, den österreichischen Länderkomplex organisch zu einem großen Reiche zu verbinden, sondern strebte er darnach), alle seine Staaten in einen Staat, alle seine Völker in ein Volk, alle Idiome in eine Sprache zu verschmelzen. Sein Staatsideal vor Augen, übersah er die realen Verhältnisse seiner Länder; im unabläſſigen Bemühen für das Glück seines Volkes verletzte er die Gefühle seiner Völker; der hohen Ziele sich bewußt, und von Engherzigkeit und Egoismus umringt, suchte er das Heil seiner Unterthanen ausschließlich in der Allmacht des Staates, in der unum= schränkten Herrschaft des Souverains *).

Nie schlug ein Regentenherz wärmer für das Volkswohl, aber nie hatte auch ein Regent weniger Verständniß für Volksrechte.

Die kluge Vorsicht Maria Theresia's außer Acht lassend, dehnte er seine Zentralisationsbestrebungen über das ganze Reich aus. Belgien und Italien, die neu erworbenen polnischen Landestheile und Ungarn, die deutsch=slavischen Provinzen und die deutschen Alpenländer, sie alle sollten nach derselben Schablone regiert werden. Rücksichtslos schlug er alle Landes=Verfassungen in Trümmer; selbst der Beirath der Stände wurde von ihm verschmäht und jeder Antheil an der Verwaltung ihnen entzogen. Anfangs machte er den Ständen noch Steuervorlagen, wies aber jede Vorstellung derselben energisch zurück. Im Jahre 1782 beseitigte er

---

sie am 13. März 1769 (am Geburtstage Josef's) folgende Zeilen an ihren Sohn: „Wer hätte vor 28 Jahren geglaubt, daß wir beide so lange leben und diesen Tag so hinbringen würden, wie wir es thun. Es ist bemüthigend, traurig und unbegreiflich, wenn uns das bis ans Ende geleiten soll. Zum Glücke ist Alles zu ertragen. Mein Loos, mein Leben ist so sonderbar, so niederschlagend! Ich erwarte mein Ende mit mehr Ungeduld, als Furcht!"

*) Kaiser Josef folgte hierin allerdings nur der politischen Strömung jener Tage. Enthielt ja das um jene Zeit erschienene preußische Landrecht den Satz: „Alle Rechte und Pflichten des Staates vereinen sich in dem Oberhaupte desselben." Welch' seltsame Dinge dem Staate von den Männern zugemuthet wurden, die damals in Oesterreich die Aufklärung verbreiteten, mögen folgende Worte Sonnenfels' beweisen: „Der Staat soll dafür sorgen, daß Niemand eine besondere Erlaubniß nutzbares Erdreich in Lustgebäude, Teiche, Thiergärten, Fasanerien, Baumreihen vor den Häusern oder in sonstige Ergötzungs= örter umwandle und dadurch zu verlorenem Erdreich mache. Der Staat soll allen seinen Bürgern als Würze des Lebens Fröhlichkeit und angenehmen Genuß verschaffen." —

„Der Staat muß die Freigeisterei, weil sie dem Staate die Mittel raubt, seine Bürger auf das Vollkommenste zu leiten, als politisches Verbrechen ansehen und bestrafen, und einen jeden allenfalls auch mit Gewalt zwingen, bei dem öffentlichen Gottesdienste und anderen Religionsgeschäften zu erscheinen."

„Der Staat soll," nach dem Ausspruch eines der Hauptförderer der damaligen Aufklärung in Oesterreich, nach dem Ausspruche Martini's, „den einzelnen Bürgern ihren Lebensunterhalt sichern; daher darf der Staat nicht zugeben, daß Jemand einen Beruf ergreift, der bereits überfüllt ist; daher muß der Regent den Müßiggang, die unnützen Künste und Pfuschereien, die Kleiderpracht, den üppigen Aufwand bei Hochzeiten, Taufen und Begräbnissen verbieten, den Preis der Lebensmittel und die Höhe des Arbeitslohnes festsetzen!"

die ständischen Ausschüsse; drei Jahre später entschlug er sich selbst der
Postulate und schrieb die Steuern ohne Bewilligung der Stände aus.
Zur Vernichtung des letzten Restes parlamentarischer Thätigkeit
dekretirte er 1788, daß sich die Landtage nur dann zu versammeln
haben, wenn der Landesherr es für nothwendig erachte, ihnen Vorlagen
zu machen.

Und wie mit den ständischen Rechten, so wurde auch mit den
Verfassungen der Städte aufgeräumt, und um der Verwaltung auch
sprachlich den Einheitscharakter aufzudrücken, die deutsche Sprache zur
Staatssprache erhoben*).

Parallel mit diesen Gewaltakten liefen die edelsten Anordnungen,
die hochherzigsten Maßnahmen, aber auch diese meist so überhastet, daß sie
die Gemüther wohl mit Bewunderung und Verehrung, aber zugleich auch
mit Unruhe und Besorgniß erfüllten. Die überstürzte und gewaltsame
Reform auf allen Gebieten ließ die Bevölkerung nicht zu Athem kommen;
Alles umstoßend, verletzte sie Alle, die Einen in ihren Interessen, die
Anderen in ihren Gefühlen, Anschauungen und Vorurtheilen.

Der Rückschlag konnte nicht ausbleiben. Die innerste Natur des
Reiches lehnte sich auf gegen die ihr angethane Gewalt, gegen die ganz
wohl gemeinten, aber übel angebrachten Zentralisationsbestrebungen.
Belgien war im Jahre 1789 im vollen Aufstande und hatte die
österreichischen Truppen aus dem Lande gedrängt; in Ungarn streifte
die Widersetzlichkeit hart an die Grenze der Empörung, und auch in
den übrigen Ländern stieg die Gährung von Tag zu Tag. Josef II.
mußte mit eigener Hand niederreißen, was er durch ein Jahrzehent
mühsam aufgerichtet, und ein Herz, wie kein edleres je unter dem
Purpur schlug, mußte brechen vor Gram und bitterer Enttäuschung!

Es war ganz natürlich, daß unter seinem Nachfolger Leopold II.
das gewaltsam niedergehaltene provinzielle Eigenleben sich wieder mächtig
regte. Die Verhandlungen in den ungarischen Komitaten gemahnten an
die Reden des Jakobinerklubs. Der ungarische Reichstag forderte die
Wiederherstellung jener Bestimmung der goldenen Bulle Andreas II.,
welche die Rebellion gegen eidbrüchige Fürsten für gesetzlich erklärt.
Die böhmischen Stände führten ganz die Sprache der heutigen
Deklaranten, und auch in den übrigen Landtagen ertönte der Ruf
nach Wiederherstellung der alten Autonomie so laut und ungestüm, daß die

---

*) „Wie viele Vortheile," heißt es im Reskripte vom 11. Mai 1784,
„dem allgemeinen Besten erwachsen, wenn nur eine einzige Sprache in der ganzen
Monarchie gebraucht wird, und in dieser allein alle Geschäfte besorgt werden, wie
dadurch alle Theile der Monarchie fest unter einander verbunden, und die Einwohner durch ein stärkeres Band der Bruderliebe verknüpft werden, wird Jedermann
leicht einsehen, und durch das Beispiel der Franzosen, Engländer und Russen,
davon überzeugt werden."

Josef und alle seine zentralistischen Nachahmer übersahen den mächtigen
Unterschied, der zwischen Oesterreich und den angeführten National-Staaten besteht,
in welch' letzteren allerdings die Verwaltung durch den Gebrauch der Sprache
der weitaus überwiegenden Mehrheit der Bevölkerung populär ward, während in
Oesterreich, wo drei Viertel der Population Nichtdeutsche sind, die Verwaltung
durch die deutsche Amtssprache den Völkern immer mehr entfremdet wird.

durch Kaiser Josef's Zentralisation hervorgerufenen Gegen=
strömungen eine Katastrophe herbeizuführen drohten. Glücklicherweise
ernüchterte die höchst bedenkliche Stimmung der Landbevölkerung in den
deutsch=slavischen Erblanden, die Martinovics'sche Aufwiegelung und
die magharenfeindliche Gesinnung der Illyrier (Serbien) in Ungarn,
und ganz besonders der Charakter, den die französische Revolution annahm,
die aristokratischen und klerikalen Stände so sehr, daß sie schließlich ihre
Forderungen auf ein sehr bescheidenes Maß herabstimmten. Höchst bemer=
kens= nnd beherzigenswerth ist die Thatsache, daß durch den Jose=
finischen Sprachenzwang die nationalen Bestrebungen geradeso
hervorgerufen wurden, wie die zentrifugalen Tendenzen durch seine
politischen Gewaltakte. Es war der böhmische Landtag des Jahres
1793, an welchen dreiunddreißig Originalböhmen (so
nannten sich die Czechen jener Zeit) eine Beschwerdeschrift richteten,
in der sie über die gewaltsame Germanisirung bittere Klage führten
und mit Hinweis auf die glückliche und ruhmvolle Zeit, in welcher
König und Stände sich der böhmischen Sprache bedienten, bei fort=
gesetztem Drucke mit Racheakten drohten. Ebenso accentuirte der Ge=
setzesartikel XVI des ungarischen Reichstages vom Jahre 1790/91
die Ausbildung der ungarischen Sprache, und trat im selben Jahre
die nationale Opposition der Serben gegen die Magharen hervor. Und
das einmal wach gewordene nationale Bewußtsein ließ sich nicht mehr
einschläfern; langsam, aber stetig verbreitete sich die slavische National=
idee, bis sie endlich als Illyrismus durch Gaj, als Pansla=
vismus durch den slovakischen Pfarrer Kollar und als Czechis=
mus durch die literarischen Führer der Czechen in die weitesten
Volkskreise drang.

Leopold II. regierte nur kurze Zeit. Unter Kaiser Franz, der
nach ihm den Thron bestieg, stagnirte das öffentliche Leben völlig in
den deutsch=slavischen Erblanden. In der ersten und größeren Hälfte
der langen Regierung dieses Souverains hatten die Drangsale des
Krieges die Bevölkerung politisch abgestumpft, und in der zweiten
die Behaglichkeit der Ruhe und der Genuß der lange entbehrten Seg=
nungen des Friedens die Gemüther schlaff gemacht. Und der allen
selbstständigen Regungen abholde Monarch sorgte unablässig dafür,
daß die Völker aus ihrer Ruhe nicht aufgescheucht wurden, daß der
Widerspruch verstummte und die Landtage völlig zur Nullität herabsanken.
Nur die Ungarn drängten den bald sachte, bald gewaltsam ihre
Rechte antastenden Kaiser immer wieder höchst unsanft in's Geleise der
Verfassung zurück.

Daß Kaiser Franz, wie absolutistisch gesinnt er auch war, sich
nicht als den Herrscher eines Einheitsstaates fühlte, beweist die
wichtige staatsrechtliche Akte des Jahres 1804, welche der Bevölkerung
seine Annahme des österreichischen Kaisertitels zur Kenntniß brachte,
und in der er nicht von seinem Staate, sondern von seinen Staa=
ten, vom vereinigten Staatenkörper, somit von der öster=
reichischen Föderation sprach.

Wenn das föderative Gepräge der westlichen Hälfte Oesterreichs während des letzten Jahrhunderts immer undeutlicher wurde, so hat dies seinen Grund darin, daß im Laufe dieser Zeit die früher ständisch regierten deutsch-slavischen Lande in absolutistisch beherrschte umgestaltet wurden, und das Gesetzgebungs- und Verwaltungsrecht ausschließlich in die Hände des Landesfürsten gerieth *).

Die Identität des unumschränkten Gesetzgebers in allen deutsch-slavischen Erblanden mußte nothwendig zu jener Einheit in der Gesetzgebung und Verwaltung führen, welche der westlichen Reichshälfte den trügerischen Schein des Einheitsstaates gab. In Wirklichkeit übten die Herrscher Oesterreichs das Gesetzgebungsrecht in jedem einzelnen Reichstheile nur als Landesfürsten. Ein allgemeines österreichisches Staatsrecht, kraft dessen sie in den einzelnen Ländern hätten Gesetze geben können, bestand nicht, da es, wie schon oft betont wurde, keinen österreichischen Staat, sondern nur österreichische Staaten gab.

Dort, wo der Absolutismus nur ein wenig in den Hintergrund trat, in all' jenen Einrichtungen, durch welche in den deutsch-slavischen Erbländern dem absoluten Willen des Herrschers noch einige Schranken gesetzt waren, trug Oesterreich selbst in neuerer Zeit ein unzweifelhaft föderalistisches Gepräge. So wurden die kümmerlichen Ueberbleibsel der alten Verfassungsrechte von Land- und nicht von Reichs-Ständen geübt. Ebenso bewiesen die Krönungen und Huldigungen, daß selbst das westliche Oesterreich kein Einheitsstaat sei.

In der östlichen Reichshälfte, wo die Verfassung intakt geblieben war, gab sich der föderative Charakter noch viel deutlicher kund. Nicht nur war Ungarn in Verwaltung und Gesetzgebung von den deutsch-slavischen Erblanden getrennt, sondern hatte auch, innerhalb seines Krongebietes, Siebenbürgen legislativ und administrativ eine völlig gesonderte Stellung.

Die Sonderheit der Länder und die nationale Eigenbewegung der Völker in Oesterreich traten, ungeachtet alles Dämpfens und Niederhaltens, schon unter Kaiser Franz und weit entschiedener noch unter Kaiser Ferdinand hervor. Die Unruhen in Italien, die Schlächtereien in Galizien, die leidenschaftliche politische und nationale Agitation in Ungarn und Kroatien, die ständische Bewegung in Böhmen und Niederösterreich waren die Vorboten der Ereignisse des Jahres 1848.

In jenem Revolutionsjahre unternahmen wir eine Argonautenfahrt, um das goldene Vließ eines befriedigenden Staatsrechtes aufzufinden, und noch sind wir auf offener, stürmischer See.

Bemerkenswerth ist, daß auf allen staatsrechtlichen Kreuz- und Querfahrten, in allen Versuchen und Verfassungsentwürfen das Provinzialbewußtsein den deutschen Staatsmännern, ungeachtet ihrer zentralistischen

---

*) Es muß bemerkt werden, daß die Landstände in ganz Deutschland mit wenigen Ausnahmen das Gesetzgebungsrecht nicht besaßen. Sie hatten nur das jus gravaminum et desideriorum (das Recht der Beschwerden, Wünsche und Anträge). In den deutsch-slavischen Erblanden Oesterreichs war seit Ferdinand II., der auch die böhmischen Stände des Gesetzgebungsrechtes beraubte, dieses ausschließlich in den Händen des Landesfürsten.

Ideale, so sehr imponirte, daß keiner derselben die Landtage aufzuheben den Muth hatte. Ja, in der Entwicklung unseres Verfassungslebens sahen wir, wie die leitenden Politiker, wenn auch widerwillig, die Länder=Autonomie immer mehr erweiterten. Wurde doch in der Dezember=verfassung ganz so, wie in der schweizerischen und nordamerikanischen, taxativ normirt, was der Kompetenz der Gesammtvertretung anheimfällt, und dadurch stillschweigend anerkannt, daß das Gesetzgebungsrecht in den Landtagen ruhe, und daß nur jener Theil desselben dem Reichsrathe zufalle, den man ihm ausdrücklich zugewiesen. Diese, wenn auch nicht ganz freiwillig ausgesprochene Anerkennung, schließt die An=nahme des Föderativprinzipes in sich, wie engherzig dieses auch bei den zentralistischen Gewohnheiten und Neigungen unserer Politiker durchgeführt wurde.

Betrübend hiebei ist, daß unsere Staatsmänner, anstatt frei=willig und entschlossen den Spuren der österreichischen Reichsnatur zu folgen, sich Schritt für Schritt von ihr vorwärts drängen lassen.

Gegen die föderative Konstruirung Oester=reichs wird auch die Größenverschiedenheit der Kronländer als Einwand geltend gemacht. Man fragt, wie sollen das winzige, kaum 45 ☐Meilen umfassende Vorarlberg und die unansehnliche Bukowina in ihren Landtagen dieselben Rechte üben, wie die großen Königreiche Böhmen und Galizien?

Ich könnte die Frage umkehren, doch unterlasse ich dies und bemerke nur, daß in Nordamerika, in der Schweiz und im norddeutschen Bunde nicht nur eben so große, sondern noch größere Differenzen zwischen den einzelnen Bundesländern bestehen, ohne daß die Föderativeinrichtungen dadurch auch nur im mindesten bedroht wären. Der kleine Staat Rhode=Island im nordamerikanischen Staatenbunde hat nur 61 deutsche ☐Meilen im Umfange und zählt nicht mehr als 175.000 Einwohner, während der Staat New=York, bei einer Gebietsausdehnung von 2164 deutschen ☐Meilen, beinahe 4 Millionen Einwohner in sich faßt. Der Staat Delaware ist fast um die Hälfte kleiner, als die Bukowina, während der Staat Kalifornien ein Gebiet um=faßt, dessen Umfang den der zisleithanischen Reichshälfte um 3.000 deutsche ☐Meilen übersteigt. In der Schweiz hat der Kanton Bern eine Ausdehnung von 123 ☐Meilen, und zählt fast eine halbe Million Einwohner, während die Area des Kantons Appenzell=Inner=Rhoden nicht mehr als 3 ☐Meilen beträgt, und seine Gesammteinwohnerschaft sich auf ungefähr 12.000 Seelen beläuft. Noch grellere Zahlen= und Größen=Differenzen bestehen im nord=deutschen Bunde. So hat Preußen circa 6.400 ☐Meilen im Umfange und 23.6 Millionen Einwohner, während das Fürstenthum Schaum=burg=Lippe, bei einem Umfange von circa 8 ☐Meilen, 31.000 Ein=wohner zählt. Und die kleinen Bundestheile dieser Föderativstaaten erfüllen die Pflichten gegen ihre Bürger und den Gesammtstaat verhältnißmäßig so, wie die großen. Kein noch so winziges Bundesländchen findet die ihm aufgebürdete Last zu groß, keines derselben hat je den Wunsch ausgesprochen, sie mit einem anderen gemeinschaftlich zu üben. Im Gegentheile haben einzelne Kantone der Schweiz, deren Bürger in Unfrieden lebten, sich in zwei Halbkantone getheilt, so Appen= zell und Unterwalden in alter, so Basel in neuerer Zeit. Ein ähnlicher Scheidungsprozeß, wie zwischen Baselstadt und Baselland, scheint jetzt in Nordamerika zwischen dem Staate und der Stadt New=York sich vorzubereiten.

Uebrigens mag es im Falle einer föderativen Gestaltung Oester= reichs den Kronländern unbenommen bleiben, die ihnen eingeräumten Rechte unter Zustimmung der Reichsgewalt ganz, oder zum Theile mit anderen gemeinsam auszuüben.

Zu Gunsten der Zentralisation wird auch häufig geltend gemacht, daß aus dem Zentrum eines großen Staates die Kultur und das volkswirthschaftliche Ge= deihen der Bevölkerung kräftiger und wirksamer geför= dert werden könne, als aus den Mittelpunkten kleiner unansehnlicher Kronländer.

Die Erfahrung der Jahrtausende lehrt gerade das Gegentheil.

Das größte Handels= und Kolonisirungsvolk des Alterthums, die Erfinder des Alphabets, die Phönizier, hatten föderative Insti= tutionen.

Die wichtigste Kulturnation der Menschheit, die Griechen, bil= deten ein föderatives Gemeinwesen. „Der Glanz von Athen" — sagt Heeren — „vermochte so wenig Korinth und Syrakus, wie Milet zu verdunkeln. Jede Stadt hatte ihr Leben, hatte ihre Art zu sein und zu handeln. Weil sich jede als Etwas fühlte, war jede Etwas."

„Durch die Föderation besiegten die Römer die Welt," sagt Montesquieu und durch sie behaupteten sie auch lange Zeit ihre geistige Ueberlegenheit.

Die Zeit der italienischen Städtebünde war die Blüthe= zeit italienischer Kunst und Wissenschaft.

In neuerer Zeit war es das föderirte Holland, dessen Universitäten alle europäischen überstrahlten, waren es seine Gesetzgeber, welche mit der humanen Reform der Gefängnisse, mit der Befreiung der Gewissen, der Gleichstellung der Religionsbekenntnisse den übrigen Nationen vorangingen.

Von der zivilisatorischen Bedeutung und dem wirthschaftlichen Ge= deihen der deutschen Bundesstaaten*), der nordamerikani=

---

*) Von Deutschland sagt der berühmte Nationalökonom Carey: „Da lokale Attraktions=Centren stets in Ueberfluß existirten, so war es unmöglich, eine große Stadt als Beherrscherin des Gedankens und der That zu gründen, und diesem Umstande muß man es zuschreiben, daß Deutschland sich zum intellektuellen Zentrum Europas, ja der ganzen Welt, emporschwingen wird."

ſchen Union und der Schweizer Eidgenoſſenſchaft zu ſprechen,
bot ſich vielfach Gelegenheit in dieſer Schrift.

Und dieſe höhere Kulturſtufe iſt nicht etwa das Werk des Zufalls,
ſondern hat ihren Grund darin, daß der Föderativſtaat nach richtigeren
Grundſätzen, als der zentraliſtiſche aufgebaut iſt, bei welch' Letzterem
die Konſtruktoren von der Anſchauung geleitet ſind, daß die vortheil=
hafteſte Methode, die Volkskräfte ſtaatlich zu verwer=
then, auch die beſte Art, ſie zu entwickeln, ſei, während eine
ernſte Prüfung des Völkerlebens lehrt, daß die ſtaatliche Verwer=
thung der Volkskräfte allerdings deren Konzentration erheiſche, daß
aber ihre Entwicklung mit weit liebevollerer Sorgfalt,
weit klarerem Ueberblicke und viel intenſiverer Wirkung in
zahlreichen kleineren Kreiſen ſtattfinde. Iſt nicht die
Familie der wichtigſte Kulturfaktor des Staates?

Wie üppig und mannigfaltig die geiſtigen Kräfte in den zahl=
reichen Entwicklungsherden kleiner rivaliſirender Gemeinweſen, ſelbſt
unter den ungünſtigſten Verhältniſſen. ſich entfalten, dafür liefern eben
die genannten italieniſchen Städtebünde den eklatanteſten Be=
weis. Trotz immerwährender Unruhen und blutiger Fehden, ja inmitten
des Wüthens der Peſt und der Auflöſung faſt aller ſtaatlichen Bande,
ſchwangen ſich Malerei, Plaſtik, Architektur, Wiſſenſchaft, Gewerbe und
Handel in Italien zu einer Höhe empor, welche die Nachwelt mit
Bewunderung erfüllt.

Wenn unſere Staatsmänner den Lehren der Geſchichte ihr Ohr
nicht verſchließen, werden ſie dem föderaliſtiſchen Gedanken ſich
freundlicher, als bisher erweiſen.

Auch die Ungleichheit der Kulturzuſtände wird als
Hinderniß der Föderation in Oeſterreich bezeichnet. In
der Schweiz, heißt es, ſind die drei Nationalitäten an
Kultur einander ebenbürtig, und die gleiche Bildung
geſtattet daſelbſt eine gleiche Vertheilung der auto=
nomen Rechte.

Gerade die Verſchiedenheit der Kulturentwicklung in den einzelnen
Kronländern ſollte ein Grund mehr für die autonome Geſetzgebung
ſein. Iſt bei uns vorerſt, wie in der Schweiz, jeder
provinziellen Engherzigkeit und jeder retrograden
Richtung in den wichtigſten Geſetzgebungs=Zweigen
der einzelnen Kronländer durch Beſtimmungen der
Geſammt=Verfaſſung vorgebeugt, dann iſt es für die
Deutſchen geradezu ein bedeutender Gewinn, ſich autonom zu konſtitui=
ren, und nicht mehr in ihren inneren Angelegenheiten legislatoriſch
und adminiſtrativ mit Völkern zuſammengekoppelt zu ſein, denen
ſie in der Kultur weit voranſtehen. Erſt wenn ſie nicht mehr die
ſo ſchwer beweglichen Völkerſchaften ins Schlepptau nehmen müſſen,
wird es ihnen möglich ſein, mit Leichtigkeit fortzuſchreiten, ſich ihre
Superiorität zu wahren und den Mitnationen als Muſter zu dienen.
Wie ein Lehrer ſeinen Unterricht bei einem gemiſchten Auditorium
den minderbegabten Schülern, ſo muß der Legislator ſeine Geſetze

den minder kultivirten Völkern anbequemen, und wie der talentvolle Schüler bei einem Spezial-Unterrichte, so käme das kultivirteste Volk bei einer Sondergesetzgebung viel besser fort.

In vier Kronländern bilden die Deutschen die Gesammtheit der Bevölkerung, in anderen vier, die überwiegende Mehrzahl. Böhmen und Mähren sind die zwei einzigen Länder, in denen die kompakt wohnenden Deutschen die Minorität sind, und da stehen glücklicherweise die Czechen an Volks- und höherer Bildung den anderen Slaven so weit voran, daß sie mit den Deutschen ziemlich gleichen Schritt zu halten im Stande sein werden.

Ein Umstand, der häufig als Argument gegen die Föderation in Oesterreich geltend gemacht wird, ist die geringe Kraft der vereinzelten Landtage, etwaigen reaktionären Tendenzen der Zentralregierung Widerstand zu leisten. „Die im Reichsrathe versammelten Kapazitäten sämmtlicher Königreiche und Länder," heißt es, „können mit viel mehr Autorität wirken, und der Druck, den die mächtige öffentliche Meinung einer großen Metropole übt, vermag die Nachgiebigkeit selbst hartnäckiger Regierungen zu erzwingen."

Dieser Behauptung widersprechen die Thatsachen. Allerdings wird in zentralisirten Staaten die Freiheit im Sturme genommen, aber ebenso im Sturme verloren. Auf den 24. Februar folgte nur allzurasch der 2. Dezember. Das zentralisirte Frankreich hat seit 80 Jahren zehn Regierungen gestürzt, Einen Monarchen hingerichtet, Einen in Gefangenschaft und Zwei im Exil sterben gesehen, es hat vier Staatsstreiche durchgemacht, achtmal seine Verfassung geändert, und dabei kaum je im friedlichen, unbestrittenen Genusse der Freiheit gelebt, ja es würde, nach Carey's scharfsinniger Bemerkung, seine Macht ganz so, wie seine Freiheit eingebüßt haben, wenn nicht glücklicherweise in der Revolutionszeit der politischen Zentralisation die Dezentralisation des Grundbesitzes parallel gelaufen wäre, durch welch' letztere die nachtheiligen Wirkungen der ersteren ausgeglichen wurden. In welchen politischen Krämpfen Spanien lebt, das, anstatt die Fueros zeitgemäß zu entwickeln, sich zentralisirte, ist Jedermann bekannt. Preußen mußte innerhalb der letzten 20 Jahre die Manteuffel'sche und Bismarck'sche Reaktion über sich ergehen lassen; die Wandlungen des zentralisirten Oesterreichs wurden schon oben geschildert, und in Italien, das zu seinem Nachtheile sich mit allzu geringer Rücksichtnahme auf die frühere Selbstständigkeit seiner Länder konstituirte, ist jetzt die Regierung zur Einsicht gelangt, daß sie, trotz der nationalen Einheit, das Land mehr provinziell gliedern und die Autonomie der Theile erweitern müsse.

Im föderirten Staate wird zwar die Freiheit vom Volke nicht rasch durch einen Handstreich erobert; aber dafür wird sie ihm auch nicht ebenso rasch durch einen Staatsstreich entwunden.

„Der zentralisirte Staat gleicht einer Festung, die nur eine Ringmauer hat; ist diese genommen, hört jeder Widerstand auf. Der

Föderativstaat hingegen hat mehrere Umwallungslinien und detachirte Forts, in denen die Besatzung sich Schritt für Schritt vertheidigen, durch hartnäckigen Widerstand den Gegner ermüden und zum Rück=zuge nöthigen kann."

„In konstitutionellen Staaten, die zentralisirt sind, kann die Verfassung im Handumkehren eskamotirt werden; das Niederwerfen der französischen Freiheit war die Arbeit eines kurzen Wintertages; Fürst Schwarzenberg steckte mit dem Schlüssel des Reichstagssaales den Konstitutionalismus Oesterreichs in die Tasche für so lange, als es ihm eben beliebte. Im zentralisirten Staate hat das Volk nur Ein Auge, das wacht, nur Einen Mund, der spricht: das Parla=ment. Ist dieses Auge, ist dieser Mund geschlossen, dann wehe dem Volke, es ist ohne Vertheidigung in die Hände seiner Dränger gegeben. Dort aber, wo viele autonome Körperschaften sind, hat das Volk zahl=reiche Observatorien, auf denen es seine Rechte überwacht, zahlreiche Tribunen, von denen aus es für seine Freiheit plaidirt" *).

Schmerling widerstand lange den Angriffen seiner Gegner im Reichsrathe und fiel weniger in Folge derselben, als durch die Intriguen im Schooße seines Kabinetes, aber dem Unisono der deutschen Land=tage konnte Belcredi keinen Augenblick widerstehen. Die Majorität eines Parlamentes ist leicht korrumpirt. Erklärte ja im vielgepriesenen England ein Minister **) den Preis jedes Parlamentsmitgliedes zu kennen, und ist doch in neuerer Zeit das Korruptionsarsenal der Re=gierungen durch Konzessionen von Eisenbahnen, Banken 2c. wesentlich bereichert worden. Die Majorität von 17 Landtagen zu korrumpiren wird aber selbst der gewandtesten Regierung schwer gelingen.

Uebrigens vergißt man, wenn von der Ohnmacht der kleinen Vertretungen gegenüber der Regierung gesprochen wird, daß im Bun=desstaate der Zentralregierung auch die Vertretung des gan=zen Reiches und des gesammten Volkes gegenübersteht, und daß den kleineren Parlamenten der einzelnen Bundesländer auch nur kleine Landes=Regierungen verantwortlich sind.

Daß kleine Gemeinwesen ihre Freiheit besser bewahren, als große, lehren auch die vor uns liegenden Beispiele Hollands, Belgiens, Däne=marks, der Schweiz, und der kleinen Staaten Deutschlands, in welch' letzteren während der schlimmsten Bundestags=Zeiten das konstitutionelle Leben nie völlig erlosch.

Die Föderation und die Zukunft Oesterreichs.

Es ward in den bisherigen Auseinandersetzungen auf die wohl=thätigen Folgen hingewiesen, die für die Freiheit und den Frieden im Inneren des Reiches aus föderativen Einrichtungen resultiren würden. Ich darf aber diese Betrachtungen nicht schließen, ohne auch die großen

---

*) Aus meiner Schrift: „Zur Erweiterung der Munizipal=Autonomie."
**) Robert Walpole.

Vortheile anzudeuten, welche diese Institutionen der äußeren Politik des Reiches böten.

Oesterreich muß, seiner geschichtlichen Entwicklung entsprechend, als Missionär des Abendlandes gegen Osten vordringen. Seine europäische Bedeutung liegt in dieser Sendung, die es aber nur als föderatives Reich zu erfüllen vermag. Bliebe es zentralisirt, so entspräche ein Machtzuwachs an der unteren Donau, im illyrischen Dreiecke, weder den Interessen seiner, noch denen der anzufügenden Länder; denn die zuwachsenden halb zivilisirten Völker würden sich unseren höher entwickelten wie ein Bleigewicht an die Ferse hängen, jeden Fortschritt in der Gesetzgebung und Verwaltung erschweren und Oesterreich daran hindern, sich mit den übrigen Staaten Europa's auf gleicher Kulturhöhe zu erhalten; aber auch die Nachbarvölker, deren Anschluß stattfinden soll, würden sich scheu von einem zentralisirten Staate fernhalten, der nur e i n e m Volksstamme auf Kosten der anderen Raum zur nationalen Entwicklung gönnt. Sie müßten es vorziehen, einem Reiche anzugehören, das ihnen sprachlich und konfessionell mehr verwandt ist. Im föderirten Oesterreich hingegen fänden sie, unter Wahrung ihrer Selbstständigkeit in Gesetzgebung und Verwaltung, an dessen kräftigem Arme eine sichere Stütze. Hiefür brächten sie dem Reiche, ohne seine Kulturentwicklung zu beeinträchtigen, eine Erhöhung der Wehrkraft, sowie unserer Industrie und unserem Handel ein weites Gebiet für die Entfaltung ihrer Thätigkeit. Mit Rußland rivalisirend, würde ein föderirtes Oesterreich bei weitem größere Chancen des Erfolges haben, da es nicht, wie jenes, die Völker gewaltsam absorbiren, sondern als Genossen in den freien Bund seiner Nationen einreihen würde.

Dem föderirten Oesterreich sich anzuschließen, würde selbst P o l e n, falls dessen Regeneration in Zukunft gelänge, in seinem Interesse finden. Wie Ungarn einst vor der Uebermacht der Türken unter den Fittigen Oesterreichs Schutz suchte, so würde im Hinblick auf die gefahrdrohende moskowitische Nachbarschaft, Polen gerne dem österreichischen Staatenvereine sich beigesellen.

Auch der, von den Deutsch-Oesterreichern so sehnlich herbeigewünschte Anschluß an Deutschland würde im föderirten Oesterreich nicht, wie bisher, auf den hartnäckigen Widerstand der Nationalitäten stoßen. Sind diese in ihrer Existenz gesichert, dann werden sie zu einer näheren volkswirthschaftlichen und später selbst zu einer militärischen Verbindung, die ihrem Wohle entspräche, gerne die Hand bieten. Und diese Anknüpfung kann, nach völlig beseitigter Furcht vor Germanisirung, allmälig zur m i t t e l e u r o p ä i s c h e n F ö d e r a t i o n führen.

Ich habe bisher die Bedeutung der Föderation für Oesterreich nachzuweisen und die Einwürfe gegen dieselbe zu entkräften gesucht. Es wurde hervorgehoben, daß die Föderation der Macht und dem Ansehen der Krone keinen Eintrag thue, daß sie dem Reiche durch den inneren Frieden eine imponirende Stellung nach Außen sichere, und die Perspektive auf eine glorreiche Zukunft eröffne. Eines Beweises, daß die nichtdeutschen Nationalitäten ein föderirtes Oesterreich wünschen, bedurfte es nicht, aber angefichts der herrschenden Vorurtheile, mußte dargethan werden, daß die jetzige Verfassung mit Einschluß der Wahlgesetze den Deutschen die Majorität im Reichsrathe nicht sichere, und daß die Waffe der Zentralisation unter geänderten Verhältnissen sich gegen sie kehren werde, während die Föderation sie nie und nirgends bedroht; denn in jenen Ländern, wo die Deutschen ungemischt wohnen, oder wo sie die Majorität bilden, könnten föderative Einrichtungen ihnen keinerlei Nachtheil bringen. Dort, wo sie sich in der Minderheit befinden: in Böhmen und Mähren, würden sie allerdings auf ihre Suprematie verzichten und mit der Parität sich begnügen müssen; aber sind sie denn ihrer Suprematie auch nur einen Augenblick lang froh geworden? Gleichen sie mit ihrer Herrschaft nicht jenem Soldaten, der zwei Gefangene gemacht zu haben vorgab, und als man ihn zur Herbeiführung derselben aufforderte, im Jammertone ausrief: „Sie lassen mich nicht los!"

Und bedürfen denn die Deutschen einer gesetzlichen Suprematie? Sie sind im Besitze so großer Vortheile, daß sie auf jedes Vorrecht verzichten können. Sie lehnen sich, wenn auch politisch getrennt, geistig, moralisch und in letzter Linie auch physisch an vierzig Millionen Stammesgenossen, ihre Sprache ist denen der anderen Nationalitäten weit voran. Sie sind vorzugsweise im Besitze der Industrie und des Handels. Der Großgrundbesitz in den von Deutschen und Slaven gemeinschaftlich bewohnten Kronländern ist vorwiegend in den Händen eines deutsch gesinnten Adels, die Dynastie ist deutsch, die Metropole des Reiches ist eine deutsche Stadt; im Zentralparlamente wird, ohne daß Zwang geübt wird, durch die Macht der Verhältnisse ausschließlich ihr Idiom gesprochen. Durch eine große Anzahl von Kapazitäten in ihrer Mitte, fällt ihnen die parlamentarische Führerrolle zu; im politischen Wettlaufe haben sie somit einen ungeheuren Vorsprung; ist es ihrer würdig, den ihnen mühsam nachfolgenden kleinen Nationalitäten Hindernisse in den Weg zu legen? Eine Verfassung kann den Deutschen das numerische Uebergewicht in Oesterreich nicht geben, aber sie vermag auch nicht, ihnen das moralische Uebergewicht zu nehmen; denn nur die Gleichberechtigung läßt sich gesetzlich feststellen, aber nicht die Gleichbefähigung, und dem Fähigsten bleibt die Führung an allen Orten, und zu allen Zeiten.

Zur Verständigung.

„Man verlangt von uns die weitgehendsten Konzessionen," höre ich sagen, „sollen wir überdies noch durch das kaudinische Joch czechischer Deklarationen gehen? Sollen unsere Grundgesetze unter den Trompetenstößen ungeberdiger Fanatiker zusammenbrechen, wie die Mauern von Jericho?"

Nimmermehr. Wer hiezu den Rath ertheilte, der müßte stumpf sein gegen deutsche Ehre, gegen die Interessen des Reiches und die

Stabilität unseres Verfassungslebens. Die Dezemberverfassung, wie groß auch ihre Fehler, hat doch den Vorzug, nicht oktroyirt, sondern zwischen Volk und Souverän vereinbart zu sein. Sie umschreibt klar und bestimmt die Rechte der Krone und die der Volksvertretung, sie verleiht den Bürgern aller Kronländer und Nationalitäten werthvolle Rechte. Wenn die Deutschen diesen Besitz preis gäben, ohne eines größeren sich versichert zu haben, begingen sie einen Akt unverzeihlicher Thorheit; aber auch den Czechen könnte es nimmer frommen, durch einen Verfassungsbruch das gewünschte Ziel zu erreichen. Welche Aussicht auf Dauer hätte ein Verfassungsgebäude nach ihrem Plane, das auf den Trümmern der beschworenen ungarischen, und der zwischen Krone und Volk vereinbarten zisleithanischen Verfassung sich erhöbe?

Wird der Ausgleich von beiden Seiten nur ernstlich gewünscht, so kann er stattfinden, ohne daß die Konstitution in ihrem Bestande, oder eine der unterhandelnden Parteien in ihren Rechtsanschauungen verletzt werde. Man vermeide es nur, große Interessen durch kleine Empfindlichkeiten zu gefährden.

Die Deutschen müssen allerdings unerschütterlich fest auf dem Boden der Verfassung stehen; aber sie dürfen dem Gegner nicht zumuthen, daß auch er ihn betrete, noch bevor die Auseinandersetzung begonnen; denn das hieße nicht eine Unterhandlung wünschen, sondern Unterwerfung fordern. Eine parlamentarische Verständigung müßte, da sie das Aufgeben des czechischen Rechtsstandpunktes zur unerläßlichen Vorbedingung hat, schon an der Vorfrage scheitern. Der Ausgleich ist somit nur auf außerparlamentarischem Wege in einer freien Konferenz der hervorragenden Männer beider Parteien zu ermöglichen. In einer solchen Berathung bedarf es keines gemeinsamen staatsrechtlichen Ausgangspunktes, und ließe sich auch, da man durch Formalismus nicht gehemmt ist, viel leichter ein gemeinschaftlicher Zielpunkt gewinnen.

Wird auf diesem Wege eine Einigung nicht herbeigeführt, so hat die Verfassung mindestens keine Schädigung erlitten. Sind aber die Parteiführer glücklich zu einer Verständigung gelangt, und haben sie sich der Zustimmung der Parteigenossen versichert, so kann die parlamentarische Aktion beginnen.

Der Reichsrath schafft ein Nationalitätengesetz, modifizirt unter Sicherung aller Reichs- und Freiheits-Interessen, die Verfassung im Sinne des Ausgleichs und die Wahlgesetze im Geiste der Zeit. Hat der Reichsrath seine Aufgabe erfüllt, dann werden die Landtage einberufen, um die Länderverfassungen, innerhalb der durch das revidirte Reichsgrundgesetz gezogenen Schranken, umzugestalten; dann ist auch der Moment gekommen, wo eine die Revision der böhmischen und der mährischen Landesverfassung betreffende und im Sinne der Verständigung abgefaßte königliche Proposition an die Landtage Böhmens und Mährens gelangt und von diesen berathen und angenommen wird.

Durch die Krönung des Königs von Böhmen in Prag, können dann die Landesrechte innerhalb des Staatsrechts ihre letzte Weihe erhalten.

Noch eine Frage tritt an uns heran: Welche Regierung soll
die Initiative bei der Revision der österreichischen
Verfassung ergreifen? Eine aus der deutschen Partei
hervorgegangene, eine feudale, oder eine aus nationalen
Elementen zusammengesetzte?

Eine feudale Regierung würde das Vertrauen in unsere Insti=
tutionen auf das tiefste erschüttern; eine exklusiv aus nationalen Ele=
menten zusammengesetzte müßte die Erbitterung der Deutschen hervor=
rufen, deren Haß, ja deren Gleichgiltigkeit verhängnißvoll wäre, da die
Deutschen den Kitt des Reiches bilden.

Die Physiognomie Oesterreichs, schon jetzt trübselig genug
bei der den Slaven aufgedrängten Zentralisation, würde geradezu hippo=
kratisch werden bei einer, den Deutschen aufgezwungenen Föde=
ration. Es ward schon im Eingange dieser Schrift bemerkt, daß destruk=
tiv in Oesterreich wohl jeder Volksstamm einzeln wirken könne, daß
aber konstruktiv vorzugehen nur Alle vereint im Stande seien, da im
Nationalitätenstaate nur jene Verfassung die Bürgschaft der Dauer in
sich trägt, die aus einem Kompromisse hervorgeht und bei der jede
Nationalität sich beruhigt. Unsere staatliche Umgestaltung muß somit
ein Akt des Entgegenkommens aller Volksstämme sein, und den Deut=
schen muß die Ehre der Initiative bleiben. Nicht Sieger und
Besiegte soll die Föderation schaffen, sondern, wie ihr Name an=
deutet: Verbündete.

„Soll etwa den Führern der deutschen Partei zu=
gemuthet werden, daß sie, mit sich und ihren Prinzipien
in Widerspruch tretend, bei der Revision der Grund=
gesetze die Initiative ergreifen?“

Ich antworte hierauf, daß die Führer der Deutschen durch diese
Initiative mit ihren Grundsätzen durchaus nicht in Kollision geriethen.

Die vorgeschlagenen Verfassungs = Modifikationen sind nicht
der Gegensatz, sondern die weitergehende Ausführung eines Prinzipes,
welches von der gegenwärtigen Reichsraths=Majorität anerkannt wurde.
Sie hat den Dualismus, die allerlockerste Form der Föde=
ration, acceptirt, sie hat — wie schon oben bemerkt wurde — in der
Dezemberverfassung durch taxative Aufzählung der Reichsrathsbefugnisse
das Föderativ=Prinzip anerkannt. Einen neuen Weg hat somit der
Reichsrath nicht zu betreten. Es genügt, auf dem allzu ängstlich betre=
tenen Pfade entschlossen vorwärts zu schreiten.

Waren denn alle die Abgeordneten, welche den §. 11 des Grund=
gesetzes über die Reichsvertretung annahmen, von der Ueberzeugung
durchdrungen, daß die darin bezeichnete Grenzlinie der Autonomie die
einzig richtige sei, und daß man sie nicht um eines Haares Breite nach
vor= oder nach rückwärts verschieben dürfe? Waren nicht im Gegen=
theil gar Manche der Ansicht, man gehe zu weit, oder man gewähre
zu wenig? Waren nicht, um nur Ein Beispiel anzuführen, die Kon=
zessionen, welche der Verfassungs=Ausschuß in der Schulfrage machte,
dem jetzigen Finanzminister zu gering, während sie beim gegenwärtigen

Unterrichtsminister als zu weitgehend erschienen? — Brachte nicht jeder Deputirte von seinen subjektiven Anschauungen einen Theil dem allgemeinen Wohle zum Opfer? Und wenn es sich nun herausstellt, daß man, um das Ziel zu erreichen, resolut vorschreiten müsse, werden diese patriotischen Männer hartnäckig auf halbem Wege stehen bleiben, selbst auf die Gefahr hin, einen verhängnißvollen Rückschritt in den öffentlichen Angelegenheiten herbeizuführen? Haben sie etwa Scheu davor, ihr eigenes Werk so rasch umzugestalten? Nun, so mögen sie durch die erhabenen Vorbilder Washington's, Franklin's und Madison's sich ermuthigt fühlen, welche Männer die Verfassung, die sie selbst geschaffen, nach kurzer Zeit umbildeten, da sie das Vaterland zu gefährden drohte.

Thnt man denn überhaupt bei uns wohl daran, den schwer bildsamen staatlichen Stoff gleich in Erzformen zu gießen, welche, falls das Geformte mißlang, zerschlagen oder umgegossen werden mußten, anstatt das plastische, leicht umzugestaltende Modell längere Zeit dem prüfenden Blicke auszusetzen, und alles Mißlungene, Unharmonische und Störende mit Leichtigkeit umzubilden?*) Unsere leitenden Politiker stellten seit 1848 mit unerhörtem Leichtsinn das erst zu Erprobende wie ein Erprobtes hin und umgaben es mit Garantien, als ob es die Jahrhunderte überdauern sollte, und wenn das mit so großer Zuversicht als unerschütterlich fest Hingestellte rasch zusammenbrach, so glaubte Europa nicht an die Ungeschicklichkeit der Bildner, sondern an die Unhaltbarkeit des Stoffes.

Armes Oesterreich, wie schwer trafen dich die Irrthümer derer, die deine Geschicke lenkten!

Seit zwanzig Jahren legte kein leitender Staatsmann sein Portefeuille nieder, ohne seinen staatsmännischen Ruf und die Interessen Oesterreichs geschädigt zu haben. Wollen die jetzigen Lenker unserer Geschicke gleich Schmerzliches erfahren? Es ist kaum glaublich, daß die Männer, welche an der Spitze der deutschen Partei stehen, aus Besorgniß, der Inkonsequenz geziehen zu werden, vor einer Aenderung der Verfassung zurückschrecken.

Wer unter uns will einen Anderen der Inkonsequenz beschuldigen? Politische Konsequenz der Ansichten über die staatsrechtliche Gliederung Oesterreichs, wäre thörichte Verstocktheit. Nur wer Nichts gelernt und Alles vergessen hat in Oesterreich, nur wer gedankenlos die Ereignisse an sich vorüberziehen ließ, kann sagen, daß er konsequent geblieben sei. Wer aber denselben prüfenden Blickes gefolgt ist, wird bei einer retrospektiven Musterung seiner Ansichten gar sehr verwundert sein über die Wandlungen, welche in denselben vorgegangen.

Eines noch sei an dieser Stelle hervorgehoben. Die mächtigste Idee der Neuzeit, die der Nationalität, wird bei uns in bedrohlichster Weise ausgebeutet, und zwar auf der einen Seite von den natio-

*) Bei jenen Verfassungsbestimmungen, durch welche die Kompetenz des Reichsraths und der Landtage umschrieben wird, hätte man jedenfalls die Abänderung durch eine einfache Majorität für eine bestimmte Zeitdauer gestatten sollen.

11

nalen Ultras, um das Reich zu zertrümmern, und auf der andern Seite von den Feudalen, um Stamm und Sprache, wie einen Keil, zwischen die zusammengehörigen demokratischen Elemente hinein zu schieben und diejenigen auseinanderzuhalten, in deren Interesse einträchtiges Zusammenwirken läge. Somit kommt unser Völkerkonflikt zwei Parteien zu Gute, von denen die Eine Oesterreich mit Bewußtsein und direkt, die andere unbewußt und mittelbar dem Ruine entgegenführt.

Finden es unsere hervorragenden deutschen Männer nicht ihrer patriotischen Absicht entsprechender, den nationalen Gedanken mit dem der Freiheit in Einklang zu bringen, als im unerquicklichen und unrühmlichen Widerstande gegen die Bestrebungen der Mitnationen sich abzumühen, alle Schaffenslust einzubüßen und endlich enttäuscht und erschöpft die Leitung des Staates einer Fraktion zu überlassen, aus deren unheilvollen Händen Oesterreich den Todeskelch würde entgegennehmen müssen?

Der gegenwärtige Moment ist ein geschichtlicher. Unsere Politiker stehen am Scheidewege; sie können auf dem bisherigen breit getretenen Pfade österreichischer Staatskunst fortwandeln und das altehrwürdige Reich an den Rand des Abgrundes führen, oder die von der Natur vorgezeichnete Bahn verfolgend, eine staatsrechtliche Aufgabe lösen, an deren Größe keine unseres Jahrhunderts reicht.

An ihnen ist es, zu wählen!

Druck von Carl Hinstorbeck in Wien.

www.ingramcontent.com/pod-product-compliance
Lightning Source LLC
Chambersburg PA
CBHW020552270326
41927CB00006B/815